指挥控制原理

孙　鹏　张杰勇　李卫华　主　编
刘　彬　马　腾　周翔翔　参　编

电子工业出版社
Publishing House of Electronics Industry
北京·BEIJING

内 容 简 介

本书按照突出技术原理、突出任务流程的思路,以基于指挥信息系统的指挥控制活动涉及的主要环节和步骤为主线,介绍了指挥控制的基本原理和主要方法。

本书共 6 章。概述部分主要包括指挥控制的概念内涵和主要方式;作战态势估计部分主要包括态势估计的理论体系架构以及典型模型和方法;作战目标选择部分主要包括目标选择决策模型和典型决策方法;作战计划制定部分主要包括作战行动过程的生成、资源调度方案的生成、指挥控制组织结构的设计三部分内容;战场协调控制部分主要包括作战计划的适应性协调控制与指挥控制结构的协同控制过程和方法;作战效果评估部分主要包括作战效果评估的概念、内容和主要的评估方法。

本书可作为高等院校相关专业的教学用书和学习参考书,也可作为指挥信息系统工程专业领域从事管理、教学、科研的各类人员的参考用书。

未经许可,不得以任何方式复制或抄袭本书之部分或全部内容。
版权所有,侵权必究。

图书在版编目(CIP)数据

指挥控制原理 / 孙鹏,张杰勇,李卫华主编.
北京 : 电子工业出版社,2024. 10. -- ISBN 978-7-121-49003-3

Ⅰ.E141.1

中国国家版本馆 CIP 数据核字第 202404JS69 号

责任编辑:赵玉山
印　　刷:三河市鑫金马印装有限公司
装　　订:三河市鑫金马印装有限公司
出版发行:电子工业出版社
　　　　　北京市海淀区万寿路 173 信箱　邮编 100036
开　　本:787×1 092　1/16　印张:11.25　字数:288 千字
版　　次:2024 年 10 月第 1 版
印　　次:2024 年 10 月第 1 次印刷
定　　价:39.00 元

凡所购买电子工业出版社图书有缺损问题,请向购买书店调换。若书店售缺,请与本社发行部联系,联系及邮购电话:(010)88254888,88258888。

质量投诉请发邮件至 zlts@phei.com.cn,盗版侵权举报请发邮件至 dbqq@phei.com.cn。
本书咨询联系方式:(010)88254556,zhaoys@phei.com.cn。

前　　言

军队整体战斗力的发挥，很大程度上取决于对各种作战力量的高效指挥控制。优势之军，一旦失去对部队的有效指挥控制，将会被动挨打；劣势之军，如果能够形成指挥控制优势，同样可以赢得战争的主动权。因此，军事对抗活动中，通过有效的指挥控制掌握决策和行动优势始终是获取战争胜利的重要保证。

指挥控制是指挥员作战指挥艺术和现代科学技术的有机融合体，随着现代信息技术和控制科学的发展，指挥控制中的技术支撑所占比重越来越大，发挥的作用也日益凸显，已成为指挥员作战指挥艺术发挥的重要支撑。指挥信息系统作为军队指挥控制活动的重要支撑，是在现代作战理论的指导下，综合运用以计算机技术为核心的信息技术，以保障各级指挥机构对所属部队及武器平台实施科学、高效的指挥控制为目的，实现作战信息从获取、传输、处理到利用的自动化，具有指挥、控制、通信、计算机、情报、监视与侦察功能的军事信息系统，是指挥控制技术作用发挥的重要平台。本书以典型指挥控制流程为主线，叙述不同阶段的指挥控制技术的基本原理与解决思路，目的是让读者能抓住指挥控制活动的脉络，为进一步的学习打下良好的基础。

本书由 6 章内容组成，按照突出技术原理、突出任务流程的思路，以基于指挥信息系统的指挥控制活动涉及的主要环节和步骤为主线进行内容的组织与编写。第 1 章主要介绍指挥控制的概念内涵及描述方式，阐述指挥控制的主要方式和特点，建立指挥控制的整体框架和知识体系。第 2 章主要介绍态势感知的概念内涵、理论体系架构以及典型模型、方法及其特点。第 3 章主要介绍作战目标选择的概念内涵、目标选择决策模型和典型决策方法。第 4 章主要介绍作战计划制定的概念内涵，以及作战行动过程的生成、资源调度方案的生成、指挥控制组织结构的设计等内容。第 5 章主要介绍战场协同控制的整体过程、作战计划的适应性协调控制与指挥控制结构的协同控制过程和方法。第 6 章主要介绍作战效果评估的概念、内容、流程，以及作战效果评估的主要方法。

本教材第 1 章由孙鹏教授编写，第 2 章由李卫华教授编写，第 3 章由刘彬编写，第 4 章由张杰勇副教授、周翔翔副教授编写，第 5 章由张杰勇副教授、孙鹏教授编写，第 6 章由马腾编写，徐鑫、刘彬、李军承担了本教材的插图绘制工作，孙鹏教授、张杰勇副教授负责全书的校对工作。

限于编者的专业水平，书中难免有疏漏之处，敬请读者批评指正。

编者

目　录

第1章　概述 ··· (1)
　1.1　基本概念 ··· (1)
　1.2　指挥控制的组成要素 ··· (3)
　1.3　指挥控制模型 ··· (7)
　　1.3.1　模型的概念 ·· (7)
　　1.3.2　指挥控制基础理论 ··· (9)
　　1.3.3　指挥控制典型的描述模型 ··· (16)
　1.4　指挥控制方式 ·· (19)
　　1.4.1　集中式指挥 ··· (19)
　　1.4.2　自适应指挥 ··· (19)
　　1.4.3　任务式指挥 ··· (20)
　1.5　指挥控制方法 ·· (21)
　　1.5.1　谋略思维方法 ·· (21)
　　1.5.2　工程技术方法 ·· (28)
　小结 ·· (31)
　习题 ·· (31)

第2章　作战态势估计 ·· (32)
　2.1　态势与作战态势要素 ·· (32)
　　2.1.1　态势 ·· (32)
　　2.1.2　作战态势要素 ·· (32)
　　2.1.3　作战态势的分类与特征 ··· (34)
　　2.1.4　态势的一致性 ·· (35)
　2.2　作战态势图 ··· (36)
　　2.2.1　互操作作战图族（FIOP） ··· (37)
　　2.2.2　共用作战图（COP） ·· (37)
　　2.2.3　共用战术图（CTP） ·· (38)
　　2.2.4　单一合成图（SIP） ·· (39)
　　2.2.5　单一合成空情图（SIAP） ··· (40)
　2.3　态势估计 ··· (40)
　　2.3.1　态势感知的定义 ··· (40)
　　2.3.2　态势感知的模型 ··· (41)
　　2.3.3　态势感知与信息融合 ·· (46)
　　2.3.4　态势估计的定义与功能 ··· (48)
　　2.3.5　态势估计的功能结构模型 ·· (48)
　　2.3.6　态势估计逻辑与推理方法 ·· (50)
　　2.3.7　D-S证据理论 ··· (54)
　　2.3.8　态势生成与更新 ··· (59)
　2.4　战场事件推理判断 ·· (62)

2.4.1　战场事件推理判断的基本概念 ·· (62)
　　　2.4.2　战场事件推理判断框架 ·· (62)
　　　2.4.3　战场事件推理判断方法 ·· (64)
　　　2.4.4　信度网络推理方法 ·· (68)
　　　2.4.5　基于贝叶斯信度网络的战场事件推理示例 ······································· (72)
　小结 ··· (75)
　习题 ··· (76)
第3章　作战目标选择 ·· (77)
　3.1　目标与目标体系 ·· (77)
　　　3.1.1　基本概念 ·· (77)
　　　3.1.2　目标实体描述 ·· (78)
　　　3.1.3　目标体系结构描述 ·· (79)
　　　3.1.4　目标体系运行机制 ·· (81)
　3.2　目标选择理论与评价指标 ·· (83)
　　　3.2.1　目标选择理论 ·· (83)
　　　3.2.2　目标重要性评价指标 ··· (87)
　　　3.2.3　目标选择的特点及趋势 ·· (89)
　3.3　目标选择的基本要求与辅助决策模型 ··· (91)
　　　3.3.1　目标选择的基本要求 ··· (91)
　　　3.3.2　目标选择辅助决策模型 ·· (93)
　3.4　目标选择决策方法 ··· (99)
　　　3.4.1　线性加权法 ·· (100)
　　　3.4.2　逼近理想解排序法 ··· (101)
　　　3.4.3　灰色关联分析法 ·· (101)
　　　3.4.4　偏好顺序结构评估法 ·· (103)
　　　3.4.5　多准则妥协解排序法 ·· (103)
　　　3.4.6　价值工程分析法 ·· (104)
　3.5　目标选择决策案例 ·· (106)
　小结 ·· (108)
　习题 ·· (108)
第4章　作战计划制定 ··· (109)
　4.1　作战计划制定概述 ·· (109)
　　　4.1.1　作战计划的基本概念 ·· (109)
　　　4.1.2　作战计划系统 ··· (109)
　　　4.1.3　作战计划表示模型 ··· (110)
　　　4.1.4　作战计划生成结构 ··· (111)
　　　4.1.5　作战计划制定的过程模型 ·· (111)
　4.2　作战行动过程的生成 ··· (113)
　　　4.2.1　作战行动过程的基本概念 ·· (113)
　　　4.2.2　作战行动过程要素 ··· (113)
　　　4.2.3　经典作战行动过程建模与生成方法 ·· (115)
　4.3　资源调度方案的生成 ··· (117)

  4.3.1 作战资源调度方案生成问题的相关概念和实体模型 …………………… (118)
  4.3.2 单任务的作战资源调度方案生成方法 …………………………………… (120)
  4.3.3 多任务的作战资源调度方案生成方法 …………………………………… (122)
 4.4 指挥控制组织结构的设计 ………………………………………………………… (129)
  4.4.1 组织概述 …………………………………………………………………… (129)
  4.4.2 指挥控制组织描述 ………………………………………………………… (133)
  4.4.3 指挥控制组织结构优化设计方法 ………………………………………… (134)
 小结 …………………………………………………………………………………… (140)
 习题 …………………………………………………………………………………… (140)

第5章 战场协调控制 ……………………………………………………………… (141)

 5.1 战场协调控制的概念和整体过程 ………………………………………………… (141)
  5.1.1 战场协调控制的概念 …………………………………………………… (141)
  5.1.2 战场协调控制的模式和方法 …………………………………………… (142)
  5.1.3 作战计划协调控制的概念 ……………………………………………… (144)
  5.1.4 单次作战计划协调控制的整体过程 …………………………………… (144)
 5.2 资源调度方案的优化调整 ………………………………………………………… (147)
  5.2.1 资源调度方案优化调整的概念 ………………………………………… (147)
  5.2.2 资源调度方案优化调整的动因分析 …………………………………… (147)
  5.2.3 作战任务新增情况下资源调度方案优化调整的方法 ………………… (148)
  5.2.4 平台资源失效情况下资源调度方案优化调整的基本思路 …………… (151)
 5.3 指控组织结构方案的优化调整 …………………………………………………… (151)
  5.3.1 指控组织结构方案优化调整的概念 …………………………………… (151)
  5.3.2 指控组织结构方案优化调整的动因分析 ……………………………… (152)
  5.3.3 决策实体失效下指控组织结构方案优化调整的方法 ………………… (152)
  5.3.4 资源调度方案变化下指控组织结构方案优化调整的基本思路 ……… (155)
 小结 …………………………………………………………………………………… (155)
 习题 …………………………………………………………………………………… (155)

第6章 作战效果评估 ………………………………………………………………… (156)

 6.1 作战效果评估概述 ………………………………………………………………… (156)
  6.1.1 作战效果评估的概念 …………………………………………………… (156)
  6.1.2 作战效果评估的内容 …………………………………………………… (156)
  6.1.3 作战效果评估流程 ……………………………………………………… (157)
  6.1.4 系统效能评估及其与作战效果评估的区别和联系 …………………… (158)
  6.1.5 系统效能的评估方法 …………………………………………………… (159)
 6.2 系统效能评估解析法 ……………………………………………………………… (159)
  6.2.1 指数法 …………………………………………………………………… (159)
  6.2.2 层次分析法 ……………………………………………………………… (163)
 6.3 系统效能评估仿真法 ……………………………………………………………… (166)
  6.3.1 基于作战仿真模拟的评估方法的基本思想 …………………………… (166)
  6.3.2 基于计算机的作战仿真模拟评估方法——蒙特卡洛法 ……………… (166)
 小结 …………………………………………………………………………………… (168)
 习题 …………………………………………………………………………………… (168)

参考文献 …………………………………………………………………………………… (170)

第1章 概述

本章介绍指挥控制的基本概念、组成要素和典型模型，阐述指挥控制的主要方式和常用方法，帮助读者建立指挥控制知识体系的整体框架。

1.1 基本概念

"指挥"是一个古老而常说的话题，自从有了战争，这个名词就一直延续着。指挥是军队指挥员及其指挥机构对所属部队及其行动的组织领导活动。相对而言，"控制"的出现要比"指挥"的出现晚许多，它是随着技术的发展和武器装备性能的不断优化，从工业控制中移植过来的，强调对人、对武器以及人对武器的支配。所以，军事领域的指挥与控制并非是一对孪生兄弟，在"控制"科学诞生之前，"指挥"作为"独生子"，被奉为艺术的体现，直到控制科学的兴起及其在军事领域中的应用，"指挥"与"控制"才成为一对连体概念。"指挥"与"控制"的结合构成了决策和执行反馈的闭环，为复杂军事行动的精确组织实施提供了可能。

1．指挥

目前，指挥的概念广泛应用于社会各界管理层面，意指上级对所属下级各种活动进行的组织领导活动。本书中，指挥特指军队指挥，是军队指挥员及其机关对所属部队的作战和其他军事行动进行的特殊的组织领导活动。

关于军队指挥，目前存在多种定义，典型的有以下三种：

（1）美军对指挥的定义。美国国防部（DoD）军事辞典（JCSPub.1）中将"指挥"定义为：军队中依军阶或指派决定的合法调动下属的权威，包括为完成分配的使命有效地使用资源，对兵力配置进行组织、协调的权威和职责。这个定义指出了指挥的行为主体、行为本身和行为目的。

（2）我军对指挥的定义。我军一般将"指挥"解释为对军事资源（包括人员、装备和程序）在时间和空间上的有序安排的行为，这种行为主要包括掌握情况、定下决心、计划组织和控制协调这4类活动，具有思维和行为高度统一的特点。这个定义强调了指挥的行为和活动。

（3）克劳塞维茨（全名为卡尔·冯·克劳塞维茨）在其经典著作《战争论》中的论述。《战争论》中提出了许多重要论述，涉及对战争本质特征和作战指挥的基本认识，概括起来就是：①战争是充满不确定性的领域，指挥员必须接受并随时准备克服和利用这种不确定性，而不是一味地追求不切实际的确定性。②计划必须充分考虑战争的不确定性，计划只能规定作战的主要轮廓，以及最初阶段的细节，过分复杂和详尽的计划是有害的。③战争中的阻力，或者说战争中的不确定性，只能在战斗过程中通过正确的指挥加以解决，这需要及时定下决心并果断采取行动。④部队在分散行动时，并不需要经常保持协调一致，而是通过各部分积极的、独立的作战达成整体协调一致。综上所述，克劳塞维茨将指挥解释为成功应对不确定性问题并赢得战争胜利的能力。这种解释更强调指挥的目的。

2．控制

在控制论中，"控制"的定义是：为了"改善"某个或某些受控对象的功能或发展，需要获得并使用信息，这种以信息为基础而选出的、施效于该对象上的作用。由此可见，控制的基础是信息，一切信息传递都是为了控制，进而任何控制又都依赖于信息反馈来实现。信息反馈是控制论的一个极其重要的概念。通俗地说，信息反馈就是由指挥控制系统把信息输出出去，之后又把其作用结果返送回来，并对信息的再输出发生影响，起到制约的作用，进而达到预定的目标。

除了控制论中对"控制"的经典定义，军事领域对控制的内涵进行了更进一步的丰富，重点体现为将控制的对象由己方拓展到对手（敌方）。

战争中，可以把任何政治实体看成是一个由许多不同系统组成的体系，影响敌人赖以获得影响力的相关系统的能力，是军事领域"控制"概念的关键。同时，军事领域的"控制"概念引入了无效、抵消、失能、预防、挫败、限制、削弱、停止等新的术语。军事领域"控制"的概念强调控制敌方作战体系按照自己的意愿进行作战的能力，并认为这种能力比最终摧毁敌人的有生力量更为重要，更有利于用更短的时间和更少的伤亡达成控制敌人的目的。《孙子兵法》强调"善用兵者，屈人之兵而非战也，拔人之城而非攻也，毁人之国而非久也。"千百年后，《战略论》一书的作者利德尔·哈特拓展了这一观点，他补充说："这种不流血的胜利是罕见的，但其罕见性增强而不是降低了它们的价值，说明在战略和大战略中都存在这种潜在的可能性。"基于这种"控制"概念，摧毁已不再是阻止敌人活动的作战方法，而成为控制敌人的一种手段。在这种理念的指导下，摧毁是用来对敌赖以实施作战或施加影响的每个系统产生效果，即不是为了摧毁系统，而是为了防止敌人按自己的意愿利用它们。

历史上，攻击敌人薄弱环节或敌人重心的主要办法就是摧毁敌人的防御力量。千百年的地面战争使人们形成了一种共识，即运用兵力的根本目的就是摧毁敌人的军事力量。人们还曲解了克劳塞维茨的经典著作《战争论》中的观点，把战争狭义地理解为在"决定性"战役中从物理上歼灭敌人的有生力量。随着人类历史的发展，尤其是信息时代几场战争的实践，人们越来越清晰地认识到，战争的终极目的远不是摧毁敌人的军事力量，而是通过军事强制手段，达成对己有利的政治结局。因此，人们开始从不同的角度考虑如何最有效地运用兵力，因为我们运用兵力的目标是控制而不是摧毁敌人。这时，"控制"指左右敌人影响战略事件的能力，而不一定指左右个别战术行动的能力。例如，在科索沃战争期间，南联盟能够起飞个别战机架次，但由于北约联军已经使南联盟的防空体系处于无效状态，所以南联盟个别战机的升空作战可以忽略不计。

3. 指挥控制

指挥控制是指挥与控制的结合，是信息时代使用十分频繁的一个概念，是夺取"制信息权"必备的能力，也是信息化战争的必然要求。DoD军事辞典中对"指挥控制"的定义为：在完成使命任务中行使合适的赋予指挥人员指派兵力的权威，并通过指挥员在计划、协调和兵力控制中对人员、设备、通信、资源和过程的配置来实现指挥控制功能。

从以上定义可总结出指挥控制具有三方面属性：目的性、有限性、匹配性。其中，目的性是指任何指挥控制主体具有明确的任务目标，并要运用一切可用资源和手段达成任务目标；有限性是指赋予指挥控制主体的权威是有限的，并且可被支配的资源也是有限的；匹配性是指赋予指挥控制主体的权威和职责是与其担负的使命任务相关的，要形成二者之间的相互平衡。

除了以上三方面属性，随着战争形态的演变和指挥体制、指挥方式、指挥手段的发展变化，信息化战争的指挥控制呈现出许多新的特点，主要表现为以下四个方面。

（1）谋略性。信息化战争受政治、经济、外交、文化等因素的制约更大，战争双方矛盾运动更加复杂，时间、空间、力量的相互作用，攻与防、打与走、集中与分散的相互影响，强与弱、利与弊、主动与被动的相互转化更加突显，辩证思维、系统思维、非线性思维的综合运用越来越成为指挥控制活动的主要思维方式。指挥控制过程必须更加重视发挥人的主观能动性，全面动态研究分析战争全局，以更高的谋略谋求以更小的代价获取更大的胜利。

（2）整体性。信息化战争参战力量多元、战场空间多维、作战行动多样，作战过程中需要关注的因素越来越多，因素间的关联越来越紧密、关系越来越复杂，只有把不同作战方向、不同作战力量、不同作战样式、不同作战阶段作为一个整体进行统筹设计，才能真正融合各种作战要素，形成体系优势。这就要求指挥控制必须满足整体性要求，从单要素独立指挥控制为主向多要素联合指挥控制为主转变，从逐级指挥控制向多级并行指挥控制转变，从而实现整体运筹、同步运转、体系联动。

（3）精确性。信息化战争的精确指挥、精确行动、精确保障等特征明显，战场态势需要精准分析，行动任务需要精细分工，兵力火力需要精密规划，作战资源需要精确调配，时间要以分甚至秒来计算，空间要以米甚至厘米来计算，"精算、深算、细算"成为指挥控制新的时代要求。指挥控制必须彻底改变重宏观轻具体、重谋划轻计算、重决心轻计划等粗放型控制方式，应注重定量计算、推演论证、仿真评估、数据驱动等，以提升其精确性，从而更好地满足信息化作战要求。

（4）时效性。信息化战争进入"秒杀"时代，"以快制慢"成为基本制胜法则。在将信息优势转化为决策优势，进而转化为行动优势的过程中，时效性成为制胜的关键。随着战场感知、部队机动和打击行动速度及精度的空前提高，作战认知过程成为影响作战节奏的重要因素，压缩决策和计划时间成为提高反应速度的主要环节。先敌一步胜过千军万马，指挥控制必须跟上作战行动节奏，尽可能缩短决策周期，确保先敌反应、先敌行动、先敌打击，为赢得作战主动性创造条件。

指挥控制是指挥和控制的综合，既包含指挥，又包含控制。准确把握指挥控制的概念需要把握好三个方面。

（1）指挥控制是一种直接作用于军事行动的指挥活动。从活动范畴上看，指挥控制是一种以掌控军事行动为重点的活动，直接反映为指挥机构与部队之间的互动关系。因此，指挥控制不是特指作战实施中的指挥活动，而是贯穿于作战准备、作战实施的全过程，只要指挥对象有行动就存在相应的指挥控制。即使在作战准备中，各级指挥机构组织作战计划、部队平战转换、机动展开、临战准备等行动也都需要实施有效的指挥控制。另外，指挥控制是一种主动的、连续的管理管制行为，而不能仅限于调控纠偏的指挥活动，即使战场态势、部队行动与预期没有偏差，指挥控制活动也始终存在，对态势的掌握、部队的监控、规则的运用也始终在发挥作用。

（2）指挥控制是一种职权范围受限的指挥活动。指挥控制主要是指涉及军事行动的那一部分军事指挥职权，通常不包括行政事务、人事任免等职权，但又不局限于对任务部队兵力火力行动和保障组织等所实施的指挥控制权，还应包括对战役发展的宏观把握和整体调控。

（3）指挥控制是一种纵横交互影响的指挥活动。指挥控制不仅包括自上而下行使权力、施加影响的行为，也包括同级横向之间相互协调、相互制约的活动，还包括下级对上级指挥控制活动反馈影响的过程。在作战实践中，上下级间的指挥控制组织实施往往不是问题，而指挥机构横向间的协同联动才是主要矛盾，只是简单明确的协同、支援关系是远远不够的，必须通过明晰权责、明确规则、建立机制，把相互之间的指挥控制关系建立起来。只有这样，多要素联合作战、协调行动才有基础和保证。

1.2 指挥控制的组成要素

指挥控制的组成要素包括指挥控制的主体、指挥控制的客体、指挥控制的凭借（信息）、指挥控制的环境及指挥控制的支持，是一个五要素的综合体，如图1-1所示。此外，指挥控制的信息流是指挥控制活动的具体体现。

1. 指挥控制的主体

战争作为政治手段的继续，是人类社会所特有的属性，在人类文明的发展中扮演着不可或缺

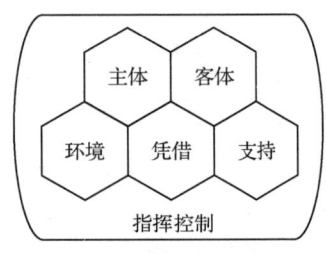

图 1-1 指挥控制的组成要素

的角色。指挥控制作为战争的灵魂,其主体并非死的物质或者仅仅具有本能反应的动物,而是有意识的政治个体——指挥员。

作为"人",指挥员的自然属性与社会属性直接决定了指挥控制活动的有效性,是指挥控制能力建设不可忽视的因素。人的自然属性主要包括人的体格状态、人的健康状况、人的饥渴、人的温饱以及人的情绪等,人的自然属性对指挥控制的影响在很大程度上是局部性的或个体性的;在军事组织中,人的社会属性显得尤为重要,主要体现为个体的权威、声望、荣誉、纪律等要素,人的社会属性对指挥控制的影响在很大程度上是整体性的或全局性的。作为指挥控制的主体——指挥员,其自然属性与社会属性是不可分割的,有效的指挥控制应该充分保障人的自然属性得到满足,同时赋予与之相适应的社会属性。

2. 指挥控制的客体

指挥控制的客体是指挥控制所实施的对象。指挥控制的客体既包括部属人员,如一个航空兵旅、一个飞行大队等,也包括系统,如各种武器系统、侦察系统等;既包括有形的设施,如军用机场、军用洞库、通信台站等,也包括各种无形的对象,如作战进程、作战态势等。在现代战争中,对作战进程、作战态势等无形对象的管理和控制越来越成为核心活动,如何以变应变、快速发现、快速决策、快速行动,成为考验指挥员指挥控制能力的最重要的方面。

3. 指挥控制的凭借

在军事领域,信息是指挥控制对部队行使权威职能的凭借。信息被认为是消除随机不确定性的东西(Shannon,1948)。维纳认为,控制过程实质是一种信息处理过程,即信息获取、加工和使用的过程。作为指挥控制的凭借,信息包括三个方面的内容:一是从指挥控制的主体到指挥控制的客体的信息,主要包括命令、指示、意图、计划等;二是从指挥控制的客体到指挥控制的主体的反馈信息,主要包括战场态势、情报、战场监控与评估等;三是信息的载体,主要包括战场环境中的通信、网络、计算机等。

信息要素中的计划、预案与意图是指挥控制的主要组成部分。其中,计划是指挥控制的关键支持要素之一,其目的是为部队行动提供目标、方向和相关知识,形成作战方法、分配战场资源,并提供必要的协作;预案是与计划配合使用的,是另一种形式的计划,经常以应急处理预案的方式体现,用于在紧急情况下为即时行动提供指挥控制;意图,又称作战意图,是指挥员指挥控制的核心部分,必须在战前明确向各级部属传达。

信息的主要作用是消除战争的不确定性,信息越多,则战争的不确定性越小,足够的信息可以消除战争的不确定性。获取一定的信息量是确保有效指挥控制的必要条件,但有效的指挥控制并不仅仅是拥有足够的信息就能实现的,因为在军事对抗中,往往存在大多数信息是不重要的或者不相关的,很多信息是过时的,更多信息是不准确的,甚至是有误导性的等现实问题。随着信息时代信息收集能力的不断提高,指挥员面临的不是信息匮乏的问题,而是如何面对海量信息并有效应用海量信息的问题。可以说,太多的信息和太少的信息都会给指挥员的指挥决策带来困难,信息仅仅在对有效决策和行动产生贡献时才具备价值。信息时代的指挥控制,核心问题并不在于信息量的多少,而是关键的信息要素在需要的时候能以有用的形式获取,从而改善和提高指挥员对战场的感知能力和对行动的控制能力。

4. 指挥控制的环境

指挥控制概念产生的关键需求就是处理战争的不确定性。如果没有战争的不确定性，则指挥控制的职能就只是简单的资源管理。按照克劳塞维茨的观点，战争是不确定性的王国，战争行动四分之三的因素隐藏在迷雾或者不确定性中，需要指挥员有敏锐的分辨能力去判断。所谓不确定性，就是我们所不知道或不能确认的东西。通常，在战场态势中会存在大量的未知因素，这些因素源于对敌方情况的不了解、对周围环境的不了解或者对我方情况的不掌握。即使获取了真实正确的信息，也不能百分百地确定能从获取的信息中推断出真实的战场情况。例如，对敌人意图的预测，即使从可获取的信息中进行了正确合理的推断，但对于无数可能的偶然性事件，也难以预测哪种情况会最终发生。

总之，不确定性是战争的本质。尽管我们通过信息的收集和分析努力减少不确定性，争取把战争的不确定性降低到我们可以驾驭的水平，但我们必须面对这样的现实：我们永远不可能消除不确定性。首先，战争本质上是人的行为，人类的战争活动摆脱不开人的本质和天性，它易受人的个性、情绪、行为等方面不一致性的影响，应该说：人的行为，不管是友方还是敌方，都是不可预测的；其次，由于战争是独立于个体意志上的复杂的对抗行为，我们不可能确定我们所期望的事件一定能发生，也就是说战争活动的复杂性与交互特征产生了不确定性，不确定性存在于战场环境状态，它也是战争与生俱来的副产品。

指挥控制的目的是把战场指挥员所需要处理的不确定性减少到可以驾驭的程度，或者到他们能够做出正确决策的程度。虽然我们尝试通过信息的收集与分析及使用来减少战争的不确定性，但有一些知识是我们所缺乏的，要了解我们自身知识的缺陷就必须理解是什么导致了不确定性，并且根据我们所了解和掌握的情况付诸行动。

不确定性不仅仅是数据信息的函数，也是知识与理解的函数，虽然数据、知识和理解在概念上都是信息的不同表现形式，但是三者之间存在较大的差异。数据是知识和理解的原材料，知识和理解源于对数据的处理，但并非所有的数据都产生知识和理解，只有正确的数据与对数据合适的处理才能够产生知识，不正确的数据或不当的处理手段会阻碍知识的获取。因此，减少不确定性的途径与方法不能简单地理解为增加信息量，而应聚焦于信息的质量和使用信息的能力。

影响指挥控制环境的关键要素还包括时间，时间对指挥控制的重要性仅次于不确定性。理论上，我们总是可以通过获得更多的战场态势信息来减少不确定性，但在减少不确定性的途径上存在一个悖论，我们要最大程度地减少不确定性就必须有足够的时间收集和处理信息，这就导致出现以下问题：一是在战争中我们获取的信息是有时效性的，当我们花时间去获取新的信息时，已经获取的信息可能已经过时了；二是由于战争是敌我双方意志的较量，时间本身对双方来说就是一个制高点，当我们试图得到某一个具体态势的信息时，敌人可能已经行动，并在行动过程中改变了态势；三是现代战争的快节奏从时间上约束了信息的充分获取，使得我们没有足够的时间去收集、处理、消化和使用这些信息。

因此，任何指挥控制对时间的需求都是绝对的，必须加快节奏，以比对手更快的速度应对环境变化，夺取战争优势。总之，平衡战争不确定性和时效性之间的要求是指挥控制面临的最根本的挑战。

5. 指挥控制的支持

指挥控制的支持是指支撑指挥控制实施的有形的或者无形的条件。指挥控制的支持是多方面的，既有有形的物质，也有无形的机制、程序与规章制度，总的来说可以划分为两类：第一类是硬件支撑，即有形物质，包括支撑指挥控制的系统、指挥控制的装备以及保障设施等，如通信、计算机、情报、侦察、监视等要素都是指挥控制的硬件支撑，而不是与之并列的要素；第二类是软件支撑，包括指挥控制相关的程序、技术指导、条令条例等。

无论是硬件支撑还是软件支撑，其作用的发挥都离不开有效的人机结合。指挥控制的主体是人，指挥控制的凭借是信息（包括信息处理的手段和方式），而指挥控制的环境是激烈对抗的复杂战场环境，要实现指挥控制有效性的最大化，获取对抗优势，就需要指挥控制的主体在激烈对抗的战场环境中娴熟地运用各种指挥控制手段和工具，这一目的的实现需要两个方面的努力：一是指挥控制的软件与硬件支持在设计、部署和使用上充分考虑指挥控制的主体——人的因素，以人为本，这就是通常所说的"人本工程"或者"人因工程"；二是对指挥控制主体的教育与训练，通过教育与训练使指挥控制主体熟悉指挥控制相关软件支撑及硬件支撑，提高指挥控制主体对指挥控制相关支持的使用效率。通过有效的教育与训练建立起部队指挥控制规范，是确保部队各级指挥员在战斗中采取恰当行动的保证。

6．指挥控制的信息流

指挥控制活动的本质是对战争中的不确定性进行有效管控。克劳塞维茨认为：战争最重要的特征是不确定性，任何一场战争都是独一无二的，没有决定胜利的必然准则。因此，分析不确定性产生的环节，将其凸显出来，并通过恰当的手段进行管理控制就成为指挥控制要解决的核心问题。在作战活动中，导致战争不确定性的因素首先来自物理空间，对物理空间各类要素及要素间关系的认知不全或无知会导致不确定性；除了物理空间，信息领域也会产生不确定性，对信息的提取、加工、传输、处理等都会产生不确定性；另外，认知领域、社会领域也会产生不确定性。信息时代，对不确定性的管控可以通过有效的信息处理和共享来实现，这些信息活动具体体现为伴随指挥控制活动的信息流转过程。

指挥控制中的信息流所涉及的区域可划分为四个作战域，分别是物理域、信息域、认知域和社会域。其中，物理域是兵力管理、机动、打击、保护等军事行动所涉及的实际区域，包括陆、海、空、天等战场空间，是物理平台、通信网络驻留的实际环境；信息域是提取、加工、处理和存储信息的区域，主要包括信息系统、处理设备和传输网络等，在信息域内信息可以共享，作战意图和计划会被传送；认知域是完成感知、认识、理解、推断和决策等认知活动的区域，是价值、信念和决心的驻留之地，其存在于决策者和参与者的头脑中，具体体现为指挥员的作战意图、作战原则、战术技巧和方法等；社会域是组织、指挥控制体系、个体和个体、个体和设备之间关系存在的区域。在社会域中部队实体不是孤立的个体，而是相互交联、传递信息、互相感知和理解、协同决策、同步行动的有机整体。

作战信息在物理域、信息域和认知域中经历产生、过滤、变换、传输和使用等一系列过程。作战信息来自物理域，经直接或间接方式以声音、数据等不同的形式进入信息域，在此进行滤波、融合和处理，或通过感知直接进入认知域，在认知域中构成理解认识、分析决策的基础。指挥员的决策和行动，直接或间接影响战场态势的发展，又反作用于进入信息域、认知域和社会域的信息。如上所述，信息在作战过程中于物理域、信息域、认知域、社会域之间循环往复，通过信息处理、信息再生、信息施效等环节，为指挥控制活动提供直接支撑，而贯穿于战争过程中信息的任何中断、缺损、恶意改造，都有可能改变战争的进程。因此，信息化战争中选择将决策者的认知作为攻击点是一种经济、有效和自然的选择。需要说明的是，社会域是美军在网络中心战（NCO）中提出的概念，是网络中心战概念体系框架的一次创新，它与信息域和认知域有重叠，但它更强调兵力系统是一个有机整体，而物理域、信息域、认知域的活动都属于共享活动和社会认知活动。

1.3　指挥控制模型

对指挥控制描述和解释的目的是对其进行模拟和改进，以达到使作战体系高效、优化的目标。长期以来，国内外各研究机构设计、提出了多种指挥控制模型，但由于指挥控制过程的复杂性和非线性，现有模型往往只突出了指挥控制的某一属性，缺乏全面系统的描述能力。当前，最有代表性的指挥控制模型主要有五种：控制论解释模型、认识论解释模型、观察-判断-决策-行动（OODA）环模型、劳森-摩斯环模型和司令部效率评估方法。

1.3.1　模型的概念

构造模型并基于模型进行实验是系统分析和研究的有效手段。模型是对相应的真实对象和真实关系中那些有用的和令人感兴趣的特性的抽象，是对被描述对象某些本质特性的刻画，它以各种可用的形式提供被研究对象的特征信息。在模型研究中，被研究的实际对象称为原型，而原型的等效替身则称为模型。

1．模型的内涵

模型是现实世界问题的一个抽象，是管理者解决问题或做出决定的有效工具。与模型相对应的是现实世界中的原型（原始参照物），是指人们研究或从事生产、管理的实际对象，也就是系统科学中所说的实际系统，如电力系统、生态系统、社会经济系统等。

模型能够反映原型的表征和特性，具有五方面主要性质。一是普遍性，也称等效性，即一种模型与多个系统可能具有相似性；二是相对精确性，即模型的近似度和精确性不允许超出应有限度和许可条件；三是可信性，即具有良好的置信度；四是异构性，即同一个系统的模型可具有不同的形式和结构；五是通过性，即模型可视为"黑箱"，通过研究其输入输出等外部特性能够获取其内部结构信息。

模型对指挥控制问题的研究具有不可替代的支撑作用，指挥控制的主体能够通过模型来分析和解决复杂、非重复的指挥控制问题。在指挥控制相关问题的研究中，"模型"可以理解为表示变量间关系的程序、处理问题的求解器和变量对应的数据集三部分的集合，所以我们可以简单地将指挥控制模型描述为：

$$模型 = 计算机程序 + 求解器 + 数据$$

2．模型的分类

模型的分类方法多种多样，这里我们将模型分为物理模型、概念模型、数学模型和仿真模型。

1）物理模型

物理模型（Physical Model）一般分为两类。一类是采用几何外观相似原理而建立的实体模型，如沙盘模型以及用于水洞、风洞流场试验的各种缩比实物模型等，它们能够反映系统外在静态特征，但不能作为仿真实体接入仿真系统；另一类是各种物理效应设备，如各种转台、负载模拟器、各种人感系统等，它们能够反映某种物理模型的特性，可以接入仿真系统，参加动态运行。

2）概念模型

概念模型（Conceptual Model）是一种对系统进行的非形式化概念框架描述，是针对一种已有的或设想的系统，将其组成原理、目标要求、实现过程等，用文字、图表、技术规范、工作流程等文档进行描述，可反映系统中各种事物、实体、过程的相互关系、运行过程和最终结果。它可以作为进行相应仿真系统总体设计的概念描述，反映其系统功能是否具有完整性、相容性、连贯性和正确性。概念模型经常作为仿真系统建模开发的向导和开发人员与用户沟通理解的工具。

3）数学模型

数学模型（Mathematical Model）是采用数学符号与数学关系式对系统内在的运动规律及其与外部的作用关系进行抽象，并对某些本质特征进行的形式化描述。

4）仿真模型

仿真模型（Simulation Model）是一类面向仿真应用的专用软件程序，它将数学模型通过某种数字仿真算法转换为能在计算机上运行的可执行程序，即将数学模型离散化，建立相应的递推公式，并进行迭代运算。因此，仿真模型与计算机操作系统、采用的编程语言和算法（有计算精度、稳定性、实时性要求）有密切的关系。

在指挥控制问题的研究中使用的大多数模型是数学模型，模型中包括目标输入、输出集和从输入转换到输出的操作。数学模型用变量的方式描述问题元素，这些元素是描述和评估指挥控制问题时必须考虑的。图 1-2 说明了一个仿真模型的结构和涉及的要素。

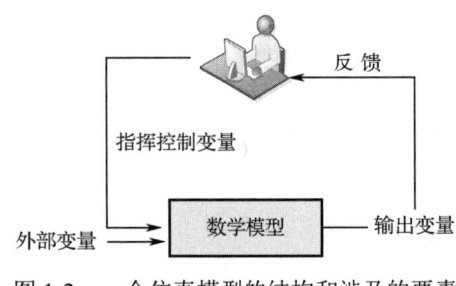

图 1-2　一个仿真模型的结构和涉及的要素

3．模型的构建

模型需要解决的实际问题是多种多样的，建模的目的不同、分析的方法不同、采用的工具不同，所得的模型类型也不同，因此难以归纳出适用于一切实际问题的建模方法。下面主要从方法论的角度出发，给出一般指挥控制问题建模的基本框架。

1）建模方法

建模方法可以分为机理分析建模方法和测试分析建模方法两种。机理分析建模方法是根据对客观事物特性的认识，找出反映内部机理的数量规律，建立的模型有明确的物理或现实意义。测试分析建模方法是将研究对象看作一个黑箱系统，通过对系统输入、输出数据的测量和统计分析，按照一定的准则找出与数据拟合得最好的模型，同时该模型也应能反映研究对象内在特征的物理意义。

面对一个实际问题，用哪一种建模方法，主要取决于人们对实际问题的了解程度和建模目的。如果掌握了一些建模对象的内部机理知识，则建模时应以机理分析建模方法为主。如果不清楚建模对象的内部规律，模型也不需要反映内部特性，则可以使用测试分析建模方法。许多实际问题还常常将两种方法结合起来建模，即用机理分析建模方法建立模型的结构，用测试分析建模方法确定模型的参数。

2）建模分析的一般步骤

建模要经过哪些步骤并没有固定的模式，通常与问题性质、建模目的等因素有关。下面描述的是机理分析建模方法的一般过程，如图 1-3 所示。

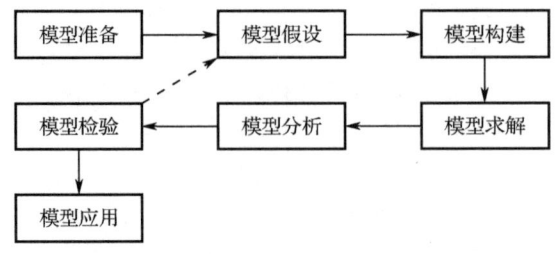

图 1-3　机理分析建模方法的一般过程

（1）模型准备：了解问题的实际背景，明确建模目的，搜集必要的信息，如现象、数据等，尽量弄清对象的主要特征，形成一个比较清晰的问题，由此初步确定用哪一类模型。在模型准备阶段要深入调查研究，虚心向实际工作者请教，尽量掌握第一手资料。

（2）模型假设：根据对象的特征和建模目的，抓住问题的本质，忽略次要因素，做出必要的、合理的简化假设。简化假设对于建模来讲是很重要的，同时又是很困难的。模型假设得不合理或太简单，会导致错误的或无用的模型；模型假设得过于精细，试图把复杂对象的众多因素都考虑进来，又会使建模工作无法进行。因此，需要在粗略和精细之间做出折中。通常模型假设的依据包括以下方面：一是出于对问题内在规律的认识；二是来自对现象、数据的分析，以及二者的综合。此外，人的想象力、洞察力以及经验在模型假设中也起着重要的作用。关于模型假设的合理性，还应注意以下几条准则：一是简化而不丢失真实性；二是简化而能满足应用的要求；三是简化而能适应实际，以便进行模型检验和参数估计；四是简化而能适应现有的计算能力。

（3）模型构建：在模型假设的基础上，用数学语言、符号、图形等描述现实对象的内在联系，得到参数及变量间的数学关系。所构建的模型可以是数学表达式、曲线、表格等多种形式，但通常是数学表达式。需要注意的是，模型可以是新建的，也可以借用已有的，但模型应尽量简单。

（4）模型求解：可以采用方程求解、数值计算、统计分析等各种数学方法进行，还可以借助数学软件和计算机技术来辅助完成。针对数学模型而言，为确保模型求解的质量，需要进行参数检验。参数检验就是以模型计算值与实际情况的接近程度为依据，对参数估计质量进行检验的过程，其根本原则是选取的参数值能够使模型的计算值与原型的实际情况相吻合。

（5）模型分析：对求解结果进行数学分析，包括结果的误差分析、统计分析、灵敏性分析等。

（6）模型检验：把求解和分析结果返回实际问题，与实际的现象、数据比较，检验模型的合理性和实用性。若结果与实际不符，则问题可能出在模型假设上，应该修改、补充假设，重新建立模型。有些模型要经过几次反复，不断完善，直到检验结果达到某种程度上的满意。

（7）模型应用：其方式与问题性质、建模目的及最终的结果有关。

应当指出，并不是所有问题的建模都要经过这些步骤，有时各步骤之间的界限也不是很分明，因此建模时不要拘泥于形式上的按部就班，应注意灵活性。

1.3.2 指挥控制基础理论

指挥控制是一个典型的交叉学科，其基础理论涉及信息论、控制论、系统论、组织管理理论等多个领域。了解这些领域的基本原理和方法对建立和描述指挥控制模型具有重要的支撑作用。

1. 信息论

信息论是一门应用概率、随机过程、数理统计和近世代数的方法来研究信息传输、提取和处理系统中一般规律的工程学科。在信息论中，信息是最基本、最重要的概念，同时它也是一个既抽象又复杂的概念。信息的定义有上百种，如信息是反映事物的形成、关系和差别的东西；信息是物质存在的一种方式、形态，是事物的一种普遍属性；信息是人类对事物存在的客观认知和主观思维的具体表述等。在信息论中，信息被定义为：信息是事物运动状态或存在方式的不确定性的描述。信息论除了给出信息的明确定义，还阐明了通信系统传递的对象，提出了信息熵的概念，指出了通信系统需要解决的中心问题以及解决这些问题的方法。信息论中关于信息的主要概念包括自信息、信息熵、互信息、条件信息熵、信道容量等。

1）自信息

自信息（Self-information），又称信息本体，由香农提出，用来衡量单一事件发生时所包含的信息量的多寡。自信息一般用 $I(x_i)$ 表示：

$$I(x_i) = \log \frac{1}{P(x_i)} \tag{1-1}$$

式中：$P(x_i)$ 表示事件 x_i 发生的概率。

自信息 $I(x_i)$ 有两个含义：一是事件发生前，表示该事件发生的不确定性；二是事件发生后，表示该事件所提供的信息量。

自信息的单位取决于对数所取的底，以 2 为底，单位为比特；以 e 为底，单位为奈特；以 10 为底，单位为哈特，通常取比特（bit）为单位。

自信息应满足以下条件（公理化条件）：

（1）$I(x_i)$ 是 $P(x_i)$ 的严格递减函数。当 $P(x_i) < P(x_j)$ 时，$I(x_i) > I(x_j)$，即概率越小，事件发生的不确定性越大，事件发生以后所包含的自信息量越大。

（2）极限情况下，当 $P(x_i) = 0$ 时，$I(x_i) \to \infty$；当 $P(x_i) = 1$ 时，$I(x_i) = 0$。

（3）由两个相对独立的不同消息所提供的信息量应等于它们分别提供的信息量之和。

2）信息熵

自信息 $I(x_i)$ 只是表征信源中各个符号的不确定度，一个信源总是包含多个符号消息，各个符号消息又按概率空间的先验概率分布，因而各个符号的自信息是不同的，所以自信息不能作为信源总体的信息量。为描述信源总体的信息量，这里引入信息熵，信息熵又称为平均自信息。信息熵是从整个集合的统计特性来考虑的，它从平均意义上来表征信源的总体特征。信息熵一般用 $H(X)$ 表示：

$$H(X) = E\left[\log \frac{1}{P(x_i)}\right] = -\sum_{i=1}^{q} P(x_i) \log P(x_i) \tag{1-2}$$

信息熵 $H(X)$ 的单位取决于对数所取的底，若以 2 为底，单位为比特/符号。

总体来讲，信息熵 $H(X)$ 表示信源随机性的大小，$H(X)$ 越大，信源随机性就越大；但在信源输出前后，$H(X)$ 代表的含义又不相同，信源输出前，$H(X)$ 表示信源的平均不确定性；信源输出后，$H(X)$ 表示每个信源符号所提供的平均信息量。

3）互信息

互信息（Mutual Information）是信息论里一种重要的信息度量，它可以看成是一个随机变量中包含的关于另一个随机变量的信息量，或者说是一个随机变量由于另一个随机变量的确定而会减少其不确定性。

以离散随机事件为例，离散随机事件之间的互信息定义如下：

$$I_{x;y}(a_i;b_j) = \log \frac{P_{x|y}(a_i|b_j)}{P_x(a_i)} \tag{1-3}$$

式中：$I_{x;y}(a_i;b_j)$ 表示离散随机事件 $x = a_i$、$y = b_j$ 之间的互信息；$P_{x|y}(a_i|b_j)$ 是后验概率；$P_x(a_i)$ 是先验概率。式（1-3）可简记为下式：

$$I(x;y) = \log \frac{P(x|y)}{P(x)} \tag{1-4}$$

通过计算可得：$I(x;y) = I(x) - I(x|y)$，即事件 x，y 之间的互信息等于"x 的自信息"减去"y 条件下 x 的自信息"。$I(x)$ 表示 x 的不确定性，$I(x|y)$ 表示在 y 条件下 x 的不确定性，$I(x;y)$ 表示当 y 发生后 x 不确定性的变化。两个不确定性度量之差，是不确定度消除的部分，代表已经确定的事件，也就是由 y 发生所得到的关于 x 的信息量。与自信息不同，互信息可为负值，所以任何两事件之间的互信息不可能大于其中任一事件的自信息。可以这样理解互信息为负的情况：如果 x 事件提供了关于另一事件 y 的负的信息量，说明 x 的出现不利于 y 的出现。

如果 x 和 y 统计独立，即 $I(x|y) = I(y|x) = 0$，则会出现 $I(x;y) = I(x)$ 的情况。这种情况也说明了一个事件的自信息是任何其他事件所能提供的关于该事件的最大信息量。

4）条件信息熵

条件信息熵就是联合集 XY 上，条件自信息 $I(x|y)$ 的平均值，一般用 $H(Y|X)$ 表示，其定义如下：

$$\begin{aligned}H(Y|X) &= \mathop{E}_{P(xy)}[I(y|x)] \\ &= -\sum_x \sum_y P(xy)\log P(y|x) \\ &= \sum_x P(x)[-\sum_y P(y|x)\log P(y|x)] \\ &= \sum_x P(x)H(Y|x)\end{aligned} \tag{1-5}$$

式中：$H(Y|x) = -\sum_y P(y|x)\log P(y|x)$，为 x 取某一特定值时 Y 的熵。

5）信道容量

信息论中除了提出以上基础概念，还科学表述了通信系统的信道容量。信道容量一般用 C 表示，其定义如下：

$$C = B \times \log_2\left(1 + \frac{S}{N}\right) \tag{1-6}$$

式中：C 为信道容量；B 为信道带宽；S 为平均信号功率；N 为平均噪声功率；S/N 为信噪比。

基于以上概念，信息论解答了通信理论中临界数据压缩值和临界通信传输速率值两个基本问题。临界数据压缩值就是信息熵 $H(X)$，临界通信传输速率值就是信道容量 C。

2．控制论

诺伯特·维纳著述的《控制论（或关于动物和机器中控制与通信的科学）》（*Cybernetics, or control and communication in the animal and the machine*）奠定了控制论这一科学的基础。在控制论中，维纳将消息、噪声、反馈、通信、信息、控制、稳态及目的等统一起来，相对于控制理论（Control Theory），控制论的研究对象是从自然、社会、生物、人、工程、技术等对象中抽象出来的复杂系统。为了研究这些完全不同的系统的共同特征，控制论提供了接近数学方法的一般方法，但比数学方法更为广泛，适用范围也更大。可以说，控制论是一个包罗万象的学科群。

1）基本原则

由于控制对象的普适性，如何将这些互不相关领域的要素统一起来并上升到一个新高度，维纳提出了控制论的四个原则：

（1）普遍性原则。任何自治系统都存在相类似的控制模式，以及普遍的机械化和自动化观点。控制论观点是高度抽象、普遍适用的，达到了纲举目张、举一反三的效果，这也是普遍性原则所要表达的内涵。

（2）智能性原则。人类社会中存在着信息及通信问题，其他生物群体乃至无生命物体世界中也存在信息及通信问题，如计算机与神经系统、法律与通信、社会政策与通信等。

（3）非决定性原则。通常在人们认知的世界中，事物往往都是具有决定性的或确定性的，但是从控制论角度出发，认知世界的非决定性产生了目的论和自由（如量子力学中的"薛定谔的猫"），而从不确定性的角度来看待事物的发生和发展是现代科学和经典决定论的一个重要区别。

（4）黑箱方法。对于控制系统，不管其组成如何，均可通过黑箱方法进行研究。黑箱方法强调了外部变量与内在变量之间的关系，能够从整体性视角来研究世界的内在规律，进而关注现实中行为与环境的关系，并从行为来确定环境。

2）控制的任务

控制的任务可划分为以下四类。

（1）定值控制：使受控制对象的特征值 y 稳定地保持在预定的常数值 y_0 上，如人的体温、血压。

（2）程序控制：保证受控制对象的特征值 y 按照某个预先知道的方式随时间 t 变化，如程控机床的运动。

（3）随机控制：使受控制对象的特征值随着某个预先不能确定的规律变化，如火炮控制、产品随市场的波动而波动等。

（4）最优控制：使系统的某种性能达到最优，即实际对系统的最优控制，如发电站保证发电机最大效益的控制。

3）控制的方式

目前，控制的方式有多种不同的分类方式，本书按简单控制、补偿控制、反馈控制、递阶控制的分类方式进行介绍。

（1）简单控制。

简单控制是最理想的控制方式，如图 1-4 所示。简单控制从需求出发，根据需求生成控制方案或指令，并将控制方案或指令实施到受控对象，进而产生结果。简单控制不考虑控制过程中其他因素的干扰，也不考虑实际控制结果与期望结果的差异等一系列实际控制过程中必须考虑的因素。简单控制是对控制过程的一种理想化描述，其明确了控制的主要对象和核心环节。

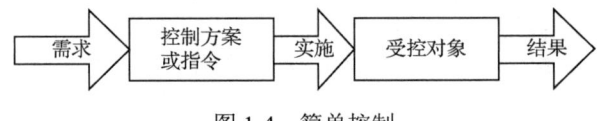

图 1-4　简单控制

（2）补偿控制。

基于不变性原理设计的控制方式称为补偿控制，它实现了系统对全部干扰或部分干扰的补偿。补偿控制首先求出满足性能指标的控制规律，其次在系统中增加补偿控制器，以改变控制器的响应，从而使整个系统获得期望的性能指标，如图 1-5 所示。按其结构的不同，补偿控制系统一般有前馈控制系统和大延迟过程系统两种。前馈控制系统是指通过测量干扰的变化并经控制器的控制作用直接克服干扰对受控对象的影响，使受控对象不受干扰或少受干扰的影响的控制方式组成的控制系统。前馈及前馈控制的概念很早就已被人们认识，但由于实施过程中的一系列问题，直至新型仪表和电子计算机的出现及广泛应用，前馈控制才得到了普遍应用。大延迟过程系统是专门针对具有大延迟过程特性的系统进行补偿控制的控制系统。大延迟过程是指广义对象的时滞与时间常数之比大于 0.5 的过程，工业生产中典型的大延迟过程有物料传送能量、成分测量、皮带运输，以及多容量、多种设备串联等过程，这些过程都存在较大的时滞。大延迟过程是较难控制的，需要进行专门的设计。

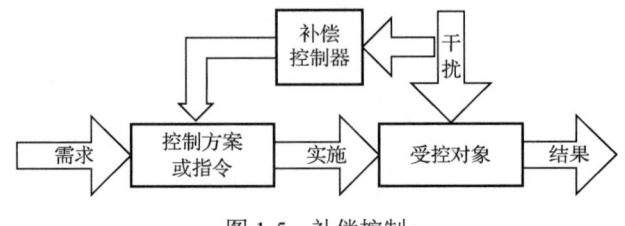

图 1-5　补偿控制

(3) 反馈控制。

反馈控制利用过去的情况来指导现在和将来。在反馈控制过程中，系统的输出信息会反馈到输入端，通过与输入信息的比较进行偏差分析，从而对下一步行动的进行产生影响，进而起到控制的作用，如图1-6所示。其特点是：对计划决策在实施过程中的每一步骤所引起的客观效果，能够及时做出反应，并据此调整、修改下一步的实施方案，使计划决策的实施与原计划本身在动态中达到协调。当然，反馈控制主要是对后果的反馈，而已铸成的事实将无法改变，且用新计划代替旧计划、用新决策代替原有决策有一个过程，需要一定的时间，如果系统不能适应情况的变化，将会给工作带来不必要的损失。反馈控制的优点主要是控制精度高，由于反馈控制是按实际产生的偏差进行的，具有抑制任何内、外扰动对受控对象产生影响的能力，因此具有较高的控制精度。反馈控制的缺点主要是存在时滞问题，反馈控制中，从发现偏差到采取更正措施之间往往存在时间延迟现象，在进行更正的时候，实际情况可能已经有了很大的变化，甚至是损失已经造成而无法进行修正。

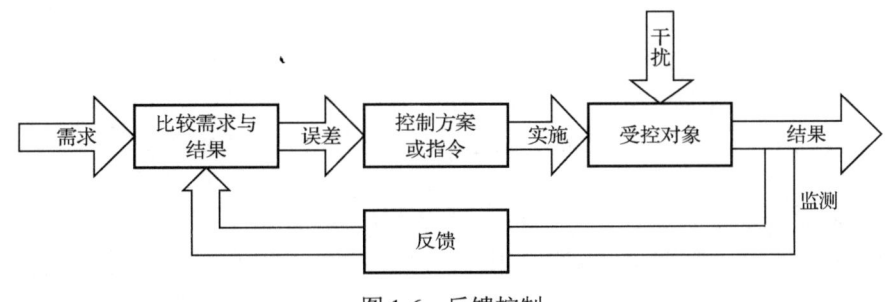

图1-6 反馈控制

(4) 递阶控制。

递阶控制是递阶智能控制（Hierarchical Intelligent Control）的简称。递阶控制是智能控制最早的理论之一，它是在学习控制系统（Learning Control System）的基础上，从工程控制论的角度总结人工智能与自适应控制、自学习控制和自组织控制的关系之后而逐渐形成的，如图1-7所示。递阶控制的特点是能够通过多个控制器（又称协调器或决策器）实现整体优化。它主要用于特大型生产系统、社会经济系统、电力通信系统等复杂系统。

基于递阶控制原理的递阶智能控制系统结构隐含在其他各种智能控制系统之中，成为其他各种智能控制系统的重要基础。递阶控制系统是一种特殊的反馈控制系统。它是用多个控制器组成的组合控制系统，每个控制器分别控制受控对象的一部分，然后用另外的控制器对本控制器加以协调控制，以使受控对象的各部分协调工作。递阶控制系统的特点是：形成金字塔结构，同级决策单元平行工作对下级施加影响，同时与上级交换信息，受上级干预，从而可使整个系统资源得到较好的利用，也增加了系统的可靠性和灵活性。

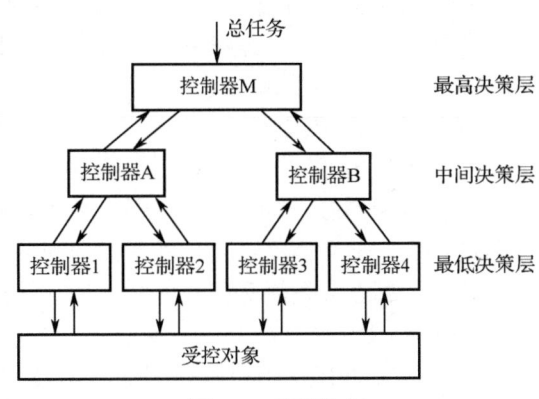

图1-7 递阶控制

3. 系统论

"系统（System）"一词来源于希腊文systēma，原意是指事物中的共性部分和每一事物应占据的位置，即由部分组成整体。从中文字面来看，"系"指关系、联系，"统"指有机统一，"系统"则指有机联系和统一。钱学森将系统定义为：系统是由相互作用和相互依赖的若干组成部分（要素）结合而成的、具有特定功能的有机整体。

1）基本原理

（1）整体性原理。

整体性原理是指系统是由若干要素组成的具有独立要素所没有的性质和功能的有机整体，其表现出的整体的性质和功能不等于各个要素性质和功能的简单叠加。此外，整体性原理也定义了系统本身的存在，即定义了分隔系统内外的边界。从系统目的的整体性来说，当局部和整体发生矛盾时，局部利益必须服从整体利益；从系统功能的整体性来说，系统要素的功能必须服从系统整体的功能，否则，就要削弱整体功能，从而也就失去了系统功能的作用。

（2）层次性原理。

层次性原理是指由于组成系统的诸要素存在各种差异，从而使系统组织在地位和作用、结构与功能上表现出具有质的差异的等级秩序性，也就是层次性。整体性原理描述了"系统"本身的存在，而层次性原理揭示了系统内部一种最普遍的结构特征，阐述了所有系统内部呈现出的普遍结构。

（3）开放性原理。

开放性原理是指由物质、能量或信息组成的系统必然不断与外界环境进行物质、能量和信息的交换，完全封闭的系统是不存在的。开放性原理一方面指出开放性是系统演化的前提和系统稳定的条件，另一方面阐述了系统边界的模糊性，是对系统整体性原理的补充，进一步强调了系统内外部关系。

（4）目的性原理。

目的性原理是指系统在与环境的相互作用中，在一定的范围内其发展变化不受或少受条件变化的影响，且其坚持表现出某种趋向预先确定的状态的特性。如果不考虑时间维度，系统的整体就只是整体，系统的层次也仅是层次，而一旦加入了由目的性原理引入的时间轴，就让这一切运动起来，系统的图景也变得更加复杂起来，所以目的性原理阐述了系统在时间维度上的基本运动特征。

（5）突变性原理。

突变性原理指的是系统通过失稳，从一种状态进入另一种状态的突变过程，它是系统质变的一种基本形式。突变广泛存在，方式也多种多样，同时系统发展还存在着分叉，从而有了质变的多样性，也带来了系统丰富多彩的发展变化。突变性原理阐明了渐变和突变各自在系统运动变化中的作用，并且描述了渐变和突变的关系，即连续作用的"因"也可以引发突然飞跃的"果"，所以突变性原理阐述了系统运动的基本形式，也明确了系统上下层级运动和系统整体运动的关系。

（6）稳定性原理。

稳定性原理阐述了系统在永恒运动中相对静止的一面，是指系统能够在一定的范围内进行自我调节，保持和恢复系统原有的有序状态和功能结构，具有一定自我稳定的能力。稳定性和突变性是系统的两面，前者强调稳定，后者强调变化，再结合目的性原理，可以从时间和空间、绝对运动和相对静止、存在和发展等相互依存、相互补充的完整视角对系统运动最普遍的规律进行描述。

（7）自组织原理。

自组织原理描述了系统运动的内动力，指开放系统由于复杂的非线性作用使涨落得以放大，从而产生更大范围、更强烈度的长程相关性；系统内部各个要素自发地组织起来，系统将从无序向有序、从低级有序向高级有序发展。

（8）相似性原理。

相似性原理是系统统一性的一种表示，是指系统的结构功能、存在方式和演化过程具有一定程度的共性。相似性原理指出了一切客观世界的系统，都具有一定程度上的相似，它们存在能够被抽象和提炼出来的共性。

2）系统类型

世界万物之间存在普遍的联系性，构成了各种各样的系统。各种各样的系统按照不同的分类方法可以划分为不同的类型，常用的分类方法有系统等级分类法、子系统与分系统关系分类法、系统内容分类法、数学模型分类法等。

（1）系统等级分类法。

层次性是系统基本属性之一，每个系统都是一个具有复杂层次的有机整体。系统等级分类法是基于系统的层次性对系统的一种分类方法，它是由系统结构和功能的等级决定的。向下的等级序列是：系统→第一级子系统→第二级子系统→……→第 n 级子系统→要素；向上的等级序列是：系统→第一级超系统→第二级超系统→……→第 n 级超系统→总系统。总系统是不能或不必与其他系统结合的系统。在具体系统的研究中，必须划清等级序列界限。

（2）子系统与分系统关系分类法。

系统是由子系统组成的，各子系统在某些方面形成的并列系统称为分系统。子系统可看作"模块"，分系统可看作"条类"。如各新闻单位对全国新闻系统来说是子系统，而报纸类、电视类、广播类就是新闻系统的分系统；在报纸类中，青年报类、妇女报类、党报类等是分系统。

（3）系统内容分类法。

① 一般系统与具体系统。

一般系统是体现具体系统共性的抽象系统，是一般系统论的研究对象；凡含有实际内容的现实系统为具体系统，是各种特殊系统论的研究对象。

② 天然系统和人造系统。

凡与人的劳动无关而产生的系统为天然系统；凡由人类劳动创造的系统为人造系统。

③ 思维系统、社会系统与自然系统。

思维系统是由人的神经、心理、语言、文字、逻辑思维等组成的系统；社会系统是由社会关系与众多相关联的人组成的整体；社会系统与思维系统之外的一切系统为自然系统。

④ 物质系统与概念系统。

以物质（包括能量）为要素构成的系统为物质系统，以各种概念为要素构成的系统为概念系统。

⑤ 生命系统与非生命系统。

一切有生命的物质系统为生命系统，生命系统之外的一切系统为非生命系统。

（4）数学模型分类法。

① 封闭系统与开放系统。

以系统与环境之间是否存在输入或输出关系进行判定，凡存在输入或输出关系的为开放系统，否则为封闭系统。需要注意的是，物理学领域将此种分类方法的分类结果扩展为三类：与外界有物质、能量交换的系统为开放系统；与外界只有能量没有物质交换的系统为封闭系统；与外界既无能量又无物质交换的系统为孤立系统。

② 静态系统与动态系统。

不随时间变化的系统为静态系统。静态系统具有这样一些特点：系统的运动极其缓慢，状态变化很小，难以观察和测量；系统与环境的物质、能量、信息的交换极不明显。应该注意的是，静态系统并非指系统中的一切都是静止的，其所属各要素间也存在着物质、能量和信息的交换，静态系统的数学模型往往用固定时间上的输入-输出关系表示，因此静态系统又称为无记忆系统。随时间变化而产生明显变化的系统为动态系统。动态系统具有这样一些特点：系统的状态变量随时间有明显的变化，是时间的函数；系统的状态可以由其状态变量随时间变化的信息（数据）来描述。

需要强调的是，动态系统和系统的运动是两个不同的概念。运动是系统的基本属性，一切系统,包括静态系统,都处于不断的运动中;而动态系统是指在运动中状态随时间发生明显变化的系统。

③ 线性系统和非线性系统。

如果系统的输入-输出关系满足齐次性条件和迭加原理,就是线性系统,反之为非线性系统。世界上的具体系统都具有非线性因素。

④ 连续系统和离散系统。

连续系统和离散系统是依据系统动态过程与时间之间的关系进行划分的。描述系统的时间函数 $f(t)$ 的定义域若是连续的,则该系统为连续系统;如果 $f(t)$ 的定义域是离散的,则为离散系统。

⑤ 确定系统与非确定系统。

若系统的实时输入和实时状态能明确且唯一地规定下一个状态和实时输出,则该系统为确定系统,否则为非确定系统。非确定系统又分为有概率系统和模糊系统。

⑥ 黑色系统、白色系统、灰色系统。

只知道输入-输出关系,不知道结构及变换过程的系统,称为黑色系统;既知道输入-输出关系,又知道结构及变换过程的系统,称为白色系统;对输入-输出的结构及过程有部分了解的系统,称为灰色系统。

⑦ 大系统与中小系统。

规模巨大、结构复杂、功能综合、因素众多的系统为大系统,次之为中小系统,但大中小之间并无严格界限。

1.3.3 指挥控制典型的描述模型

1. 控制论解释模型

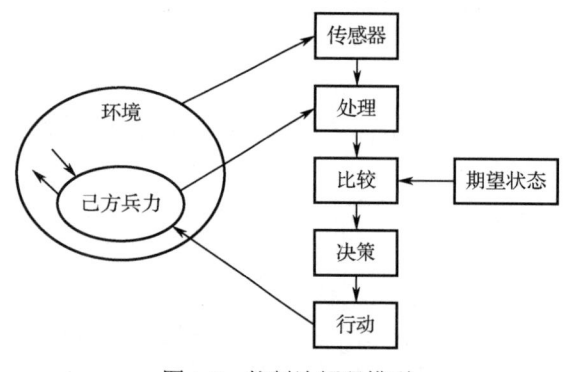

图 1-8 控制论解释模型

控制论解释模型是 J. S. Lawson 于 1981 年提出的一种基于控制过程的指挥控制模型,如图 1-8 所示。控制论解释模型将指挥控制划分为传感器、处理、比较、决策、行动以及期望状态六个要素,这六个要素基于环境发挥作用。模型中,环境被划分为不可控因素和可控因素两部分,可控因素往往被直观描述为己方兵力。

传感器要素是整个模型的输入,与环境发生直接的交互关系,用于获取与指挥控制相关的信息;处理要素对传感器要素获取的信息进行处理、加工,形成与指挥控制目标(期望状态)直接相关的信息产品;比较要素根据处理要素形成的信息产品,与指挥控制目标进行对比分析,判断指挥控制目标是否达成,以及距离指挥控制目标达成的主要差距;决策要素根据距离指挥控制目标达成的差距,结合环境和己方兵力情况,制定方案计划,进行分析评估,确定执行计划;行动要素根据确定的执行计划,组织己方兵力开展作战行动。上述六个要素围绕环境(作战环境)形成闭环,以期望状态为目标,不断推进作战进程的展开。

控制论解释模型较为完整地描述了指挥控制的过程,直观且便于理解,但对指挥控制中人的作用描述不足,以致在应用中受限。

2. 认识论解释模型

认识论解释模型是 J. G. Wohl 于 1981 年提出的基于认知科学的指挥控制模型,如图 1-9 所示。认识论解释模型将指挥控制划分为激励(S)、假设(H)、选择(O)和响应(R)四个环节,这四个环节围绕作战环境展开。

在图 1-9 所示模型中，激励（S）表现为数据，直接来自战场环境，同时也受响应（R）环节的影响；假设（H）以激励（S）环节提供的数据为基础，结合作战目的，对作战过程的发展进行方案设计，在认知活动中表现为感知的选取；选择（O）在假设（H）环节形成的各种方案的基础上进行分析评估，确定最终实施的方案，在认知活动中表现为响应的选取；响应（R）则是根据确定的方案，指挥控制己方兵力实施作战行动的过程。以上四个环节在实施过程中进行广泛的信息交互，如选择（O）环节除了获取假设（H）环节提供的各种备选方案，还会受到激励（S）环节、响应（R）环节提供信息的影响，这也反映出指挥控制过程是一个信息充分交互和反复迭代的慎思过程。

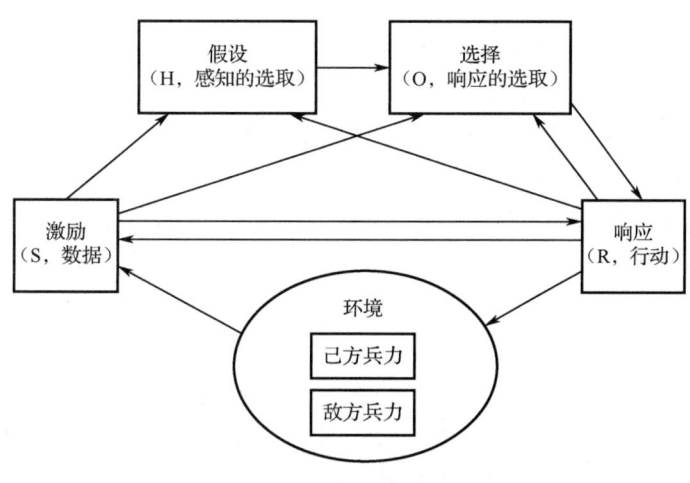

图 1-9　认识论解释模型

相对于控制论解释模型，认识论解释模型突出了对指挥控制过程中认知活动的描述，但对指挥控制的组织实施流程反映不足。

3. OODA 环模型

1987 年，已经退役的美国空军上校约翰·博伊德提出了 OODA 环模型。OODA 环模型可能是最简单的也是最著名的指挥控制模型，也称为指挥控制环，如图 1-10 所示。

博伊德上校自己写道："观察、判断、决策、行动代表了指挥控制过程中发生的一切，OODA 环可被看作指挥控制环……对敌人的 OODA 环施加影响意味着对敌人的指挥控制环施加影响。"

在 OODA 环模型中，OODA 环具有周期性，周期的长短与作战的兵力规模、空间范围、作战样式有关，一个周期的结束是另一个周期的开始。OODA 环还能够以嵌套的形式进行关联，如在舰队作战系统中，最小的 OODA 环是近距武器系统的火力闭环控制环；在单舰层级上有 OODA 环，即舰艇指挥控制环，在编队层次同样有 OODA 环，这些指挥控制环相互嵌套，内环周期短，外环周期长。

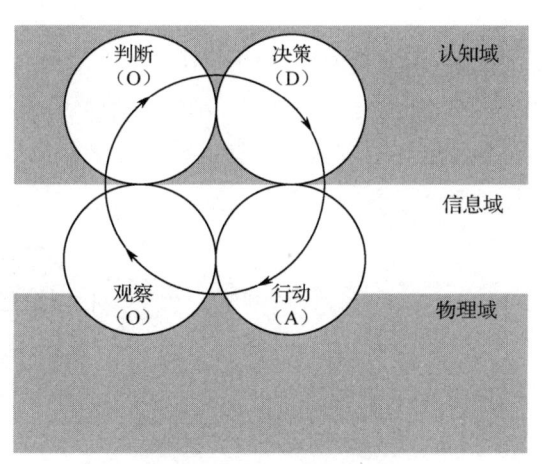

图 1-10　OODA 环模型

指挥控制的目标是通过比敌人更迅速、更清晰地判断和对敌人的指挥控制过程施加影响，从而使敌人的决策过程变得更加困难和复杂，甚至使敌人怀疑所做的选择，最终导致敌人指挥控制过程崩溃和决策失败。

OODA 环模型克服了认识论解释模型和控制论解释模型的不足，得到了广泛的应用。OODA 环模型能够成功地解释指挥控制过程中的敌我互动关系，但不能充分地解释作战过程中各个层次指挥控制中发生的所有活动，且缺乏过程之间的反馈或前馈表示，不能有效地反映指挥控制系统的动态决策性。

4．劳森-摩斯环模型

劳森-摩斯环模型是一种更加详细的指挥控制模型，它的设计基于"指挥控制的目的就是维持或改变周围的环境"的基本认识。

劳森-摩斯环模型由五个步骤组成，即感知、处理、比较、决策和行动，如图 1-11 所示。在 OODA 环模型的基础上，劳森-摩斯环模型主要进行了两方面的完善，一是劳森-摩斯环模型将 O-O-D-A 中的"观察"细分为感知和处理两个步骤，涵盖了将多传感器数据转换为知识的过程；二是劳森-摩斯环模型引入了"期望状态"，对整个过程的所有目标进行描述，"期望状态"包括指挥员的意图、基本任务、任务陈述或作战命令等，并通过"比较"步骤对照"期望状态"检查当前的环境状况，支撑指挥员做出决策，并制定适当的"行动"过程，以改变战场环境、夺取优势，实现指挥员影响环境的愿望。

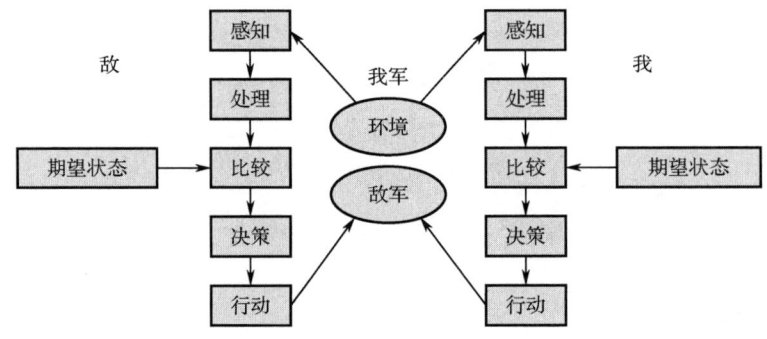

图 1-11　劳森-摩斯环模型

5．司令部效率评估方法

司令部效率评估方法由以美国理查德·伊·海斯博士为首的研究团队提出，由监视、理解、制定可选行动方案、预测结果、决策和指导等步骤组成，如图 1-12 所示。

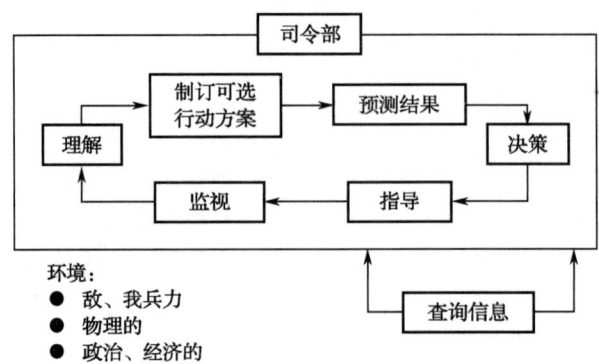

图 1-12　司令部效率评估方法

指挥控制过程被看作是一个对战场环境进行有效控制的自适应控制过程。为追求指挥控制效率,需要监视战场环境、理解态势、制定可选行动方案、预测行动的结果、对行动过程做出决策并制定计划、为下属提供指导然后监视进展情况。在军事行动中,环境由友军、敌军和中立部队、地形和气象、政治和经济等组成。尽管控制论解释模型、认识论解释模型、OODA 环模型、劳森-摩斯环模型等早期模型提供了更直观、更基本的指挥控制过程框架,但司令部效率评估方法更贴近当前军事体制下的指挥控制程序。

以上模型从不同的角度对指挥控制进行了描述,虽各有侧重,但都包含感知、融合、理解、决策、传达决策和行动等环节,能够完整描述指挥控制活动的构成要素和实施过程。

1.4 指挥控制方式

指挥控制活动是实现指挥控制相关功能的实体,包括指挥员、指挥所战勤人员、指挥信息系统,以及他们的结合体之间的各类交互活动。指挥控制活动是一种高度复杂的人类活动。指挥控制方式是围绕消除战争迷雾和高效组织力量这两个目标而设计的指挥控制活动的具体组织方式,主要包括集中式指挥、自适应指挥、任务式指挥等方式。本节具体介绍这三种指挥控制方式。

1.4.1 集中式指挥

集中式指挥是基于周密计划的强制性应对策略。为确保这种策略的有效实施,集中式指挥往往会通过加强计划的强制性和减少下级的自主性相结合的方式开展指挥控制活动。集中式指挥在机械化战争中得到了广泛的运用和长足的发展,曾被许多指挥员用于破解战争中的混乱情况,建立有序的对抗态势。普鲁士国王腓特烈大帝(腓特烈二世,1712—1786 年)是集中式指挥的倡导者,他把单兵的积极主动性控制在最低限度,通过复杂且严格的战术训练、线性信息传输和预先制定的计划,将军队打造成一台经过预设规则运转的战争机器,以期把战争中的不确定性降至最低。20 世纪 60 年代,美国将科学预测、精确计划、严格控制等一套企业管理理念引入军队的指挥控制活动中,使集中式指挥发展到极致,同时影响了世界各国将集中式指挥作为主要的指挥控制方式。

我们应该看到,集中式指挥活动的核心是基于周密计划的强制抵消策略,这种策略是将战争视为"理性人"和"有序统一的系统"共同作用的活动,要求在战前预先制定包括主要作战方向、战法运用、作战进程设计等多方面内容的详细作战计划,而后根据战场态势和战况进行修改更新,以保证行动的可预见性和高度秩序化。然而在现实中,这种强制抵消策略受到了严峻的挑战。一是指挥系统是开放的,每个人都不可能保持纯理性,系统也不可能通过负反馈始终维持稳定;二是不确定性随着战争进程的不断演化,往往与最初的设想大相径庭,作战计划越具体,适用性就越差,指导意义就越小;作战行动设计越详细,部队的行动就越死板,准确度就越低。

集中式指挥存在的问题带来了一系列失败的教训。如普鲁士军队在腓特烈大帝集中式指挥思想的指导下,大败于拿破仑的法军。与集中式指挥相反,拿破仑不试图完全控制军队,而是赋予独立军团很高的自主权,允许其在广阔的地域自由战斗,这种组织和观念上的变革,极大地扭转了战场态势,而饱尝败绩的普鲁士军队则在耶拿会战失利后进行了全面改革,提出了任务式指挥的思想。越南战争中,将集中式指挥发展到极致的美军在面对采用个体分工合作、独立行动的游击队时,遭受了失败。海湾战争中,萨达姆僵化的集中式指挥也遭受了失败。

1.4.2 自适应指挥

自适应指挥是一种基于行动中心的积极应对策略。随着信息技术的发展,战争形态正在向信息化战争转变。在信息化战争条件下,作战计划朝着"模糊化"与"不确定性"方向发展,基于计划的强制性而削弱下级自主性的集中式指挥已不能适应现实要求。美军曾认为：作战行动与作战计划保持一致并不重要，必须在战场情况发生变化时根据作战行动情况适应性调整计划，必要时甚至可以放弃计划。美军在伊拉克战争中就成功实践了以"行动为中心"的自适应指挥方式，取得了显著战果。

自适应指挥活动以广域互联的信息通信基础设施为依托，有效连接战场空间内的各作战平台、要素和实体，采用"行动为中心"的调控策略，充分发挥各级参战力量的主动性，通过各作战要素自适应地处理战争中的不确定性，更好地发挥了信息优势，并将己方的信息优势转化为决策优势和行动优势。在自适应指挥中，指挥机构可以是虚拟的、动态的、变化的，上下级间松散耦合，指挥层级更加模糊，各作战单元高度分散且拥有充分的自主权，作战单元间通过共享态势感知和直达末端的调控指令以实现精确控制，参战实体可不受上级干预，可按照作战规则形成自组织协调和同步，实现作战意图。

自适应指挥也存在一些局限性，主要体现在以下五个方面：一是不具备完全模糊指挥层级的现实条件，模糊指挥层级对指挥员和指挥机构提出了更高的要求，而这种要求在现实环境中难以达到；二是轻视计划的制定可能会使得最终结果偏离作战意图；三是高级别的直接干预将破坏相互信任以及下级主观能动性的发挥，作战实施过程中，末端往往掌握更为准确的战场信息，不合时宜地干预或过度控制，可能产生严重的后果；四是信息共享不能确保全知全能，即使各作战单元能够做到充分的信息共享，也无法改变战争不确定性的本质；五是过度依赖信息网络，一旦重要信息通信节点遭到阻塞或破坏，作战能力将会遭受极大的影响。

1.4.3 任务式指挥

任务式指挥是集中式指挥和自适应指挥的复合体，是一种统分结合的复合应对策略。基于这种复合应对策略，任务式指挥一方面消减了集中式指挥在面对海量信息、多样任务和通信瓶颈时，可能出现的调度困难、行动迟缓、主动权丧失的风险；另一方面克服了自适应指挥中模糊指挥层级、轻视作战计划等与当前军队体制相悖，且在复杂战场对抗条件下因缺少上级意图约束而造成的作战力量易陷入混乱的缺陷。因此，在两次世界大战中被德军各指挥层级广泛使用的任务式指挥成为一种更为科学可行的指挥控制方式，其在信息化战争中受到了高度重视并被赋予新的内涵。

计划制定和行动实施是作战指挥过程中重要的组成部分，是对作战意图进行理解和表达的过程，直接为实现作战决心服务。任务式指挥活动将"以计划为中心"和"以行动为中心"有机融合，确保作战行动中的集中意图与分散实施。在任务式指挥中，由于末端指挥机构和一线指战员更靠近战场，对变化的形势更为了解，更利于及时准确地采取行动，因此在不打乱指挥结构的前提和遵守上级任务意图的约束下，对部队指挥员和参谋机构适当放权，使之在复杂、动态和敌对的作战环境中自主遂行军事行动，能更好地保持行动自由和快捷的作战节奏。任务式指挥把控的核心是作战目的，而不是完成方式和具体细节，意在达成宏观和整体上的协调一致，而非任何时刻的步调一致。因此，在制定计划时要充分考虑不确定性和框架设计，只规定作战的原则、主要轮廓和最初阶段的细节。

自 20 世纪 80 年代以来，美军、英军、法军、以军等军队陆续将任务式指挥的理念写入条令，尤其是美国陆军对任务式指挥高度重视，并不断实践、完善任务式指挥。2003 年，美国陆军野战条令首次正式使用"任务式指挥"的概念，并将其作为陆军的首选指挥控制方式。2012 年，美军参联会发布《任务式指挥白皮书》，要求在条令、编制、训练、装备、领导、教育、人事与设施框架内全面贯彻任务式指挥理念。《美国陆军作战概念（2016—2028 年）》重点阐述了任务式指挥的运用，标志着美国陆军已将任务式指挥作为未来联合作战的首选指挥控制方式。

1.5 指挥控制方法

指挥控制方法是谋略艺术与科学技术的综合,主要包括谋略思维方法和工程技术方法。其中,谋略思维方法是核心,重在体现竞争和对抗中的谋略性;工程技术方法是依托,重在体现客观事物运动中涉及可行、经济、综合等多方面因素作用的科学性。

1.5.1 谋略思维方法

正如《孙子兵法》的英文被翻译为 *The Art of War* 一样,指挥控制涉及大量的谋略艺术。在指挥控制活动中,人的主观能动作用始终是最活跃的因素。人类战争史中涌现了一大批优秀指挥员,他们在历次战争实践中运筹帷幄,演绎了一幕幕精彩的战例,展现出了高超的指挥谋略艺术,这种指挥谋略艺术具体体现为一系列的谋略思维方法。

1. 体系结构解析方法

信息化战争已经演变为敌对双方体系与体系之间的对抗。在信息化条件下,作战体系是由侦察预警、指挥控制、打击施效、综合防护和作战保障等系统,按照一定的作战编成、指挥关系和运行机制构成的有机整体。"体系破击战"已成为信息化战争作战思想的核心,要求贯彻灵活机动、自主作战的原则,实施信息主导、精打要害、联合制胜的体系作战。体系结构解析是实施体系破击战的前提和基础,其目的在于辨识敌我双方的作战重心,找准作战体系的要害关节。

分析作战体系主要使用体系结构解析方法,按照从整体看个体、从结构看功能、从关联看节点的思维方式,在纷繁复杂的体系要素中找出对体系作战能力发挥具有决定性作用的关键要素和要害目标。体系结构解析方法的实施过程主要包括要素关联分析、体系结构分析、关键节点分析、价值分析判断等基本步骤,具体过程如图 1-13 所示。

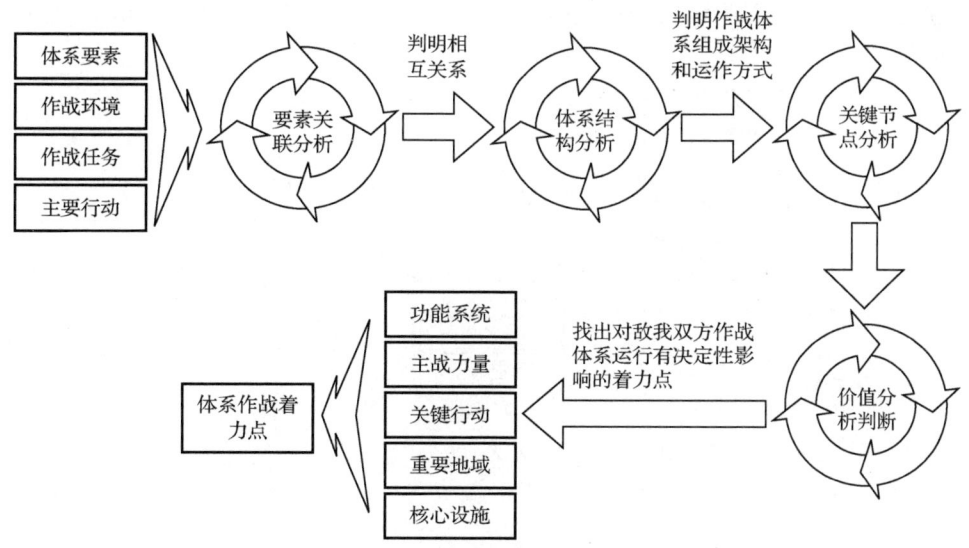

图 1-13 体系结构解析方法的实施过程

要素关联分析,主要是按照作战体系、作战系统、子系统、要素单元的顺序逐层分解,判明其各自的属性和功能作用,然后结合作战环境、作战任务、主要行动等因素,分析作战体系各要素的关联关系。关联关系主要包括地理环境关系、信息环境关系、社会环境关系以及其他关系。在要素关联分析过程中,为了确保全面覆盖所有作战要素,一般将作战体系分为侦察预警、指挥控制、火力打击、信息对抗、作战防护、后装保障等系统，然后在此基础上进一步细分为子系统、要素等。

体系结构分析，主要是在要素关联分析的基础上，找出体系中各系统、各要素的物理关系、逻辑关系和相互作用，具体包括功能关系、位置关系、信息关系、活动关系以及其他关系，然后综合考虑以上各种关系，判明作战体系组成架构和运作方式。

关键节点分析，主要是在体系结构分析形成的作战体系组成架构和运作方式的基础上，进一步剖析敌我双方的信息交互方式和能量释放手段，对敌方作战体系中各系统、各要素功能及作用的重要性、易毁性进行比较分析，找出功能不可替代、较易遭受打击、遭袭后难以承受且短期内难以恢复的要害节点。

价值分析判断，主要是在关键节点分析筛选出的一系列要害节点的基础上，依据要害节点对作战体系的重要程度，结合指挥员和领域专家的知识经验进行综合判断，对节点的重要性进行排序，进一步找出对敌我双方作战体系运行有决定性影响的功能系统、主战力量、关键行动、重要地域和核心设施，以此作为体系破击行动的着力点。

由于作战体系要素众多、关系复杂、动态变化，结构性、半结构性、非结构性问题混杂，不确定因素多，需要综合运用体系结构解析方法和直觉经验判断方法，把定性分析与定量分析、模拟推演与集智研讨有机结合起来，从而提高体系结构解析的可信度。

2．作战进程分析方法

作战进程分析方法是研究提出作战构想和作战方案的核心方法。作战进程分析方法是在充分预见战局发展、力量消长的基础上，对作战阶段和行动步骤的主动设计，目的是形成清晰的战役发展路线图。作战进程分析方法的核心是以战役目的为指引，运用逆向推理方法，采用结果倒推的方式，分析设计作战行动，有序投入兵力与资源，在持续施压中主导和推进战局。

作战进程分析方法通常按照战场态势把握、战局变化预测、转换节点分析、关键行动构设的基本步骤，把作战阶段、主要行动进行编排连接，勾画战役全貌，形成整体作战进程构想。其具体过程如图 1-14 所示。

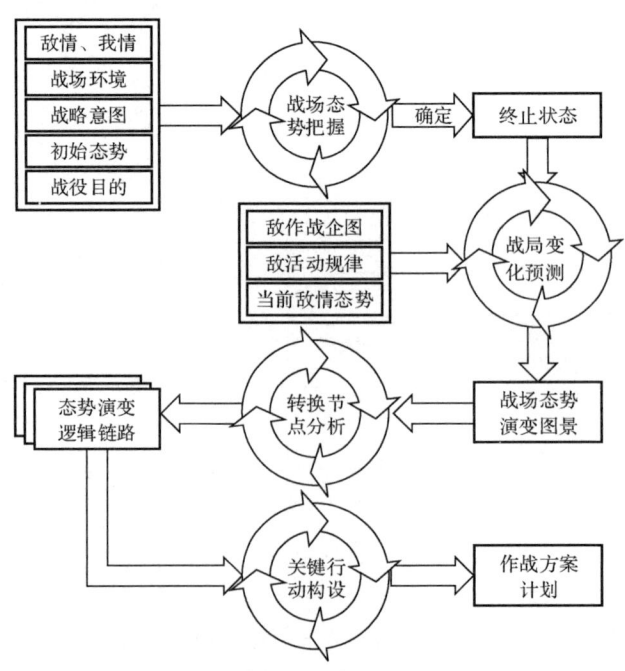

图 1-14　作战进程分析方法的具体过程

战场态势把握就是在客观分析敌情、我情、战场环境的基础上，明确初始态势，并根据战略意图和战役目的，确定战役期望达成的终止状态；战局变化预测就是在研判敌作战企图和敌活动规律的基础上，结合当前敌情态势，预想敌方可能的行动和对我方行动可能的反应，进而设想战场态势演变场景；转换节点分析就是根据我方作战任务，设计最有利于从初始态势向终止状态演进的阶段目标，并以此作为战役节点，形成态势演变逻辑链路；关键行动构设就是根据敌方可能的企图和行动，设想各阶段我方关键任务和预期效果，再将任务和指标分解成兵力、火力和信息攻防等具体作战行动，同时将各阶段的作战任务和具体行动，按相互关系整合起来，明确指挥、协同、控制和保障措施，形成作战方案计划。

作战进程分析不仅仅是被动预测战局，其更强调主动谋局布势，营造"致人而不致于人"的有利态势。在我方遂行进攻作战任务，或对敌方具有较大的优势时，作战进程设计具有较大的主动性；在敌我双方总体力量相当的情况下，应注重考虑可能出现的僵局和危局，合理设计作战进程；在我方处于防御态势的情况下，需要根据敌方的进攻行动设计我方行动，由于战役进程变数较大，应当在被动中争取主动，把防御行动和反击行动结合起来全面筹划。

3. 效果递推分析方法

对作战效果的预期、测算和评估，贯穿指挥控制全过程，其主要作用在于清晰呈现作战目标、作战任务与作战行动之间的因果关系，以利于确定合适的目标、恰当的任务和有效的行动。指挥员只有把注意力放在想要取得的预期作战效果上，才能在复杂的军事对抗中始终将作战行动与作战目的、作战意图紧密地联系起来。

效果递推分析方法将战役目的转化为预期的终止状态，然后围绕终止状态从逻辑时序和因果关系两方面进行分析设计，形成作战阶段划分和各阶段预期效果，并细化作战目标达成的阶段指标，最后以各阶段预期效果和指标为依据设计具体的作战行动，同时对行动效果进行分析预判，形成作战行动整体框架。其具体过程如图 1-15 所示。

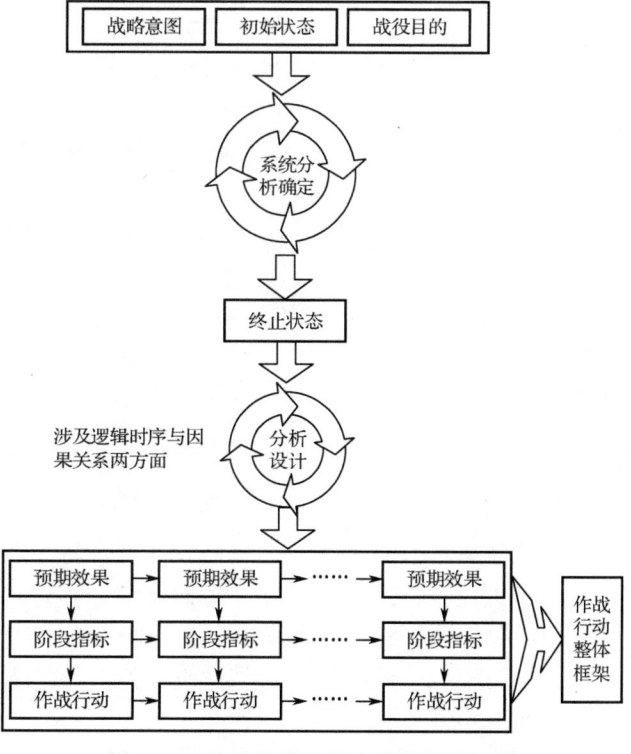

图 1-15　效果递推分析方法的具体过程

效果递推分析方法的实质是按照以作战目标为牵引，以预期效果为导向，以行动设计为抓手的思维模式，将作战预期和手段运用精确匹配，以有效战法和较小的代价达成作战目的。实际运用中，需要在全面及准确分析、研判的基础上，逐一解析各项任务、各种行动的具体目标和可能达成的效果，找出并清晰描述多个目标、多组效果、多种行动之间相互交织、相互影响的复杂关系，进而把预期效果与作战进程及其具体行动关联起来，形成实现作战目的和终止状态的基本路径。预期效果是基于未来发展趋势的预判，具有一定的主观性，作战实施中还需及时评估当前行动预期效果的达成度，并滚动修订后续行动的预期效果，以达到主动适应战场情况发展变化的目标。

需要说明的是，预期作战效果的主观性很强，下一轮行动设计需要以上一轮行动结果为依据，而这种阶段性效果往往难以提前准确预测；另外，实际作战效果评估高度依赖及时准确的情报保障，而在激烈的战场对抗环境中，实时准确的情报保障难度很大，这增加了效果递推分析方法实施的难度；同时，作战效果与政治效应和社会效应不是简单的因果关系，事先难以准确评估，甚至还可能产生非预期效果，这也是效果递推分析方法运用时需要特别注意的问题。

4．风险代价平衡方法

战争充满不确定性，作战决策、作战行动始终存在风险。对风险的辨识、评估与控制是指挥控制必不可少的重要内容，目的是在风险与收益中找到平衡点，力求使作战行动的有利效果超过潜在的代价或损失，防止对风险估计不足而陷入被动。作战风险对指挥员来说既是威胁也是机遇，需要对风险与代价做出综合分析及比较，在可承受的风险范围内勇于做出抉择。

风险代价平衡方法通常按照分析判断风险、推演评估风险、调整防范策略、持续管控风险的基本步骤进行，具体过程如图 1-16 所示。

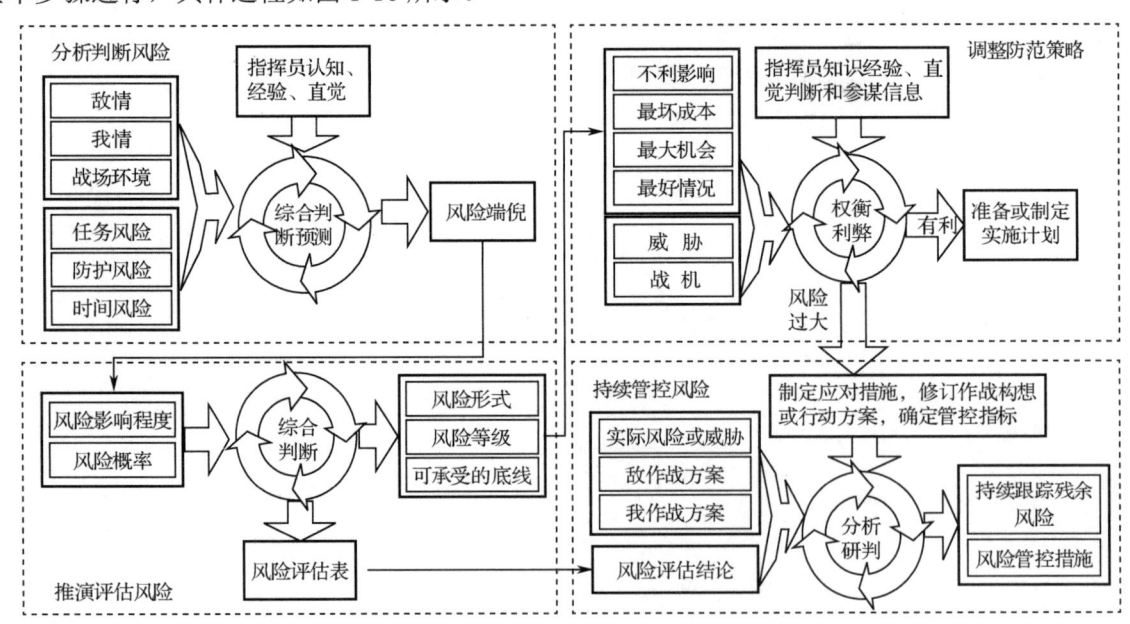

图 1-16 风险代价平衡方法的具体过程

分析判断风险主要依据己方体系重心分析判断，综合敌情、我情、战场环境情况，并基于指挥人员的认知、经验和直觉，对可能存在的任务风险、防护风险、时间风险等进行综合辨别，预测可能存在的风险端倪。任务风险主要指完成任务可能的损失与代价，或任务失败的可能性及后果；防护风险主要是指重要目标遭受攻击的可能性及其后果；时间风险主要指不能在规定时间完成任务的可能性及后果。

推演评估风险主要采用兵棋、沙盘等推演方式，模拟敌军行动，分析对抗条件下各类风险可能造成的后果和发生的概率,判明风险形式、风险等级和可承受的底线,制定风险评估表。风险评估表是对各类风险按发生频度和后果程度进行排序得到的风险列表,是作战方案计划优选决断的参考和制定应对措施的依据。

调整防范策略是针对评估的风险,制定若干应对措施,尽可能消除或降低风险带来的危害。当指挥员判断风险过大、代价无法承受时,应及时调整风险应对策略,甚至重新设计作战构想和行动方案。

持续管控风险是对采取缓解措施后的残余风险进行持续跟踪,并确定风险无法接受的标志性指标,同时在执行过程中动态监控这些标志性指标,如有需要及时制定应急处置措施,确保风险始终保持在可承受范围内。

风险代价平衡方法的本质是帮助指挥员在权衡利弊中做出正确的抉择,两弊相权取其轻,使收益大于风险,以小代价换取大胜利。没有风险的决策是不存在的,风险往往与收益成正比。不同指挥员的性格、经验、偏好等各不相同,对风险决断、方案选择也不尽相同,但都应在对风险科学分析和研判的基础上,敢于承担风险,果断做出决策。

5. 敌情威胁分析方法

分析敌情、判明威胁,科学预测战局的发展趋势,是指挥控制活动的逻辑起点。战场上敌我双方是矛盾统一体的两个方面,在一定时间和空间范围内相互联系、相互竞争、相互制约,而敌情威胁往往隐藏在浓浓的战争迷雾之后,指挥员只有用全面、联系和发展的观点分析研究,才能揭开迷雾,透过现象看到本质。敌情威胁分析方法通常采用从现象到本质、从局部到整体、从原因到结果的思路进行推理、分析及判断。其具体过程如图 1-17 所示。

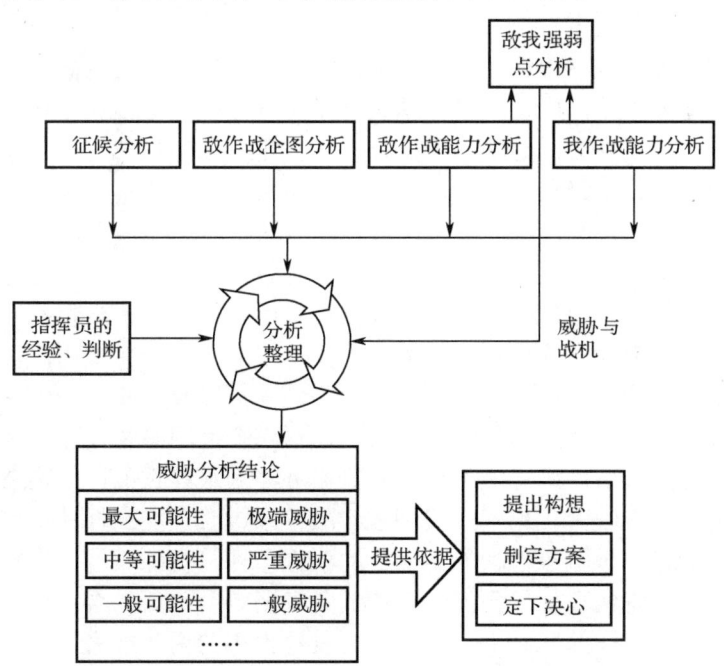

图 1-17 敌情威胁分析方法的具体过程

征候分析需要随时掌握战场动态变化情况,在纷繁复杂的战场变化情况中捕捉征候与端倪,完成征候分析。征候分析是一个涉及领域广,且需要长期积累并不断完善的过程。敌作战企图(或敌方作战企图)分析是从敌战略利益、战略目标、战略底线、战略动向等方面判明敌作战企图的过程。敌作战企图分析往往与敌作战能力分析相伴进行,而敌作战能力分析是从敌我主动与被动、有利与不利、优势与劣势的对抗比较中判明敌能力。基于指挥员的经验和判断，从战场情况动态演变的征兆和可能的行动分析、整理、形成威胁分析结论，分析结论主要从可能性、危害性两个维度判明威胁发生的可能性，为提出构想、制定方案和定下决心提供可靠的依据。

需要强调的是，军事对抗中作战能力是一个敌我双方相互对比的相对量，因此除了进行敌作战能力分析，还需要进行我作战能力分析，并通过全面客观的敌我强弱点分析才可能形成敌情威胁、我方反制方案和战机。敌我强弱点分析中，敌、我强点主要涉及结构型强点、能力型强点、需求型强点、精神型强点和环境型强点等，敌、我弱点主要包括结构型弱点、能力型弱点、需求型弱点、精神型弱点、环境型弱点以及转化型弱点。敌之强点与我之弱点对比分析是威胁分析的重要环节和支撑，敌之弱点与我之强点对比分析是应对威胁、寻找战机的战机分析的重要环节和支撑。敌我强弱点之间的双向反复推导分析可为分析敌情威胁提供有力的支撑。

分析判定敌情威胁，要善于在纷繁复杂的现象中把握变与不变的辩证关系，把反映敌行动企图、方向、时间、部署的点滴情况汇集起来，找准各种情况的内在逻辑关系和本质的必然联系，以敌度我、以我度敌、双向推导，形成正确的判断和预见。敌方的行动和企图往往不以己方的意志为转移，因此敌情威胁分析方法高度依赖各种情报来源，需要准确分析、判断敌情威胁存在的诸多不确定因素，持续跟踪和掌握敌情变化，依据最新敌情动向，滚动修正和完善分析判断结论。

6. 体系重心分析方法

体系重心分析方法与体系结构解析方法关系密切。体系结构解析是体系重心分析的基础，主要是从作战体系中辨识重心、抓住枢纽，找出作战体系的要害及关键节点；体系重心分析是体系结构解析的延伸，主要是通过判明重心、分析决定点，找出瘫痪敌作战体系的有效对策。

作战体系重心是指挥控制中普遍关注的问题。针对作战体系重心的分析，目前主要有从哲学层面分析和从物理角度分析两种方法。从哲学层面分析是运用整体论的思想方法，把作战重心理解为关系战役全局的主要矛盾、中心问题；从物理学角度分析是运用还原论的思想方法，将作战重心理解为力量之源、运动中心。这两者虽然在认识视角、思维方式上有所不同，但目的是一致的。随着战争从平面向立体多维空间拓展，作战体系重心及其构成要素发生了较大的变化，需要综合运用整体论和还原论的思想，按照系统工程技术方法，对作战重心进行全面分析。

在战役层面，作战体系重心存在于作战体系之中，且与敌方的军事能力紧密相关，通常体现为具体的力量、行动、地域或设施等，可通过体系结构解析方法进行分析判别。对作战体系重心的进一步解析，目的在于把握作战行动的关节点，并有效组织决定性作战行动。

体系重心分析是在综合考虑敌战略利益、敌战略动向，以及敌我作战体系的基础上，分析研判敌作战企图和敌我双方作战体系的关键性因素，然后综合运用整体论、还原论等理论和方法，分析敌方可能的作战体系重心。确定敌作战体系重心并不是最终目的，还需要针对性分析敌作战体系重心发挥作用的赋能性因素，也就是找到敌作战体系重心效能发挥的决定点。在分析决定点的过程中，首先需要通过分析敌方作战能力保持的前提条件，得到其能力发挥的关键需求；其次分析满足这些关键需求的制约点，得到能力发挥的关键弱点；最后综合关键需求和关键弱点，分析得到关键能力。在以上工作的基础上，判明重心发挥作用的内在能力，细化这些内在能力所依赖的条件、资源和手段，并从中找出易于攻击或压制的主要脆弱点，也就是作战行动的决定点。体系重心分析方法的具体过程如图1-18所示。

体系重心分析中，要着眼于获取最大战略利益、对敌造成最大危害、消除对己不利因素等，判明有效打击敌方重心或保护己方重心的主要方向、重要区域、重大行动、重点目标及战役转换点，并以此统筹谋划战役全局。需要强调的是，作战体系重心在一个时期通常只有一个，但也不是一成不变的，可能随着作战进程的发展而变化，重心变化后往往需要指挥员重新分析确认，并确定新的关键性问题。

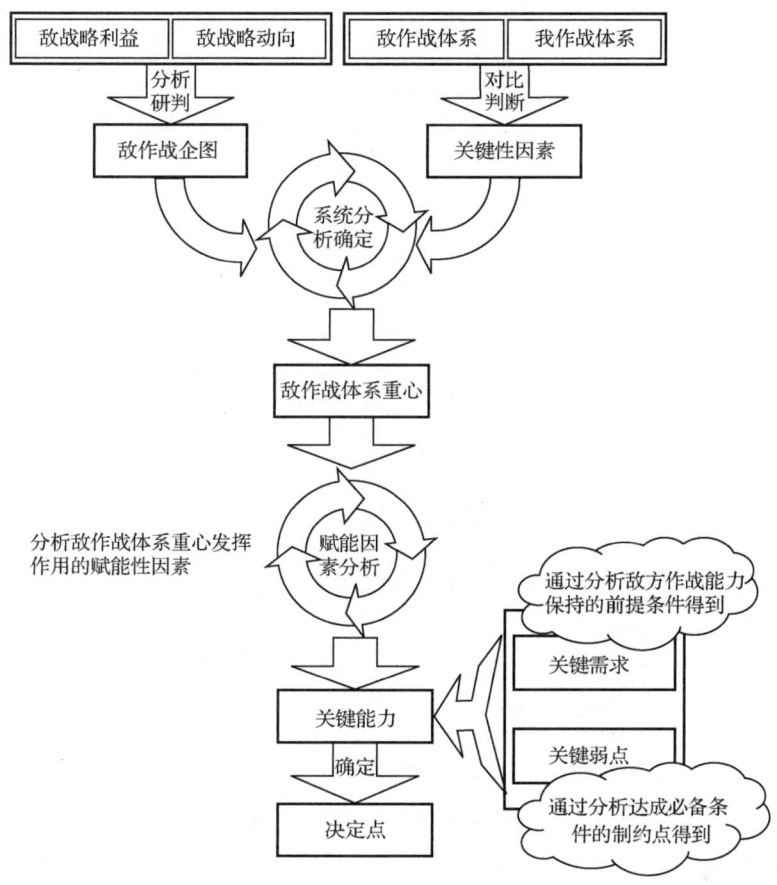

图 1-18 体系重心分析方法的具体过程

7．作战目标分析方法

作战目标是反映作战目的的具体指标，对上体现作战意图，对下指导作战行动。对作战目标的分析，是指挥员理解和贯彻作战意图的过程，目的在于把上级赋予的任务具体化，实现战略目标向行动目标、打击目标的转化。

分析作战目标，通常先按照从战略意图到战役目的、再到战役目标的基本逻辑步骤，通过体系结构解析、体系重心分析和指挥员判断，对打什么仗、仗打到什么程度的问题予以解析，形成初始作战任务清单，之后综合考虑任务、目标、能力、条件、弱点等多方面因素，细化每项任务，列出作战目标。在分析细化形成作战目标的同时，还需要综合体系结构解析、体系重心分析等方法，结合指挥员的判断，对比分析敌我能力，找出影响能力形成的条件因素，判断这些条件因素中的不足或易受攻击的方面，并对作战目标的达成程度和效费比进行分析，进而选择打击目标、确定打击方式，形成打击目标清单、能力清单、保障清单；之后根据优选条件对打击目标清单中的目标进行优选排序，形成最终优选结论，而优选排序的重点是对所选目标进行检查，判别所选择的目标是否最有利于实现战略意图和战役目标，是否最有利于掌握战场主动权，是否最有利于改善战场态势等，避免因目标选择偏差影响战略战役全局；最后结合时间和空间条件，综合考虑作战地域，全面统筹战机与威胁，进行回归分析，进一步修正打击目标和打击方式。这是一个反复迭代、不断修正的过程，如图 1-19 所示。

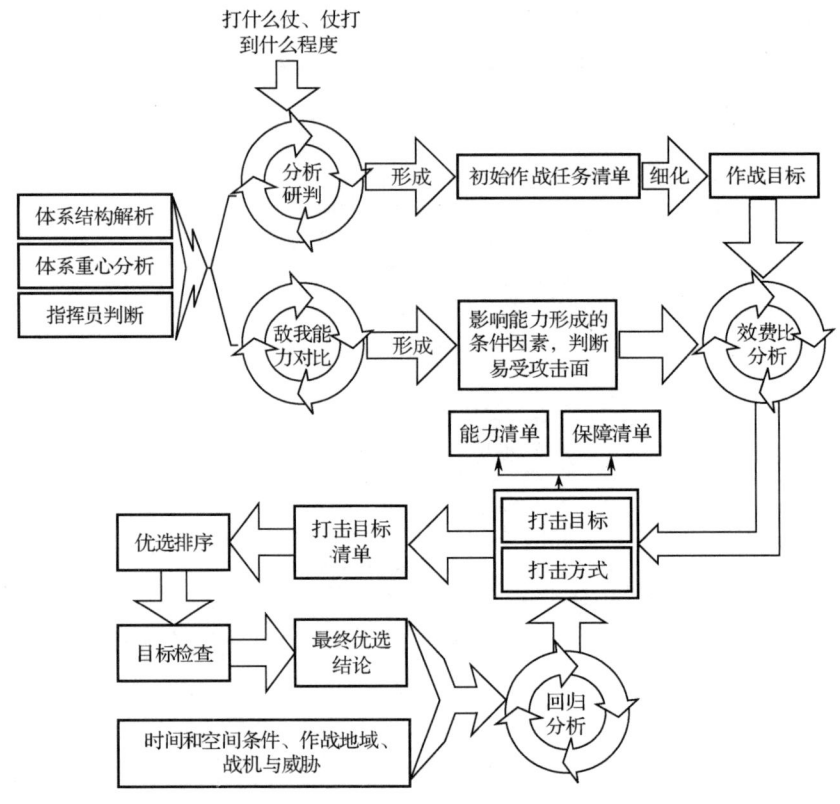

图 1-19 作战目标分析方法的具体过程

需要说明的是，作战目标的选择离不开时间和空间条件，应与选择作战地域、创造和捕捉战机统筹考虑，通常围绕影响敌重心的决定点，选择敌作战体系的要害节点目标对其实施直接打击，达到牵一发而撼全局的作用；也可围绕要害节点目标的薄弱环节实施打击，进而削弱敌重心、瘫痪敌作战体系。

1.5.2 工程技术方法

指挥控制活动中，指挥员的谋略是最活跃的因素，它体现了指挥控制的艺术性，同时现代工程技术的广泛应用也为指挥控制提供了不可或缺的重要支撑，它们共同组成指挥控制活动的双翼，一起推动指挥控制在不确定、高对抗的战争空间中飞舞翱翔。目前，现代工程技术方法已广泛应用于作战全过程，渗透于作战指挥艺术之中，成为信息化条件下指挥控制的时代要求。

1. 数据统计方法

数据统计方法主要是指基于概率统计、线性代数等数学模型，运用敌我战争历史、实兵演练、靶场试验、作战实验等海量数据，挖掘、解析能力底数、作战规律、趋势动向的方法。数据统计方法是指挥员提高形势研判预见性、指挥筹划时效性、枢纽把握敏锐性、资源调配合理性的重要途径。

在指挥控制活动中运用数据统计方法，通常按照设计统计模型、搜集基础数据、统计分析规律、检验验证结论四个基本步骤组织实施。设计统计模型，主要是通过分析和抽取作战问题中可量化的数据指标，确认数据搜集来源的可行性，设定统计指标与统计条件之间的关系，建立多维度反映作战问题核心特征的数学模型；搜集基础数据，主要是根据设定的统计指标，搜集、整编相关作战数据，统一数据量纲，梳理规范数据；统计分析规律，主要是选择运用回归分析、概率分析、关联分析、泛函分析等数学工具，从不同角度分析及还原事实、发现知识、摸清底数、把握规律、预测趋势，得出初步的统计结果；检验验证结论，主要是依托军事专家和技术专家，运用定性分析与定量计算相结合的方法和特定作战问题的基本规律，分析、校验统计结果，研判得出统计结论。

数据统计方法是指挥控制活动中最常用的工程技术方法之一，广泛应用于指挥控制各层次、各专业、全过程，具有稳定性强和可信度高等特点。指挥控制活动中，要结合作战问题自身的特点，灵活运用该方法。例如，统计作战能力底数，应重点关注战场环境、训练水平对人员、武器装备、作战行动的影响；解析作战行动规律，应注重考虑对手出其不意、施谋用诈，违反统计规律的行动；预测作战趋势动向，应在把握总体趋势的基础上，关注细微变化、复杂关联，善于见微知著，捕捉影响战局走向的重大关节点、转折点。同时，应用数据统计方法的过程中还应充分考虑军事领域广泛存在的不确定性以及计算模型、数据来源的可靠性，有选择、有甄别地应用数据统计结果，防止对数据统计结果盲信盲从。

2. 运筹分析方法

运筹分析方法主要是指基于军事运筹学理论和现代计算技术，通过构建特定作战问题的运筹模型，设定作战资源使用的限制条件，寻求最优解决方案。运筹分析是优化作战力量运用和战法设计的重要途径，在指挥控制过程中具有不可替代的关键作用。

运筹分析方法通常按照描述作战问题、提出假设条件、评估假设结果、优选解决方案四个基本步骤组织实施。描述作战问题，主要是拟制并形成作战想定，准确界定需要运筹分析的力量编组、目标分析、能力对比、方案优选等作战问题内涵、外延、边界，选用科学的军事运筹模型，设计合理的可量化指标，搜集并整理相关数据；提出假设条件，主要是按照作战问题的内在要求，合理设置关键的作战资源条件和相关的作战限制条件，简化形成具体的量化要求；评估假设结果，主要是运用战斗力指数、规划论、博弈论、综合评估等军事运筹模型和相关数据，结合给定的假设条件，计算、评估各种可能的结果，形成多个解决方案；优选解决方案，主要是综合比较多个解决方案的利弊优劣，根据给定的作战资源和作战限制条件，确定解决方案的优先级别，为指挥员提供决策参考。

运筹分析方法是筹划力量运用、设计作战行动、选择作战目标、组织作战协同、统筹作战保障的重要手段，具有综合性、科学性、操作性强等特点。在指挥控制活动中运用该方法，应注重采取综合集成研讨方式组织实施，突出破解重难点问题。例如，筹划力量运用，应突出利用不同类型作战力量相生相克的非对称效应，并充分考虑机动能力、持续能力和训练水平对作战力量实战能力的影响；设计作战行动，应注重集中优势、达成突然性，合理设计行动发起时机、机动路线（飞行航路、导弹弹道/航迹）、组合方式；选择作战目标，应重点分析目标对所在系统或体系的作用影响，关注打击目标需要的限制条件、可能产生的间接效应或政治效应；组织作战协同，应围绕体系增效，精准区分、合理利用时域、空域及频域，精确、有序衔接各类作战行动；统筹作战保障，应突出弹药、油料、主战装备、关键器件等重要资源保障，兼顾后勤、装备保障资源的通用性、替代性，考虑战争潜力转换为能力的相关条件。

3. 行动仿真方法

行动仿真方法主要是指运用模拟仿真系统，计算、评估作战行动的时空关系、预期效果，可视化展现我方或敌方作战行动过程，辅助指挥员开展指挥控制活动。行动仿真方法是虚拟现实、模拟仿真等先进技术运用于指挥控制的典型方法，对于提高作战行动以及作战方案计划的设计水平具有重要的意义。

行动仿真方法通常按照战场兵力仿真、行动脚本设计、行动过程仿真、行动效果评估四个基本步骤组织实施。战场兵力仿真，主要是运用虚拟现实技术和地理空间数据，构建多维战场环境和敌我兵力兵器能力模型，为行动过程仿真提供基础条件；行动脚本设计，重点是描述我方或敌方作战行动的主要兵力兵器基本部署、作战任务、机动路线（飞行航迹、导弹轨迹）、作用范围、预期效果等；行动过程仿真，主要是依托模拟仿真系统，基于虚拟战场环境、仿真兵力兵器和行动脚本，可视化展现行动的准备、发起、推进、结束等全过程；行动效果评估，主要是根据给定的作战行动条件，对我方或敌方可能的多种作战行动方案进行比较，评估优选方案。

行动仿真方法是设计作战行动的重要手段，具有可视化、可交互、可重复等特点，尤其对于实兵演习战场难以到达、行动难以实施、效果难以预测的作战行动设计，具有不可替代的作用。指挥控制活动中，应针对作战行动设计的重难点问题灵活运用，重在帮助指挥人员发现问题、破解难题。例如，运用空中作战效能仿真系统，对侦察预警、空空对抗、防空反导等行动进行计算，设计最优的对抗行动方式；运用空间卫星仿真系统，对电子侦察能力、反卫星效果等实兵难以实施的行动进行评估，把握行动效果底数；运用目标分析选择系统，对目标体系毁伤效果进行预测，多角度分析软硬毁伤行动产生的直接效果与间接效果、军事效果与政治效果、毁伤效果与作战效果。

4．作战推演方法

作战推演方法主要是指综合运用手工推演、图上推演、沙盘推演、兵棋推演等手段，基于红蓝对抗，评估、检验作战方案、作战计划、作战行动的过程。作战推演方法是检验作战计划成果、分析解决对抗性指挥控制难题的重要方式，它有助于预测作战进程、评估作战效益、估算作战消耗、降低作战风险。其中，基于计算机技术的兵棋推演系统已成为最常用的指挥控制支撑手段。

作战推演方法通常按照准备推演工具、设计推演方案、组织红蓝对抗、评估推演结果四个基本步骤组织实施。准备推演工具，主要是根据推演课题和推演条件，选择有效的推演手段和方式，搜集整编推演数据，构建推演环境；设计推演方案，主要是按照红蓝对抗要求，搭建推演团队、技术保障团队和专家评估组，细分推演想定和任务，设定推演程序和推演的评判、中止等条件；组织红蓝对抗，主要是依据对抗进程对作战方案、作战计划、作战行动的重要关节、博弈过程进行推演；评估推演结果，主要是组织有关专家客观评价推演过程和红蓝博弈情况，分析推演的作战方案、作战计划、作战行动存在的主要问题，梳理、整编推演成果数据，研究并提出解决措施，形成推演评估报告。

作战推演是各级指挥机构开展指挥控制活动的核心方法之一，具有对抗性强、联动性高、逼真性好等特点。指挥控制活动中，运用作战推演方法应注意以下三方面的问题：一是指挥人员主导推演，应按照人在回路、实时干预的方式，由指挥员或参谋团队选择推演手段、设计推演方案、主导推演过程，充分发挥指挥人员的经验知识和主观能动作用，注重把模拟仿真手段的复杂计算、重复推演、可视化展现等技术优势和指挥人员的谋略优势结合起来；二是聚焦难题组织推演，应重点选择指挥控制活动中对抗性、复杂性要求高的问题进行推演，如运用作战训练推演系统，对地面攻防、火力打击和作战协同等重要行动进行推演，分析矛盾问题，展现推演态势和预期效果；三是科学组织多层级推演，应设计多级指挥机构带动典型实兵、重要武器平台的联合推演模式，按照体系对抗要求，基于同一背景、同一任务、同一流程，有序联动组织多层级、多要素推演活动，发现并解决体系性难题。

指挥控制的谋略思维方法和工程技术方法是解决作战问题的有效支撑，是对人类战争活动的总结和提炼，是我们认识战争、研究战争的重要手段，只有从理论和实践的结合上真正学懂弄通这些方法，才能在指挥控制活动中灵活运用。指挥控制的各种谋略思维方法，需要针对不同的作战阶段及不同的情况，综合运用、全程运用、灵活运用，有时多种方法并用，有时一种方法为主。例如，判断情况时，应综合运用敌情威胁分析方法、体系结构解析方法、体系重心分析方法、作战目标分析方法等，分析、判断敌作战体系的构成、枢纽、要害关节和主要强弱点；形成构想时，除运用上述方法，还应运用作战进程分析方法，科学预见作战进程、战局变化和可能出现的复杂及困难情况；制定方案、拟制计划时，除运用上述方法，还应综合运用风险代价平衡方法、效果递推分析方法，评估优选作战方案。工程技术方法的运用，应融入谋略思维方法的运用中，通过采用数据统计、运筹分析、行动仿真方法和作战推演方法，解构复杂战争问题，把思维活动工程化，为指挥控制活动提供工具手段和技术支撑。

小　　结

本章主要对指挥控制的基本概念、组成要素、典型模型、指挥控制方式和方法等内容进行了详细的介绍。首先从指挥控制的概念内涵入手，阐述指挥、控制、指挥控制等基本概念及各概念间的关系；其次介绍了指挥控制活动的主要要素，以及基于各要素相互作用形成的信息流程；再次根据指挥控制活动的要素与流程，介绍了指挥控制的基础理论和典型模型；最后结合指挥控制方式，介绍了指挥控制的谋略思维方法和工程技术方法。通过本章内容的学习，可帮助读者建立指挥控制知识体系的整体框架，为后续章节的学习提供支撑。

习　　题

1. 什么是指挥、控制、指挥控制？
2. 如何理解指挥、控制，以及二者之间的关系？
3. 结合指挥控制的发展过程，分析指挥控制发展的动因。
4. 什么是信息熵，如何计算？
5. 分析香农信息论信息系统模型与指挥控制的关系。
6. 分析3种指挥控制方式中任意一种的过程与特点。
7. 分析系统论与还原论的区别。
8. 列举指挥控制的组成要素，并分析各要素的地位和作用。
9. 描述指挥控制典型的描述模型，并分析其优劣。
10. 分析、论述集中式指挥、自适应指挥、任务式指挥三种指挥控制方式的区别和联系。
11. 列举指挥控制典型的谋略思维方法，并分析各种方法的逻辑流程。
12. 列举指挥控制典型的工程技术方法，并分析各种方法的实施步骤。

第 2 章 作战态势估计

作战态势估计是对敌我双方态势要素静态感知与动态预测的全过程，是军事决策和行动控制的依据。通过作战态势估计能够实现对当前作战情景的合理解释和对未来时刻战场变化的科学预测。

2.1 态势与作战态势要素

态势是战场上敌我双方作战要素的状态和形势的刻画，由相互关联影响的一系列态势要素构成。本节具体介绍态势和作战态势要素的概念和内涵。

2.1.1 态势

态势从字面来看，由"态"和"势"两部分构成。其中，"态"主要指当前的状态，是对各要素实体属性、状态信息和周围环境的描述；"势"主要指各要素活动的发展趋势，即各要素的能力变化、动态关系和行为趋势。因此，态势是指现实世界中事物的状态及其变化趋势。军事领域的作战态势是指战场环境与兵力分布的当前状态和发展变化趋势，表示的是与作战意图相关的战场环境和兵力分布状态，主要包括当前状态、要素间关系及可能的变化趋势等。

美国数学家和逻辑学家戴福林（K. Devlin）在其著作《逻辑和信息》中，使用信息和信息流理论，从信息流逻辑的角度出发，将态势定义为由现实产生的一个局部状态结构。他认为，态势可视为具有一定程度感知的一个"局部"的现实状态，该状态是要素（状态及属性）及其关系的集合，这个关系集合可以嵌套，即一个类型的态势自身也可作为一个要素。抽象的态势可以表示一组关系（Relation），现实的态势可以表示带有事例的一组关系（Relationships）。

作战态势是包括敌我双方力量分布、战场环境、作战任务、约束条件、时间与空间关系、机会与风险等方面的一种复杂的关系。面对海量、复杂的战场数据，要想辅助指挥员准确提取有用信息，发掘作战态势背后的隐藏知识，最为重要的是全面分析与深刻理解其中的复杂关系，以降低指挥员作战决策的难度。对作战态势的估计应建立在对战争客观及全面认识的基础上，从认识战场的复杂性入手，从体系对抗的角度，把信息化战场作为一个复杂系统来研究，不能简单地只采用牛顿科学体系、还原论、决定论等思想作为战场态势理解的基础，而要从更新的观念出发来扩展战争认识论。

态势信息是对某一宏观事物各组成要素的诸属性状态的描述，包括静态描述与动态描述。作战态势信息指在战场空间内，各类军事单位及自然环境要素的各种状态信息，军事单位包括作战单元、保障单元、后勤补给单元等。通常，作战目标是通过控制战场上兵力的分布来实现的，在实际战场上，作战双方指挥员的较量就变成按其特定作战目标分析并求解己方兵力分布问题，同时破坏对方问题求解的一场竞赛，而取胜的基本条件首先是必须熟悉战场中兵力分布及战场环境的当前状态，其次是拥有及时、准确地估计出未来态势的能力。全面掌握当前的"态"，准确预估未来的"势"，对作战指挥人员科学地进行军事决策起着重要的作用。

2.1.2 作战态势要素

作战态势要素指构成战场态势的兵力、环境、事件和估计等诸类要素，从主观和客观角度来看，作战态势要素主要包括敌我态势和战场环境等类型。

敌我态势是指作战各方部署与行动所形成的当前状态和形势，以及它们的变化发展趋势，主要包括部队要素、动态目标和对抗措施等。其中部队要素包括敌、我、友的兵力部署，合成战斗序列、战场固定设施等；动态目标包括重要的陆、海、空、天运动目标，以及它们的当前位置、状态、属性、威胁程度等；对抗措施包括战场事件、作战行动、战斗企图、威胁程度等。

战场环境指对作战活动有影响的各种客观情况和条件的统称，包括战场自然条件（如地形、气象、水文等）、战场人文条件（如人口、民族、交通、建筑、工农业生产、社会情况等），以及战场建设情况（如国防工程构筑、作战物资储备等）等。信息化条件下的战场环境，还包括战场上各种人为电磁辐射、自然电磁辐射和辐射传播因素等。因此，战场环境是包含自然环境、社会环境、战场建设、电磁环境等诸多要素的综合体。

作战态势要素依据层次关系可划分为四级。一级要素，即战场实体（目标、设施、局部或全局环境）及其状态/属性，是生成战场态势的基础要素，其描述信息一般通过各类传感器获取；二级要素，即实体之间的关系，含敌我各自内部要素关系、双方要素之间的关系以及与环境要素间的关系，是构成战场态势的主要依据，其描述信息基于作战意图产生；三级要素，即一、二级要素与有关外部要素的关系，是全谱作战要素之间的关系，这里的外部要素主要包括未参战的作战力量、地缘政治、国家、民族、宗教文化、经济金融、法律舆论等；四级要素是基于一、二、三级要素生成的态势知识要素，是隐藏在实体及其关系中需要深入理解的敌方作战意图、作战方案和计划，以及可能出现的战场事件及预测结果等。例如，对敌伪装、隐蔽和欺骗（CC&D）手段的识别，对敌作战计划方案的察觉、作战意图的理解、作战行为的判断、作战能力的估计和强弱对比分析，对己方有利/不利的态势状态的估计，以及对事件与结果的预测，主要是人的意向性智能，如直觉/临机决策、作战意图和目标（价值取向），以及人的谋略和指挥员的指挥控制能力起主导作用。四级要素是基于作战意图进行作战规律挖掘、估计和预测的结果，是态势估计与预测的主要内涵。

上述四级要素紧密联系、相互支撑，构成完整的作战态势。其中，一级要素是作战态势的基础，二、三级要素是作战态势估计的重点，四级要素是从前三级要素中提取出来的，直接与影响或威胁要素相联系。

不考虑特定作战目标，通用作战态势一级要素主要由五种类型构成。一是兵力部署与作战能力类，属于静态要素；二是战场目标类，包括固定目标和运动目标，属于动态要素；三是战场环境类，属于影响要素，包括地理环境、交通环境、气象环境、电磁环境等；四是社会、政治、经济地缘类，属于战场支撑环境要素，包括国家或地区、人文、经济发展等状况，战场所处国家或地区人口数量、分布与结构，民族种类、习惯，宗教信仰、政治倾向、相互关系，电网系统、水利系统、交通系统、通信系统的枢纽、分布及状况，军工企业的分布及发展状况等；五是对抗措施类，是指基于作战意图可能产生的对抗事件及其所采取的措施。作战态势一级要素（战场实体状态/属性）的分层结构如图 2-1 所示。

其中，对抗措施类要素是从兵力部署与作战能力类、战场目标类、战场环境类及社会、政治、经济地缘类等要素中提取出来的，是对双方可能产生对抗的兵力、战场目标、地点和环境及可能的冲突样式和产生结果的预测。由于作战目标不同，指挥员所关心的态势要素也不尽相同，由此形成不同的战场态势。与一个作战目标对应的一个或多个待验证的战场事件假设，随作战目标的改变而变化，甚至在同一个作战目标下的不同作战阶段或时间段都存在差异。因此，确定一个战场事件假设及其构成要素，并依据战场目标的变化确定作战态势要素及其相互关系的发展和变化，予以及时估计与更新，是检验一个指挥员的态势判断能力和作战指挥能力的重要内容。

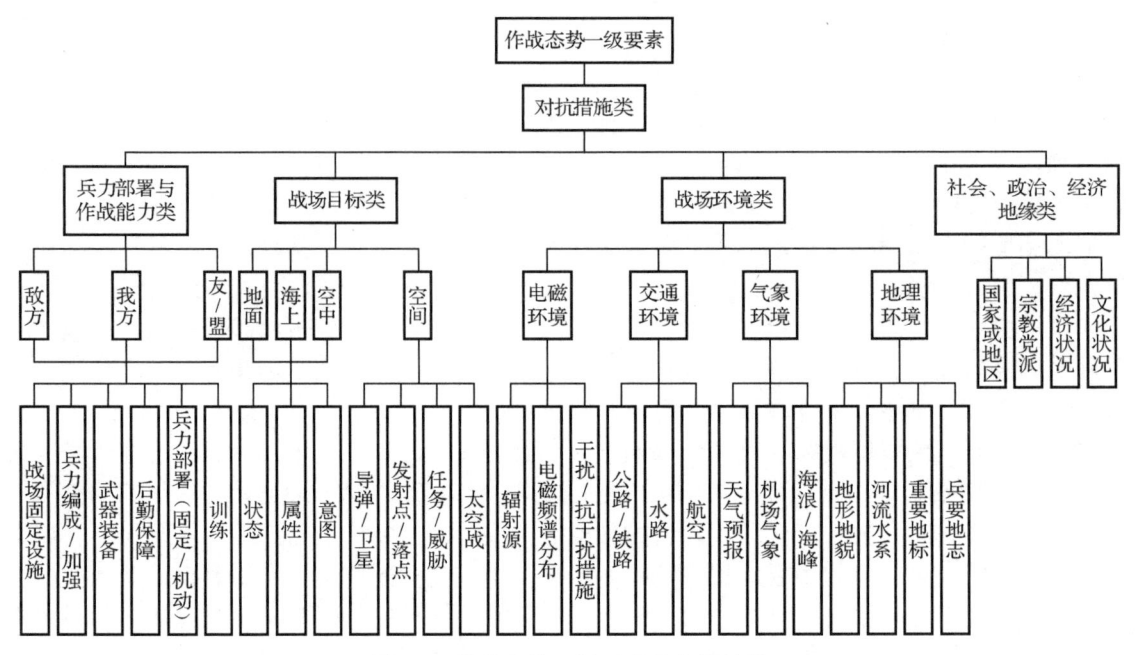

图 2-1 作战态势一级要素的分层结构

2.1.3 作战态势的分类与特征

1. 作战态势的分类

作战态势根据不同的作战应用具有不同的分类方法,目前主要使用的分类方法有按作战层次分类、按作战域分类、按作战信息流程分类、按作战行动过程分类、按军兵种分类、按作战保障要素分类和按态势生成过程分类等。

按作战层次分类,可将作战态势分为战略态势、战役/战区态势、战术/战斗态势等;按作战域分类,可将作战态势分为地面态势、海上态势、空中态势、空间态势、电磁态势、网络态势、地空一体态势、海空一体态势、联合作战态势等;按作战信息流程分类,可将作战态势分为感知态势、威胁态势、决心/计划态势、指挥控制态势、作战行动(平台)态势、火力打击态势等;按作战行动过程分类,可将作战态势分为兵力部署态势、兵力集结态势(兵力投送、行进路线/队列态势)、兵力展开态势(机动、关键点/区域)、交战行动态势、支援/协同态势、交战结果评估态势等;按军兵种分类,可将作战态势分为陆军态势、海军态势、空军态势、火箭军态势等;按作战保障要素分类,可将作战态势分为情报保障态势、通信保障态势、装备保障态势、后勤保障态势等;按态势生成过程分类,可将作战态势分为观测态势、估计态势、预测/规划态势、威胁态势等。

2. 作战态势的特征

作战态势是对战场中兵力分布及战场环境的当前状态和发展变化趋势的描述,具有以下特征:一是目的性,即作战态势及其构成要素依据作战意图的不同而有针对性地进行调整,具有鲜明的目的性;二是不确定性,即作战态势要素及其关系的获取、估计包含大量的不确定因素,体现出不确定性和风险性特征;三是动态性,即作战态势不是一成不变的,它将随作战进程(阶段或时段)的发展而不断变化,需要以动态的观点分析和处理;四是互作用性,即作战态势与作战意图(作战效果)相互影响、相互作用;五是一致性,即作战态势的估计结果应该与真实战场的作战态势相一致,且各不同作战单元对态势的理解也应保持一致性;六是周期性,即作战态势是周期性更新的,要基于作战节奏合理确定平均更新周期,如美军根据各军兵种的作战特点,将陆军、海军、空军的作战态势更新周期分别定为 5min、1min 和 5s；七是直观性，即作战态势及其要素应以直观且便于理解的形式呈现给各类作战人员。

2.1.4 态势的一致性

一致性是作战态势的重要特征，也是现代技术应用的核心领域。下面介绍态势的一致性概念，以及态势的绝对一致性和相对一致性。

1. 态势的一致性概念

态势的一致性在概念上包括绝对一致性和相对一致性。态势的绝对一致性是指作战单元所获得的态势信息与真实战场态势的一致程度，描述的是态势信息质量，简称态势质量，是态势评估的依据。态势的相对一致性是指战场上各作战单元在时空基准、重要目标信息、态势结构、态势展现、态势理解等方面的一致性，也是遂行同一任务的各作战单元对共同涉及和关注的态势信息理解的一致性，可以理解为态势的相对质量。从作战运用角度来看，态势的相对质量更具有实际应用价值。态势的一致性体现在以下三个方面：

（1）时间一致性。时间一致性是指作战单元态势信息的时间误差保持在允许范围内，包括时间基准和计时误差保持在允许范围内的处理过程。例如，在态势的绝对一致性中作战单元必须采用世界统一时间（Universal Time Coodinated，UTC），并不断进行时间同步，以使作战单元时间始终与 UTC 保持一致（或在容许的范围内）；而在态势的相对一致性中，各作战单元可采用某一高时间精度单元或最高指挥机构的时钟作为统一的时间基准，其他单元则不断通过与基准单元进行时间同步以保持相对一致。时间一致性是作战态势要素达成一致的基础。

（2）空间一致性。空间一致性是指作战单元态势信息空间误差保持在允许范围内的处理过程，包括采用统一的空间基准（坐标系）、度量单位、坐标变换，以及控制观测信息的误差等。例如，态势生成过程中各作战单元采用统一的空间参考原点、坐标系和计量单位，并通过不断进行空间配准（估计各信息源获取信息的误差并进行补偿），以使所获取的同一战场要素的空间状态具有一致性。

（3）认知一致性。认知一致性是指各级指挥人员对态势信息理解的一致性，在目标识别、机动检测、态势识别、估计与预警，以及威胁估计等认知环节，各级指挥人员的理解和推理判断所得到的结论保持一致。认知一致性是在时间和空间一致性的基础上产生的，对态势的绝对一致性和相对一致性都适用。

时间一致性和空间一致性是自动融合保持态势一致性的核心，是基于实体要素产生关系要素的基础，它们可以相互转换（时间误差转换为空间误差）。认知一致性是在指挥人员的思维、认识和理解的过程中产生的，是达成态势应用的基础，是多作战单元在协同决策和协同行动中达成一致和同步的关键。

2. 态势的绝对一致性

态势的绝对一致性在概念上描述为指挥员掌握的态势与面对的战场真实态势在诸多方面（实体、关系、理解）的一致程度，是态势偏差的客观反映。因此，态势的绝对一致性描述的是态势信息的真实性质量，是态势的相对一致性的基础。态势的绝对一致性程度可从七个方面进行描述。一是态势的符合性，即目标识别、关系估计和态势状态分类的识别结果与战场实际的符合程度；二是态势的精确性，即融合获得的目标状态估计和关系估计与战场实际的偏离程度的统计度量；三是态势的适时性，即态势生成的时间延迟和态势更新周期满足相应作战活动需求平均延迟的统计度量；四是态势的清晰性，即描述态势中所含模糊航迹的统计度量，模糊航迹包括漏关联和错关联产生的真实目标的冗余航迹和来自杂波的虚假航迹；五是态势的连续性，即人为给真实目标的航迹编号的改变率与航迹编号维持最长时间的统计度量；六是态势的完整性，即所描述的态势对所关注区域的时空覆盖程度，以及对所关注的战场要素及其关系的时空覆盖程度的综合描述；七是态势的可视性，即态势图上显示的态势要素（目标、关系、意图等）与真实地图和标绘的军事标号在位置、内容、含义等方面与指挥员决心、计划的一致程度。

3. 态势的相对一致性

态势的相对一致性主要包括以下四个方面。

（1）时空基准的一致性，具体包括时间基准统一、空间位置原点和坐标系统一、时空度量单位统一等。时间基准统一，如采用统一的授时源（北斗、GPS等）；空间位置原点和坐标系统一，如确定空间某相对固定点或运动平台作为空间坐标原点，并采用统一的坐标系，如地理坐标系（经度、纬度、高度）、传感器平台笛卡儿坐标系或球坐标系（距离、方位、仰角）等，以及各坐标系之间进行无误差转换；时空度量单位统一，如采用统一的度量单位或可转换为统一单位。

（2）目标信息的一致性，具体包括目标识别一致、目标航迹状态一致、目标属性一致等。目标识别一致，即目标批号或不同层面的批号能统一对照转换，实现唯一表示；目标航迹状态一致，是指目标航迹状态相同或偏差在统一的允许范围内，这里的偏差包括位置误差、速度误差、航向误差、机动响应偏差等；目标属性一致，是指各作战单元对目标的属性、身份识别和理解一致，或不同层次属性的识别结果兼容。

（3）要素关系的一致性，是指对诸态势要素之间关系的估计、认知和理解的一致性，包括战场目标实体之间关系（支援、协同、加强、对抗等）认知的一致性、实体与环境（气象水文、地理、网络、电磁以及社会地缘、政治、经济等）关系（保障、削弱、依靠等）理解的一致性、实体与作战意图（兵力部署、任务分配、火力配置等）关系理解的一致性。要素关系一致性是形成一致的战场态势的最重要的因素。

（4）态势图的一致性，是指两个或两个以上作战单元共同关心的态势信息在态势图上展现的一致性，而不是态势图上所有要素完全一致，包括地图投影方式与变形参数一致、目标与底图投影一致、军事标号一致等。地图投影方式与变形参数一致，是指统一采用高斯-克吕格投影、等角墨卡托投影、正多圆锥投影等；目标与底图投影一致，是指目标的三维空间坐标（如地理坐标或地心坐标）在二维显示平面上的投影与底图采用的投影方式保持一致，以保证投影后的二维目标位置与底图坐标的相对一致性；军事标号一致，是指军队标号统一生成及其在底图上统一叠加标绘显示，以实现对军事标号表示的态势要素的一致理解。

态势的相对一致性依赖于态势的绝对一致性，反映了态势的可共用程度。提出战场态势相对一致性的主要原因是使遂行同一作战任务的各作战单元对共同关注的战场态势信息达到一致的理解，以实现各协同作战单元的作战行动协调一致，从而达到作战活动自同步的目的。可以看出，态势的相对一致性支持多军兵种联合作战指挥决策、多兵种或单兵种多作战单元的协同作战以及多武器平台的火力协同打击等作战活动。

2.2 作战态势图

从狭义上讲，作战态势图是战场态势的图形化和形式化的表达方式，它通常由基础地理信息底图和在其上叠加显示的态势要素图形及标注信息组成。从广义上讲，作战态势图的生成过程可描述为在情报信息和多源情报融合的基础上，通过态势综合将整个作战空间的兵力、火力、侦察和保障等信息融合处理生成的统一视图，并具备态势信息的剪裁、可视化、操作以及态势估计与分发等能力，为作战筹划分析、作战计划拟制和指挥控制实施提供多层次、清晰、连续、实时、一致的作战空间态势。本节基于美军对作战态势图的设计与分类,对作战态势图进行介绍。

2.2.1 互操作作战图族(FIOP)

互操作作战图族(FIOP)是美军为适应复杂战场环境中联合作战的需求,从指挥决策、战术指控和火力打击等作战环节对战场态势的应用需求出发,提出并设计的战场态势图形服务形式。互操作作战图族将战场态势图分为共用作战图(COP)、共用战术图(CTP)和单一合成图(SIP)三种类型,分别服务于作战指挥决策(作战决心/方案/计划)、战术指挥控制和火力协同打击等不同层次的作战应用,如图2-2所示。

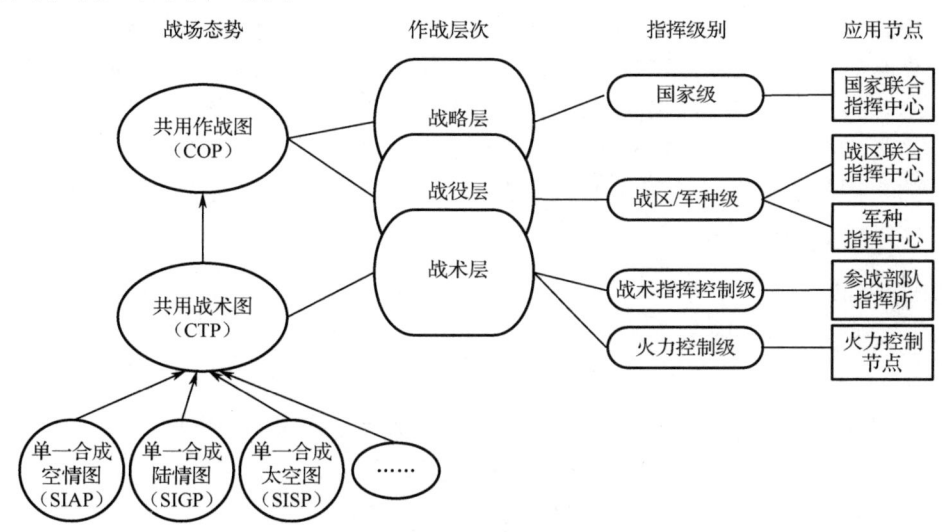

图2-2 互操作作战图族及其层次结构

互操作作战图族的各类成员分别由相应层级的联合作战网络建立和维护,基于底层传感器信息向上"滚动"以满足不同层级的指挥控制需要,同时通过顶层作战计划指令信息向下"传递"的过程实现作战态势的无缝连接,共同为各级指挥员和执行人员提供完整的态势感知。互操作作战图族垂直关联图如图2-3所示。

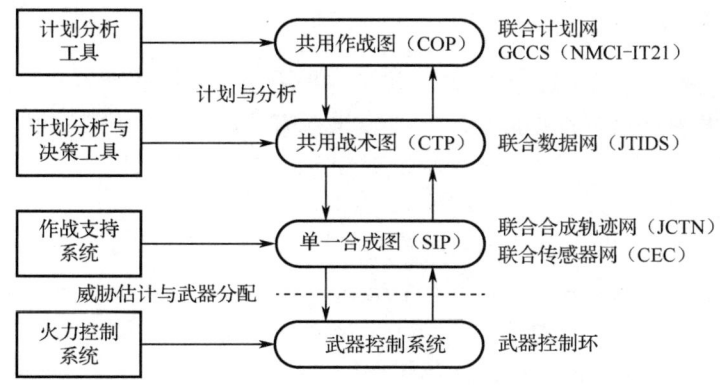

图2-3 互操作作战图族垂直关联图

2.2.2 共用作战图(COP)

1. 共用作战图的概念

美军《2020联合构想》中将共用作战图定义为一个系统,在基于组网和知识共享环境的基础上,将整个作战空间(包括陆、海、空、天、电、网)的火力、情报、后勤、机动兵力和信息等融合处理成一个单一实体,为部队提供作战空间的状态、行动和环境信息。通过共用作战图,指挥员可以实时了解作战态势的发展,快速、准确地交流作战意图,从而可以更好地实施指挥决策和行动控制。

共用作战图由空中、太空、陆上、海上航迹和作战单元组成。其中,海上航迹是共用作战图报告的单一实体,如飞机、舰船、战区弹道导弹(Theatre Ballistic Missiles,TBM)或发射器位置;作战单元可以表示军事人员的集合、武器系统、车辆、支援小分队或其他重要的作战要素。

需要强调的是,"共用作战图"中的"共用"并不是指所有参与者有相同的显示图,而是指所有参与者拥有对共用数据的访问权限,这些共用数据可依据用户的特定需要以不同的方式展现。因此,共用作战图是一个分布式的数据处理和交换环境,该环境基于一个一致的联合共用数据库,使用共用的数据框架和设施,跨域共享数据,并使得每一个参与者能够通过各自领域的传感器、专用处理技术等,贡献、纠正、增加该数据库的价值。共用作战图集成来自武器系统、传感器以及情报源的多源跟踪数据。精确的共用作战图对网络中心战(Network Center Operation,NCO)是至关重要的,因为它有利于网络中心战的自同步,减轻了为建立态势的共同了解而对通信的需求,并由此加快了指挥速度。

2. 共用作战图的功能

共用作战图有以下四种主要功能。

1)实体/轨迹数据管理

实体/轨迹是具有时间和位置属性的战场目标相关数据。共用作战图能够收集、处理、分发和维护与轨迹相关的历史数据,它能够保存每个轨迹的历史记录,并提取某个时刻的轨迹信息。

2)轨迹关联

轨迹关联的过程就是在轨迹数据库中为当前的目标报告(Contact Report,包含目标的位置、属性等)寻找匹配的记录的过程。

3)可视化

不同的应用系统为 COP 提供关于战场不同侧面的信息,共用作战图以图层的方式把它们联系在一起,并用特定的符号显示在地图上。共用作战图可视化的范围包括实体/轨迹、战场空间环境、作战相关信息等。

4)通信

共用作战图可为系统提供信息输入/输出机制,共享/接收其他系统的信息,访问外部数据库的接口,与其他的 COP 系统进行数据同步。它接收来自雷达、声呐、卫星、操作员的输入,以及其他信息采集系统的数据。

2.2.3 共用战术图(CTP)

共用战术图是与共用作战图相关的另一个概念,是为执行一次作战任务而集成的战场空间融合图,是生成 COP 的基础。共用战术图(CTP)是敌方、我方、中立方部队实时的规划、计划部署图,包括联合作战计划和执行系统、资源和训练系统状态、情报、任务规划命令等增强数据。共用战术图是战术层面的 COP,只是在具体内容上更加接近美联合特遣任务部队、各军兵种部队指挥官当前执行的任务与计划,如美军的 ATCCS(陆军战术指挥控制系统)和 FBCB^2(旅和旅以下作战指挥系统)皆使用 CTP,其采集的战术目标与兵力数据更加精确与及时,是构建更高层次(如战区级)COP 的重要数据来源。一般来说,战区联合指挥中心指挥员用 COP 进行战区级的态势感知,联合部队或联合特遣部队等较低层次的指挥员使用 CTP 对部队进行指挥和控制。本战区以及各地分布的传感器的实时、近乎实时或非实时数据,通过数据链(Link-11/16)、全球广播系统（GBS）、保密因特网协议路由器网络（SIPRENT）等多种传输手段，传送到战区指挥中心的共用战术数据库组（CTD）进行过滤，以消除战区范围的作战指令混乱。战区指挥中心指定 CTP 相关站点（CTPCS）负责对这些数据与其他补充数据（计划、天气等）进行组合，生成 CTP。在战区内新发生的突发事件或作战任务都由一个新的 CTPCS 创建和管理一个新的 CTP。

共用战术数据库组（CTD）存放用于创建 COP 和 CTP 的未被融合的、相关的或处理过的有效信息数据，也包含处理过的情报数据。CTD 是创建和查阅 CTP/COP 的主要部件，战区联合指挥中心指定存储的当前战场空间信息，包括属于整个责任区的敌方、我方、中立方部队的部署及装备。依据战区联合指挥中心指挥员的观点，CTD 可以是逻辑数据库而不是物理数据库，如果存在多个联合特遣部队或多个行动，则需要多个数据库存储体。

联合作战中的 CTP 既需要对环境被动的响应，也需要主动获取相关任务执行的条件，如执行任务的作战资源、作战编成以及环境状态等。这种灵敏的 CTP 是各决策节点决策与行动同步的保证。共用作战图的许多原始信息来源于 CTP，但是 CTP 更加接近作战指挥员当前执行的作战计划，更加直接地对作战任务负责。CTP 采集的战术数据和兵力数据更加精确和及时。一般来说，总指挥部从战略观点监视战场空间态势感知，作战指挥员从战术观点监视战场空间态势感知。共用战术图是一种客户机-服务器结构，由总指挥部指定其下属节点负责创建和维护 CTP 服务器信息。

共用战术图信息源包括图像情报部门、战区联合指挥中心、战术传感器及地面、舰载、机载探测/侦察系统等。态势信息主要有敌方、我方、中立方部队的实时作战方案、计划部署图，实时、近实时、非实时战场目标和环境（地理、气象、天候）数据以及 CTD。

2.2.4 单一合成图（SIP）

单一合成图（SIP）是面向武器/火力控制使用的战场空间视图。单一合成图提供覆盖全维作战领域（地面、水面、水下、空中、太空、网络/电磁等）的及时、融合、精确、可靠和可伸缩的作战目标信息。单一合成图的态势要素以战场空间中的动态目标为主，其主要成员及所包含的主要态势要素和主要用户如表 2-1 所示。

表 2-1 SIP 主要成员及所包含的主要态势要素和主要用户

主 要 成 员	主要态势元素	主 要 用 户
单一合成空情图（SIAP）	飞机/飞行器、导弹、炮弹	联合编成作战部队
单一合成太空图（SISP）	卫星、太空飞行器/物体、弹道导弹、弹头、再入飞行器/诱骗器	国防部
单一合成陆情图（SIGP）	地面车辆、物体	陆军/海军
单一合成海情图（SIMP）	海面船只/平台、露出海面的潜望镜	海军
单一合成海底图（SIUP）	水雷、潜水艇、海底其他船只/设备	海军
单一合成情报图（SIIP）	侦察监视情报、网络部署/能力/状态、战备、后勤、计划、政治/经济指标、文化/社会指数、媒体舆论	国防部

单一合成图是面向单一作战空间作战应用的多源探测/侦察信息融合图，主要为联合/合成火力打击控制与目标跟踪提供的局部战场空间视图，其要素构成主要有相应局部战场空间中的各类打击目标、火力单元融合状态参数及环境参数等，主要用于火力打击，又称打击目标图。依据局部空间和打击目标的不同，单一合成图分为单一合成陆情图（SIGP）、单一合成海情图（SIMP）等。以单一合成空情图（SIAP）为例，它对战区内所有空中目标进行融合处理，生成为多种武器/部门公用的、连续的、清晰的目标航迹图。衡量单一合成空情图的质量涉及以下五类指标。

一是完整性，即图中含有真实目标航迹所占百分比，涉及假目标/杂波的判断/滤除、目标关联、目标识别等；二是精确性，即图中所含目标的航迹数据的精确度，涉及目标位置探测与融合的精度、运动参数和属性的估计精度；三是公用性，即各 SIP 用户共享航迹数据的相同程度，涉及目标航迹的唯一性和多重性，以及目标标识的统一性等；四是连续性，即目标航迹的时间维持性，指多源信息融合对目标的连续跟踪率，涉及目标航迹的丢失率和持续获取率；五是实时性，即目标航迹时间精度（延迟），涉及多源探测信息的时间和空间一致性，以及对目标状态估计与推测的延迟。

2.2.5 单一合成空情图（SIAP）

SIAP 的主要态势要素有飞机/飞行器、导弹（弹道导弹、战术导弹、巡航导弹）、炮弹等，鉴于空中目标速度快、威胁大，美军在 SIP 方面将 SIAP 作为重点进行建设。SIAP 是对战区内所有的空中目标进行综合处理生成的统一、连续和清晰的目标航迹图。SIAP 支持作战指挥人员更好地掌握战场空间态势，增强了可互操作能力和作战效率。SIAP 由美国国防部发起，具体负责该项工作的是联合单一合成空情图系统工程办公室（Joint SIAP Systems Engineering Office，JSSEO）。该办公室认为，单一合成空情图可以解决规范控制，目标 ID 不统一，传感器的局限性以及武器系统、传感器和指挥信息系统之间的互操作性缺乏等作战问题。

SIAP 的实质就是要实现不同作战单元空中态势图的统一和可互操作性，为此，美军花费大量的经费改进 SIAP，主要解决共用 ID 分类识别、联合 ID 冲突裁决，以及航迹的共用相关、合成跟踪规则等问题；改进航迹数据库的一致性方法应用等，减少冗余航迹，改善作战身份（ID）识别能力，提高战区弹道导弹防御（TBMD）的性能，并通过改善组网能力来提高数据共享；实现多主机运行的一致性，改善分布式数据库的一致性，减少网络传输延迟，改进指挥信息系统的接口，改善单个/多个导弹防御系统性能等。

单一合成空情图能够实现战区内跟踪传感器的集成，可满足不同平台的作战需要，能够连接的平台有宙斯盾舰、航空母舰、E-2C "鹰眼"指挥和控制飞机、RC-135 监视飞机、F/A-18 系列战斗机、爱国者导弹连、中程增程防空系统等。SIAP 旨在改进海军作战管理与指控系统，使新老系统能够协同识别海上和空中敌方、我方平台，并正确、连续地将目标数据分发到用户，保障参与 SIAP 的各节点协同作战，减少误伤。作为 SIAP 核心的计算模型能够实现各节点系统之间的数据交换。

2.3 态势估计

态势估计是对整个战场态势运用的一个重要过程，通过综合敌我态势与战场环境，分析和确定引起观测事件发生的深层原因，并将表面上观察到的战场力量的部署、活动和战场环境、敌作战意图（或敌方作战意图）、敌机动性能等有机地联系起来，得到敌方兵力结构、使用、特点和战场形势的估计，以及用定量形式对敌方威胁程度做出估计和分析，最终形成情况与威胁判断结论和战场态势图，其结果作为作战方案与计划生成的输入，并为指挥员作战指挥提供辅助决策信息。

2.3.1 态势感知的定义

态势感知（Situation Awareness）是以军事知识和军事经验为基础，将所观测的作战力量分布与活动和战场周围环境、敌作战意图及敌机动性等因素有机地联系起来，分析并确定事件发生的原因，得到关于敌方兵力结构、使用特点的估计，最终可形成战场综合态势图。

态势感知是人类认识世界的思维过程，属于自然判定类。Stanton 等人在关于态势感知与安全的描述中指出，最早的态势感知的概念是第一次世界大战（一战）期间由 Oswald Boalke 提出的，他指出了要先于敌方获得态势感知并设计达成方法的重要性。

关于态势感知的概念主要有以下三种。

（1）态势感知是对一定时空范围内环境的察觉，并对其含义的理解和其未来状态的预测。

（2）态势感知是个体对态势有意识的动态反映，它提供态势的动态取向，不仅能实时地反映态势的过去、现状和将来，还能反映态势的潜在特性；动态反映包含人的逻辑感念、想象、有（无）意识思维，以形成对外事物的思维模式。

（3）态势感知是某环境代理系统，它使用该环境的一个性能择优器，生成达到指定目的需求的瞬时（短期）知识和行为。

上述第一种概念强调采用某些未来预测形式察觉和了解世界；第二种概念强调态势感知的反映形式，特别是与已有系统（人）的某些理解思维模式相联系；第三种概念则采用人与世界的互动定义态势感知，由此可知，态势感知主要关注人和世界中的事物这两个系统的协同工作。

从更深层次讲，关于态势感知概念的差别主要有两点，一是涉及态势感知的获取过程，即如何客观、准确地获取态势感知，强调的是态势感知的客观符合性；二是强调态势感知产品是否满足用户需要，即强调态势感知结果的可用性。

2.3.2 态势感知的模型

目前态势感知的模型有很多种，本节主要介绍 Endsley 功能模型、JDL 模型和四域模型。

1. Endsley 功能模型

M. R. Endsley 认为态势感知是与环境（过程、状态以及相互关系）所有方面有关的用户的智能处理，是决策者内在的理解过程，他从人的思维推理过程的角度，给出了态势感知的功能模型，即 Endsley 功能模型，如图 2-4 所示。

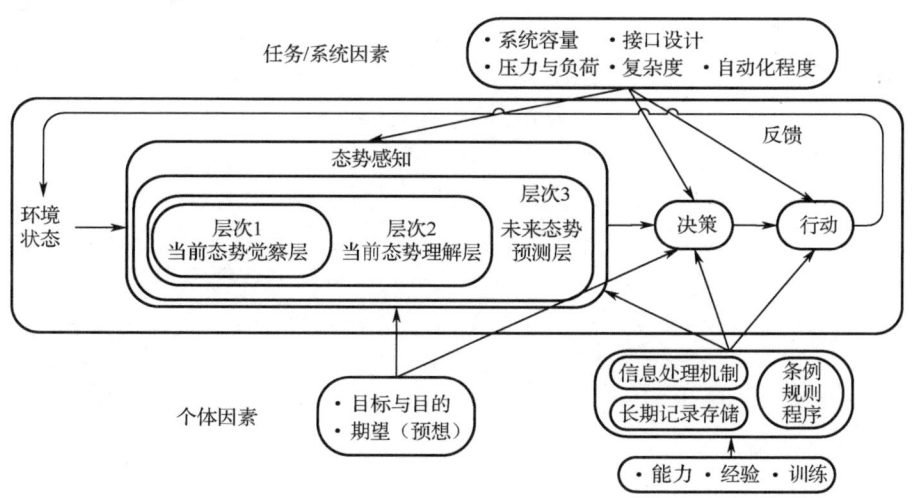

图 2-4 Endsley 功能模型

Endsley 功能模型从认知的角度，将态势感知分为三个层次：态势觉察（Perception）、态势理解（Comprehension）和态势预测（Prediction 或 Projection）。

1）态势觉察

态势觉察是获取环境中态势元素的状态、属性和动态特征，并将所获信息分解为可理解的表达形式，为后面的态势理解和预测奠定基础。态势觉察是态势感知的最低层次，态势觉察阶段将某特定时刻战场环境下战场单元的输入信息与历史态势和领域中事件模式类特征模板进行比较、分析、判断，从而提取出所关心的战场态势要素，其目标是获得对态势感知有意义的军事事件，如发现新的目标事件、目标消失事件、辐射源（雷达、电台、干扰机……）开/关机事件、目标机动（加速、转弯、爬升、俯冲……）事件、机群或舰队分批/合批事件等。

态势觉察可指飞行员对飞行状态（机内）和空中环境（其他飞机、地形、交管控制）信息的觉察，而对原始觉察数据尚未解释和提取特征，只是进行了集成。态势觉察需要解决的另一个问题就是在提取态势要素的基础上，完成目标分群或聚类。此阶段根据各个威胁单元的信息，按照一定的战役、战术条例和目标间的关系，采用自底向上逐层分解的方式对描述威胁单元的信息进行抽象和划分，形成关系级别上的军事体系单元的多分类假设，同时对状态集进行参数扩展，形成新的状态集，完成基于军事知识基础上的目标分群。这样就用完全的时空关系状态集表示出当前战术环境的全部实体状态的高层规划。这是个按时序处理的过程，是将实时到达的数据结合领域知识进行处理的过程。在战役对象多、协同关系复杂、机动频繁、战场态势变化快的真实环境下，目标分群是整个态势感知的基础。态势觉察也称为事件检测，是态势感知处理过程的核心和起点。

2）态势理解

态势理解是从态势觉察获取的信息中抽象出对战场环境的整体性认识，包括目标行为理解、态势感知、威胁估计等，是根据态势觉察获取的环境中态势元素的状态、属性和动态特征等，结合领域专家的军事知识对当前态势进行解释，判断敌方兵力部署（进攻、防御、行军、欺骗、集结等）和行动企图（穿插、迂回、逃跑等），是对敌方作战意图和作战计划的识别。

态势理解过程可理解为在已知知识和当前实时数据信息的支撑下得到的态势假设结果。态势理解过程高度依赖军事领域知识，特别是外军作战条例、作战样式、指挥官的指挥艺术、风格和习惯，以及政治、社会背景、天气、地形等。其根据知识建立态势要素与态势假设的对应关系，形成对当前态势的分类识别。

3）态势预测

态势预测是基于已得出的当前态势，对未来可能出现的态势情况进行预测，是最高级别的态势感知。它与对环境元素的未来预测能力相联系（如预测冲突/交战活动），预测精度依赖于态势觉察精度和态势理解准确度。对应于不同的级别，态势预测既可以是对单个战场实体未来状态的预测，也可以是对敌方各级别兵力未来状态的预测，还可以是对高层全局态势演变的预测（如由攻击状态变为防御状态）。实际上，对单个作战实体未来状态的预测，也就是对该战场实体的预测；而对整个敌方各级别兵力未来状态的预测，也就是对高层全局态势的推演。

总的来说，在 Endsley 功能模型中，态势觉察用于解决"当前发生了什么事和存在哪些作战实体"，态势理解用于解决"当前整体情况进行到哪一步，战场形势如何"，而态势预测用于回答"未来可能会发生什么，战场状态可能会发生什么变化"。这三个层次的处理过程相互依赖，下一阶段的处理需要上一阶段的支持，而下一阶段的处理结果可能是上一阶段发展的必然，且它们之间是可以并行处理的。

Endsley 功能模型还指出了态势感知与决策及行动效果之间的关系。模型中，态势感知不仅仅是决策的输入，它还影响着决策过程本身，有相关证据表明，一个人刻画一个态势的方式决定了其解决这个问题的过程。图 2-4 中，目标与目的、期望（预想）框描述了基于人的智能（包含训练学习）对任务的理解所产生的预期目标，即对后续态势的期望值，该期望值可以作为评估各级态势感知效果的基准。

Endsley 功能模型涉及了影响态势感知形成的各种个体因素以及外部系统因素。图 2-4 中，能力、经验、训练框描述了人的智能支持，其反映了人的智谋、经验、处事方式和风格等构成的指挥控制艺术对决策和行动的重要影响，包含在人的意向性指引下，基于人的能力、经验和训练等方面因素所呈现出的面对多样任务的博弈和调控能力。其中，个体因素是指不同的人具有不同的能力、经验和训练水平，这些会导致他们在注意力（感知记忆）、工作记忆、长期记忆、信息处理等方面存在差异。

图 2-4 还描述了各种支撑系统的作用和影响，如系统容量、接口设计、自动化程度、复杂度、压力与负荷等，强调需要提供相应的支撑系统，将指控链、智能支持与应用任务紧密耦合起来，实现高效、全面的态势觉察、理解与预测。图 2-4 的条例、规则、程序框描述了理性化智能支持，其反映了指控决策和行动所应遵循的理性行为准则；图中上部从输出到输入的反馈控制是该人机环境系统的综合优化行为，旨在弥补系统管理缺失和技术故障难以区分等问题。

2．JDL 模型

美国国防部实验室联席理事会（JDL）将态势感知定义为建立关于作战活动、事件、时间、位置和兵力要素的组织形式的视图，将所观测的战斗力量分布与活动和战场周围环境、敌作战意图及敌机动性有机地联系起来，分析并确定事件发生的原因，得到关于敌方兵力结构、使用特点的估计，最终形成战场综合态势图。

从上述定义可以看出，态势感知是一个多层次、多目标、多对象的模式识别问题，是对战场中战斗力量部署及其动态变化情况进行解释，推断敌方企图、预测将来活动，并提供最优决策依据与支持资源分配的过程。JDL 态势感知功能结构图如图 2-5 所示。

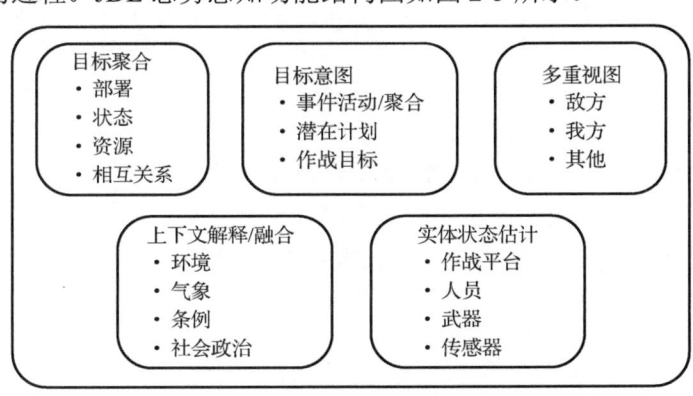

图 2-5　JDL 态势感知功能结构图

JDL 模型把对整个战场态势的感知划分为以下几个组成部分：

（1）环境、气象等因素，利用地形、气候等各种环境要素的上下文解释来进行态势分析。

（2）实体状态估计，包括对感知到的各种物理作战资源，如作战平台、人员、武器和传感器等元素状态的估计。

（3）对敌方兵力组织的估计，需要指出各作战实体在各个指挥层次分别构成了哪些作战群体，这些作战群体部署在哪里，以及它们当前具有怎样的状态和行为。

（4）对敌方作战意图进行估计，包括潜在的各种可行的作战计划、它们的作战目标、对该计划的评估结果以及该计划的可行性等。

（5）根据评估结果，形成态势的多重视图，如我方态势视图、敌方态势视图、电磁态势图等。

为了确定兵力结构组织的作用与企图，需要重点分析关系信息，如实体间的时间关系、几何近邻关系、通信拓扑关系、功能依赖关系等。同时，还要利用战场事件以及作战群体（实体）的活动对其意图和计划进行解释。

美国国防部实验室联席理事会（JDL）数据融合工作组于 1987 年建立，并首次提出态势感知信息融合功能的层级概念，明确了"1～3 级融合"功能。经过多年的实践改进，直至 2004 年 Bowman

等人推荐的 JDL 信息融合修正模型，明确提出信息融合中的"0 级融合"～"4 级融合"概念，并将信息融合扩展至认知域。JDL 模型如图 2-6 所示。

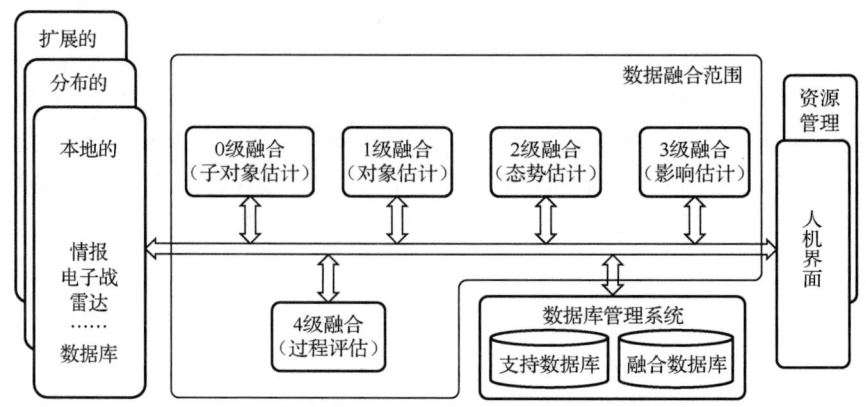

图 2-6　JDL 模型

JDL 模型按照输入信息、处理模型和输出信息，以及多类融合问题推理方法等方面的显著差别进行融合功能划分，通常基于用户所关注的特征所形成的不同融合产品进行划分。其中既包含独立的实体（信号、物理对象、聚集体/结构）的属性、特征和行为，更包含多成分的聚集体，特别是实体之间的相互关系、聚集体各成分之间的相互关系，即从本体论角度或语义环境角度描述融合问题。

3．四域模型

信息化条件下一体化联合作战是典型的基于信息系统的体系作战，其战场环境与态势分析必然也是基于信息系统的。为了理解信息如何影响履行军事行动的能力，必须考虑四个领域，即物理域、信息域、认知域和社会域（四域模型），如图 2-7 所示。

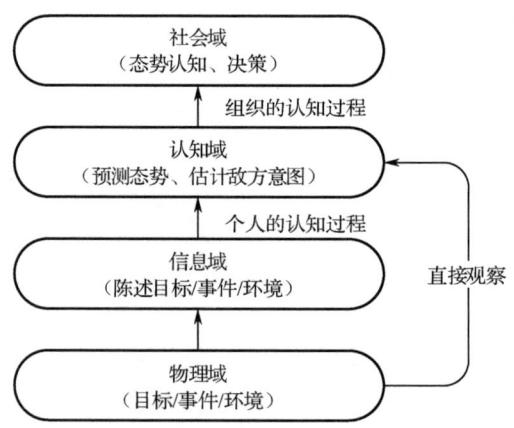

图 2-7　四域模型

物理域是作战企图影响的战场态势存在的领域，是在陆、海、空与太空环境中实施打击、保护以及机动的领域，也是物理平台以及连接物理平台的通信网所在的领域。信息域既是信息生成、处理与共享的领域，也是促进作战人员之间进行信息交流的领域，还是指挥员的意图及其指挥控制命令传输的领域。认知域存在于指挥决策人员的头脑中，是决定战争胜败的智力源泉。社会域是个体与个体、个体与组织、组织与组织之间关系存在的区域。社会域最重要的概念是协同，协同是社会域中两个或多个实体之间发生的一个过程，常常意味着为了一个共同的目的和任务一起工作。

在"四域"中，物理域和信息域的交叉（界面）主要是预警探测、情报侦察和通信系统，通过这些系统监视战场中敌我双方作战行动和战场环境，提取相关的特征信息，并传至信息域进行处理和融合。信息域作为客观与主观之间的转换载体和工具，起着关键的桥梁和纽带作用，它将收集、处理和融合后的战场客观信息转换为战场态势图。战场态势图展现了战场上敌、我、友、天、地、社等各类信息，涵盖陆地、海上、水下、空中、临近空间、太空和信息空间等作战空间，包括作战准备、作战过程和作战评估全过程的信息，是信息系统与各级指挥员、作战人员之间主要的图形界面。而战场态势图又是信息域和认知域的交叉，因此，高质量的战场态势图有利于增强认知域中指挥员对战场态势的掌握。基于战场态势图，指挥员和作战部队共享信息，进行认知活动，觉察、理解以及预测战场态势，估计威胁，进而进行作战指挥决策、谋划兵力控制和自同步作战等活动。交互是认知域和社会域的交叉，是一组指挥员以某种交互方式进行态势分析和决策任务的合作过程。

基于信息系统的战场态势感知过程贯穿物理域、信息域、认知域和社会域四个领域。物理域中的实体和行为，通过信息域的信息系统转化为特定的数据、信息和知识，结合个人和组织的知识、经验以及能力等主观因素，在个人和组织的思想意识中形成对态势的共同理解和认知。结合 Endsley 功能模型，从完整的战场态势感知周期来看，可以将战场感知周期分为六个环节，即信息获取、信息传输、时空配准、对象估计、态势估计、态势图生成与分发，如图 2-8 所示。该图给出了战场态势感知周期中的六个环节及其与四域（物理域、信息域、认知域、社会域）的关系。

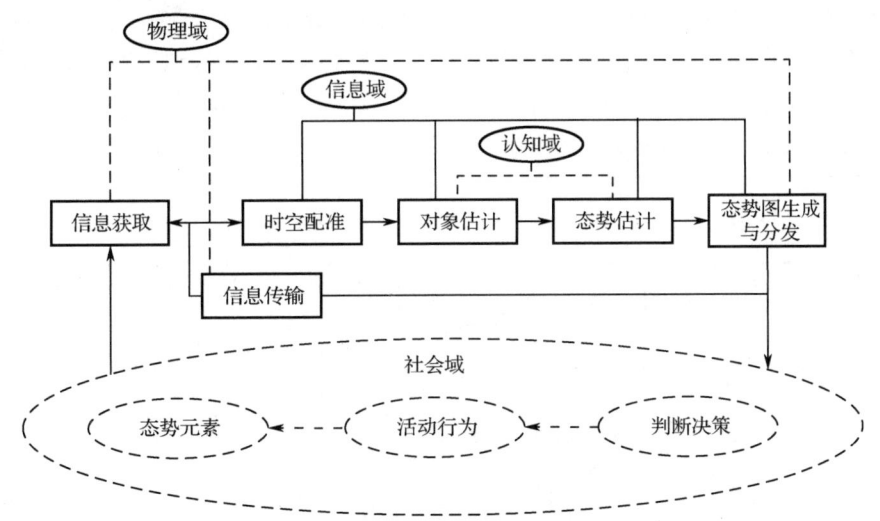

图 2-8　战场态势感知周期中的六个环节及其与四域的关系

综合来讲，在理论研究方面，态势感知还没有形成一个统一的理论和技术框架模型，虽然当前从认知角度提出的 Endsley 功能模型及从技术角度提出的 JDL 模型已为大家广泛接受，但态势感知仍是一个范畴很广的概念。可以预见，以上述模型为基础，从认知和技术的角度进一步深化相关理论与方法将成为未来研究的重点。

虽然研究人员从不同的角度建立了不同的模型，但基本都认为态势感知的理想结果是反映真实的战场态势，提供事件、活动和趋势的预测，并由此提供最优的指挥控制依据。

总结起来，态势感知具有以下特点：

（1）具有明显的层次性特征，是分层假设描述和评估处理的结果。根据态势感知的需求，将态势感知任务分为若干层次的子任务，从低层次的子任务中通过抽象与推理向高层次的子任务逼近，并最终为指挥控制提供依据。

（2）具有最小不确定性的估计为最优解。在态势感知过程中，由于支持信息和知识的不确定性、不完整性，估计结果就具有一定的不确定性和置信度，最小不确定性和最高置信度的估计结果为最优解。

（3）在态势感知中，利用认为最好的态势要素的当前值来描述态势。

（4）态势感知是一个动态的、按时序的处理过程，其中融合和抽象的水平一般随时间的推进而提高。

2.3.3 态势感知与信息融合

图 2-8 中，物理域、信息域和认知域是感知活动空间，而社会域是感知所支持的应用活动空间。在军事应用中，社会域是指较广泛的作战活动空间，包括战略/战役/战场预警、作战决策、指挥控制和火力打击等作战活动，以及更广义的政治、经济、文化/宗教、地缘等领域的舆论和支援保障等活动。这些活动会使现实态势出现变化，须经探测侦察等观察手段进一步获取和更新态势要素，从而进入下一个态势感知周期。

信息融合是战场态势感知中普遍采取的技术和方法，而且已成为战场态势感知中不可或缺的因素。从一定意义上讲，在物理域的探测/侦察和传输手段确定后，提高战场态势感知能力的关键因素就是信息融合，并且信息融合处理遍布战场态势感知的各个环节。因此，信息融合的广义概念是指态势感知诸环节中多源信息的处理过程，其目的是获取及时、准确、连续、完整、一致的态势视图，以支持社会域（作战空间）中达到相应意图的活动与行为。

在此概念下，信息融合作为战场态势感知的支持技术与方法，通过对战场态势感知功能的支持，实现对作战活动的支持，从而体现自身的功能与效能。信息融合的各级功能对战场态势感知各环节相应功能的支撑关系和信息交互关系如图 2-9 所示。

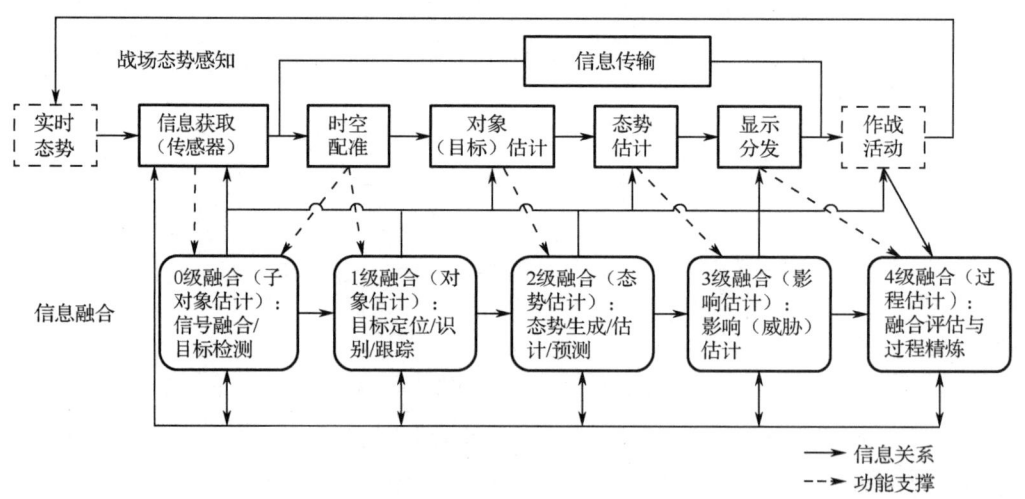

图 2-9　信息融合的各级功能对战场态势感知各环节相应功能的支撑关系和信息交互关系

图 2-9 中 0～4 级融合的功能如下。

（1）0 级融合（子对象估计）：信号融合/目标检测，即估计信号或特征的状态，从图像或模拟信号中估计目标信号或提取特征，从电磁、音频或其他信息/数据中估计目标特征或参数，即在某时空域中发现有用的信息。0 级融合处理不需要实体的出现或特征的假设，仅涉及测量集合的结构。若以多实体出现或特征为条件，则要视为一个关系（Context）或态势，并且信号和特征是可推断的。信息处理通常由传感器独立完成，当通信带宽或处理负荷允许时，可在多处理层次上通过多源数据融合实现目标检测和特征提取，如对多传感器图像融合进行目标特征提取、目标定位与识别。子对象估计输出/产品是信号/特征状态或可信度估计。

（2）1级融合（对象估计）：也称实体估计，是最重要的数据融合应用，通过某种准则和算法，联合、相关、合并多传感器采集的信息对独立的物理对象进行检测、识别、定位与跟踪，生成独立实体的状态估计。这里的状态估计包括活动性动态实体的连续运动参数估计和目标身份、分类属性、运动特征属性等离散参数的判断与估计，主要有表示数据配准、数据关联、点迹/航迹，估计目标位置、速度，识别属性及低级实体身份等。1级融合可以认为是数据/信息融合的起源，已有多种方法得到广泛应用。至今尚待解决或完善的问题主要有对某些动态实体的潜在状态变化（如机动）的判断、复杂环境和高密度实体态势中的实体关联与相关，以及不同粒度/相悖/弱相容信息融合识别实体身份和属性等。对象估计输出/产品是诸实体状态（含属性/身份识别结果）和可信度估计。

（3）2级融合（态势估计）：估计现实事物的结构。抽象的态势可以表示一组关系，包括实体之间的相互关系和聚集体内部成分之间的关系，聚合单元实体目标为有意义的作战结构组织或武器平台，而现实的态势则是指用具体案例说明的一组关系。2级融合生成参与作战的诸方在战场上的兵力分布（及战场环境）的当前状态和进一步发展变化的趋势，并评估事件和活动以解释行为以及目标与事件间的上下文关系。态势估计输出/产品是实体内外关系、态势状态分类和可信度估计，尤其强调关系信息，如实体间的自然亲近关系、通信联络关系、因果关系、暂时隶属关系等。同时，还要利用关于地形、水文、气象和其他环境信息的上下文解释来完成态势分析。经过2级融合将达到以下三个目标。

一是态势获取或态势生成：在经过1级融合获得的时空域中各独立的物理对象状态估计之后，基于系统用户期望达到的目的，通过对诸实体之间的关系估计及其与用户意图的关联推断，实现相关实体（物理对象）的聚集，生成用户所需要的态势，该态势可以反馈到1级融合，以进一步对该态势中的诸物理对象进行识别、分类和状态变化判断。

二是态势知识的提取/发现：采用数据挖掘或其他智能技术，挖掘或发现该态势中潜藏的规律性知识及该态势与其他态势之间的关系，估计非合作对象的企图、行动方案与行为等。

三是态势预测：基于1级融合对象状态/属性估计和2级融合提取的态势潜藏规律，考虑与其他态势的关系，通过态势中所含诸实体的变化预测和基于预测后诸实体的再聚集，以及与历史态势的相关性，获取态势的预测结果。

不难看出，态势估计已经超出纯粹"感知领域"的范畴，上述三个目标皆与用户自身的期望目标、策略和行为紧密联系在一起。

（4）3级融合（影响估计）：估计预测态势对规划行动的影响，如估计自身规划的行动对预测态势的敏感度和脆弱性，其内涵包括敌方企图估计、作战能力估计、威胁时机估计以及我方脆弱点估计等；是一种多层视图处理过程，用以解释对武器效能的估计，即有效地遏制敌方进攻的风险程度，主要包括通过汇集技术分析军事条令数据库中的数据，对我方要害部位受敌方攻击时的脆弱性做出估计，以及对作战事件出现的程度和可能性进行估计，并对敌方作战企图给出指示与告警。因此，影响估计与态势估计一样，更是超出纯粹"感知领域"的范畴，其原因就在于它不仅要考虑可能的作战结果，而且要根据敌方的作战条例、训练水平、政治形势和当前态势，甚至指挥员指挥艺术与风格等有关知识去估计敌方的作战企图与行动；将对用户作战行动采取的策略、行为产生直接和重大影响，是用户行动决策不可或缺的重要依据。影响估计的输出/产品是实体、预测态势的效能、代价和可信度的估计与预测。

目前对2、3级融合处理的研究主要集中在基于知识的方法，如基于规则的黑板模型系统等。但对该领域的研究远未成熟，虽然有很多原型可借鉴，却少有真正稳定且可操作的系统。如何建立一个可变的规则库以表征有关态势估计和影响估计的相关知识，是极具挑战意义的研究。

（5）4级融合（过程估计）：对融合过程各级别（0～3级）融合产品的估计，可以视为一种超过程处理，它完成的关键功能包括监视、实时评估和长期情报融合性能；辨别、标明需要什么样的信息能够改善多级融合性能；确定采用哪类传感器、哪一个传感器、哪一个数据库等。其主要功能包含对融合系统的性能度量和基于一个期望的系统（需求目标）状态与实际响应输出的差别的效能度量；需要求解的首要问题是确定系统输出与所期望状态的符合性。过程估计主要是指从整体上对融合系统性能的度量，如传感器配准、基线误差估计、目标航迹纯度、航迹零碎度等，而效能度量则包含对目标分类和定位精度等用户需求的效能度量。过程估计可基于信息融合系统的各级融合产品的实际应用效果进行，它使融合处理过程达到最优化，或自适应最优化。

2.3.4 态势估计的定义与功能

1. 态势估计的定义

态势估计是对态势要素构成的部分（局部）现实结构（实体之间及其隐含的有关实体状态之间的关系聚类）的生成、估计与预测。由于态势感知还没有形成统一的概念与理论，因此，从上述定义来说，态势估计是态势感知三个层次（态势觉察、态势理解与态势预测）中的态势理解和态势预测。

态势估计是指估计和预测局部现实结构，其包含态势分析、态势识别、态势表征和态势预测。其中，态势表征是态势估计中的显著特征，如实体间关系及基于接收数据对有关实体状态进行推断，主要涉及溯因过程（Abductive Process）；态势识别是指按现时和假设的类型进行态势分类，其主要包含推演过程（Deductive Process）；态势预测是指根据估计的结果推断未来态势，也可以根据假设或与事实无关的数据推测以前或当前态势，其主要涉及归纳过程（Inductive Process）；态势分析是估计和预测实体中的关系及进一步对有关实体状态进行推断，它是态势估计的重点，是态势表征、态势识别和态势预测的基础。

2. 态势估计的功能

态势估计是建立作战活动、事件、时间、位置和兵力要素组织形式视图，通过把来自多传感器及信息源的数据与信息加以联合相关与组合，以获得精确的目标位置估计与身份估计，以及对战场情况和威胁及其重要程度进行实时的完整评价。由于战场信息复杂多变，具有高度的不确定性、不完备性，态势估计必须能对各种不确定性进行有效推理，并能对敌方下一步行动做出预测。因此，态势估计主要有以下三项功能。

（1）基于实体在态势中的参与关系推断实体的出现（存在）及其状态，即推断实体之间（或复合实体内部）的关系，以聚集生成（构建）观测态势。

（2）基于实体的状态、属性和关系推断出更多的关系，并对已有的态势进行识别和表征，即对主要态势要素（实体状态、属性、关系）的估计结果进一步识别、理解和分类，生成估计态势。

（3）预测不确定的（如未来的）态势。使用推断出的关系进一步推断实体的属性，包括作为态势元素实体的属性（用来对实体已有的估计进行精炼）及自身作为实体态势的属性（如确定态势的一个实体类型）；推断未知时空阶段中的态势变化（可能出现的事件及结果），生成预测态势。

2.3.5 态势估计的功能结构模型

如前所述，1级融合将战场目标或要素作为独立的单一实体进行估计，确定其状态和属性特征，而2级融合的态势估计则主要是考察和估计实体间的关系，是超出纯粹"感知领域"范畴的知识提取和预测。指挥控制解决的是针对敌方未来行动采取的策略和方法问题，因此2级融合的态势估计对指挥控制活动的支撑作用更为直接。本部分在态势感知模型的基础上，从实体及基于实体间关系的提取及分析角度入手，介绍态势估计的功能结构模型。

1. 实体及其分类

（1）简单实体与复合实体。简单实体是在状态和属性上不可再分的实体，它可以作为态势的构成成分和分量，也可作为一个态势（当该实体具有重要效能时，如来袭的隐身目标/一架战略轰炸机，即可构成一个空中态势）。复合实体是由多个单一实体（可以是简单实体，也可以是复合实体）构成的实体，可以表征为一个结构。可见，复合实体本身就可视为一个态势。例如，一个防空指挥中心就是由指挥所、通信枢纽、防空武器、雷达等多个单一实体构成的复合实体，可视为一个防空态势。

（2）抽象实体与具体实体。战场要素（态势要素）可以分为抽象实体和具体实体，抽象实体如意图、计划、行动、事件等，具体实体如战场目标、环境要素等。通常抽象实体是从具体实体之间（之内）的关系估计中获得的。

2. 实体与态势生成

态势是与作战目的（我方的确定意图和敌方的估计意图）紧密联系的战场要素的集合，而不是感知的战场要素全部。可以按作战意图去感知（探测、侦察、收集）、处理和聚合要素，从而生成一个战场态势，称为观测态势。其中，基于作战意图的要素感知、处理和聚合所依赖的各单一要素状态、属性及其与作战意图之间的关系成为战场态势的重要组成部分，称为一级关系。一级关系又称为实体关系，它是态势估计的基础。

3. 关系与态势估计

基于 0 级融合和 1 级融合获得的单一实体，经聚合生成观测态势后，还需要理解、分析和发现（挖掘）观测态势中的显式或隐式规律，也称为挖掘态势知识。除观测态势中的一级关系，态势知识的挖掘还依赖于已有的知识（如敌方作战条例模板、已知的敌辐射源电磁参数模板或正在探寻/积累的规律）和其他关乎作战意图的情报信息，这就需要将一级关系向下延伸，以估计和发掘敌方意图、作战方案/计划、作战活动与行为等态势知识的深层次关系，称为二级关系，二级关系又称为态势知识，是态势估计的核心。可基于一、二级关系进行时空扩展、态势规划和预测，形成包含深化与精炼的实体身份/属性，以及与估计态势关联的新的实体和其他态势信息的三级关系。

4. 态势规划与预测

预测依赖于实体状态和属性，更依赖于已有关系（一级关系和二级关系）在时空上的扩展。从一定意义上看，态势规划与预测是指建立态势中的三级关系，并将其纳入态势中。三级关系包含对实体属性的进一步深化与精炼，通过关系感知，发现与所论态势关联的新的实体，以及态势关系在时空上的扩展，即建立所论态势与其他态势之间的关系。综上所述，态势估计的功能结构模型如图 2-10 所示。

图 2-10 中，态势估计包含观测态势、估计态势和规划/预测态势三部分。观测态势是在实体关系（一级关系）的支持下，通过实体（有关战场要素）聚类获得的；估计态势是通过从观测态势中发现/挖掘的规律关系（二级关系）形成的，这种规律关系也称为态势知识；而规划/预测态势是通过推断时空范围的态势关系，进行态势扩展（包括态势规划与预测）建立的。对态势估计中所含有的三个级别关系的推断皆离不开 1 级融合产生的实体估计结果，并且在整体上受到应用需求/作战意图的约束。还需指出，3 级融合生成的威胁估计结果通常会对态势估计产生逆向影响。

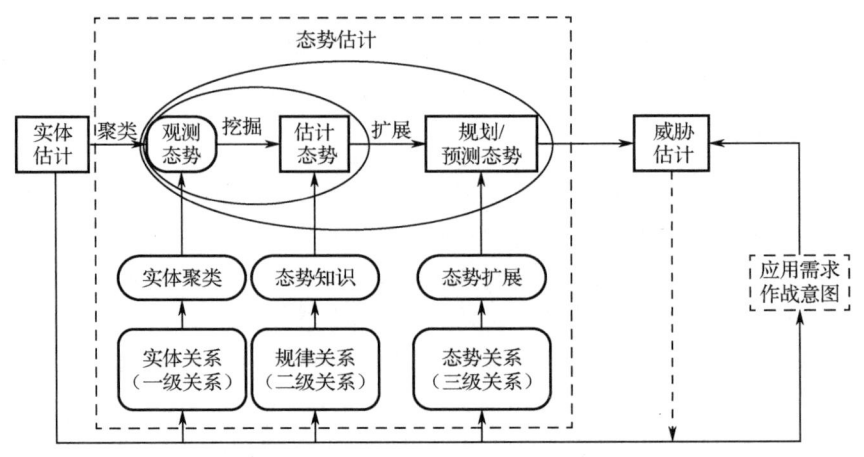

图 2-10 态势估计的功能结构模型

5. 态势估计与 Endsley 功能模型

Endsley 功能模型分为三个层次，而 MeGuinness 和 Foy 为其增加了第四层——态势求解，即寻求能够获得期望态势的最佳行动方案。态势估计涉及估计和感知两个关键环节，其中估计是指一个过程，而感知是过程的产品，感知是一种通过估计或分析过程达到的心理状态或信息状态。

图 2-11 为 JDL 模型与 Endsley 功能模型的对应关系，体现了人类的多级态势感知对相应信息融合级别的认知的支撑过程。其中，人在战场态势感知中的态势觉察、态势理解和态势预测分别为生成观测态势、估计态势和规划/预测态势提供认知支撑。态势感知中的态势觉察为 0 级融合、1 级融合和 2 级融合提供认知支撑，态势预测则通过人对其求解产生的估计结果为威胁估计提供认知支撑。同时，态势觉察与 JDL 模型的 0 级融合、1 级融合和 2 级融合中的观测态势相对应，态势理解只与 2 级融合的估计态势相对应，态势预测与 2 级融合的规划/预测态势相对应，态势求解则与 3、4 级融合相对应。

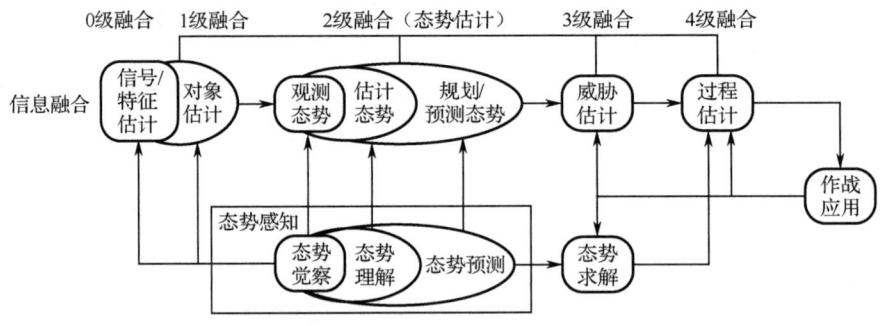

图 2-11 JDL 模型与 Endsley 功能模型的对应关系

2.3.6 态势估计逻辑与推理方法

态势估计逻辑是指态势或态势估计的表征方法（逻辑表示方法），而推理方法是指态势估计功能中的三级关系推断，以及态势实体属性推断中所采用的统计假设检验方法、确定性或不确定性逻辑推理方法等。

1. 统计假设检验方法

统计假设检验方法是用来判断样本与样本、样本与总体之间的差异是由抽样误差引起的还是由本质差别造成的统计推断方法。该方法主要是验证所选的模型和所解释的公式在结构上、形式上、变化方向上是否能代表客观情况。统计假设检验方法用于态势估计，一般包括以下环节：一是生成当前态势要素集合；二是生成态势假设集合；三是基于形成的最小不确定性态势假设生成当前态势；四是估计当前态势对实现意图的支持程度；五是预测下一周期可能出现的态势（包括战场事件和作战行为等）。

1）态势假设的生成

态势假设是指与确定的作战意图相关的所有可能态势的集合，又称为基于意图的态势谱系。态势假设的生成过程如下：

（1）基于作战意图寻找四级态势要素。

（2）基于态势要素的可能组合确定相关的观测态势集合。

（3）基于作战原则、条令/条例对作战意图（敌方意图是估计结果）、行动方案（敌方方案是估计结果）、观测态势进行可能的组合，产生态势假设集合。

2）态势假设的检验

态势假设的检验过程如下：

（1）按空间、环境、能力检验一级态势要素。

（2）按功能、行为及其预测信息检验二级态势要素。

（3）按级别和对外关系检验三级态势要素。

（4）按作战需求检验四级态势要素。

（5）按综合支持效能检验态势假设。

（6）按综合不确定性检验态势假设。

其中，前四项是态势要素的约束条件，后两项是对态势假设集合中态势状态的优化选择条件。

3）态势估计周期中的多假设检验

多假设检验过程如图 2-12 所示。在 T 周期，首先收集 $T-1$ 周期的作战行动/战场事件或通过各种侦察手段获取态势元素，生成观测态势元素集合，与 $T-1$ 周期的预测态势元素集合进行态势元素复合检验，得到 T 周期的态势元素集合，分别进行 T 周期的态势元素预测，并根据敌方作战企图/作战目标与 $T-1$ 周期的预测态势进行态势元素聚合，生成 T 周期的态势假设集合，然后与 $T-1$ 周期的预测态势进行态势假设复合检验，生成 T 周期的当前态势。当前态势与敌方作战企图相关形成 T 周期的态势估计。态势估计与当前态势相关进行 T 周期的态势预测，根据敌方作战目标结合态势估计可进行作战方案制定及作战计划拟制。再对 T 周期的态势预测进行影响估计，结合制定的作战方案和作战计划，采取相应的作战行动。

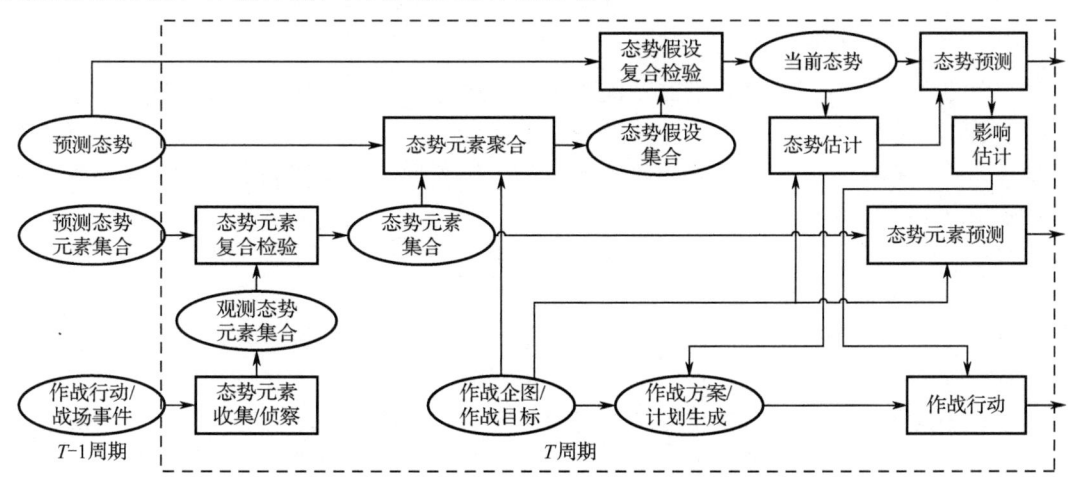

图 2-12　多假设检验过程

2. 确定性逻辑推理方法

确定性逻辑推理方法采用与 Curry 和 Feys 组合逻辑有关的二阶谓词计算法。

一阶命题 $R(x_1,x_2,\cdots,x_n)$，R 为 m 域谓词，x_i 为推理参数（结论），$m \geq n$；

二阶命题 $\text{Applies}(r,x_1,x_2,\cdots,x_n)$，采用单一的二阶谓词 Applies。当对谓词只考虑其为一个关系时，可将该二阶命题简写为 $(r,x_1,x_2,\cdots,x_n)$。

采用二阶确定性命题的态势逻辑，可将态势逻辑记为式（2-1）所示形式：

$$\sigma = (r,x_1,\cdots,x_n;h,k,P) \qquad (2\text{-}1)$$

式中：r 为一个 m 域（元）中的关系；$x_i(i=1,2,\cdots,n)$ 为实体；h 为位置；k 为时间；P 为可能性或倾向性。

对于确定性态势逻辑，$P=0,1$，即 $(r,x_1,\cdots,x_n;h,k,1)$ 和 $(r,x_1,\cdots,x_n;h,k,0)$，分别表示关系 r 在时间 k 和地点 h 适用或不适用 n 元实体 $(x_1,\cdots,x_n)$。这里 r 表示 m 域抽象关系，而 $(r,x_1,\cdots,x_n)$ 表示一组实体之间的关系，即由一个 m 域（元）抽象关系 r 和 n 个有关实体组成的关系。因此，态势逻辑表达式（2-1）就是一个有可能（倾向）和时空约束衔接起来的实体关系；随着关系 r 的实体的变化，式（2-1）就能表达各种态势；随着 h,k,P 的变化，态势就以不同的可能性出现在不同的时空范围中。

还可以考虑态势的嵌套表达，如嵌套态势 $\sigma=(相信,x,\sigma_2,h,k,P)$，表示在时间 k 和地点 h，实体 x 以概率 P 相信态势 σ_2。当把谓词关系 r 扩展为 $r=$ 觉察、假设、断言、猜想、报告、十分、疑问、相信、表示、惊奇……时，其与多重态势嵌套逻辑相结合，就可产生所需要的各种各样的、千变万化的态势逻辑表达式。例：

$$\sigma_1 = (询问,x_1,x_2,\sigma_2)$$
$$\Sigma_2 = (是否报告,x_3,x_4,\sigma_3)$$
$$\Sigma_3 = (相信,x_5,\sigma_4)$$

表示 x_1 问 x_2，x_3 是否将"x_5 相信 σ_4"报告给 x_4。

可将态势逻辑的这种关系类型变化、实体属性和数量变化，特别是嵌套模式，用于对敌方行动方案/计划进行识别和对其行动后果进行估计，也可用于估计敌方对我方态势的觉察、理解和相信程度。该态势逻辑表示模式支持态势的各种类型，如实体（简单实体和复合实体）、关系，以及基于不同准则时对态势采用不同的分解方法和产生的推理模式/方法。

3. 不确定性逻辑推理方法

态势估计的不确定性包括接收到的观测数据的不确定性和所使用的处理模型的不确定性。从表现形式来看，不确定性均包含以下三性。

随机性：用来描述对实体或状态随时间变化的不确定性，描述状态受环境因素与探测设备的影响所出现的无规律变化。

模糊性：通常用来描述对实体或状态认识的清晰程度，以及描述状态模型（物理模型或统计模型）或属性特征识别模型的逼真度。

信赖性：对实体或态势信息的信任程度，描述模型的稳健性、稳定性、可靠性以及对人类行为的相信程度。

态势估计中的不确定性逻辑推理方法主要指基于不确定性变换的态势推理方法，在 2、3 级融合中，几乎所有不确定性逻辑推理方法都有应用踪迹，它们主要有概率方法（如经典概率推理方法、后验概率推理方法）、模糊推理方法、D-S 证据理论、扩展 D-S 证据理论、概率衍生方法（如模式识别、马尔科夫模型、信度网络等）和一些衍生方法（神经网络、遗传算法、蚁群算法等），这里介绍几种主要方法。

1）经典概率推理方法

以概率表示不确定性，是一个单一性逻辑，结论是已知的，并不随着证据的出现而产生变化，可随证据变化确定当前、短期或中间过程结果。该方法通常需要已知关于态势的一些基本模型形式，如目标的物理或行为模型，或有组织的社会网络行为模型（尽管可能不完整，或带有偏差和噪声），以建立目标或态势行为的随机分布密度，概率表达式如式（2-2）所示：

$$P = \int_\Omega f(X) dX = \int_{\Omega_1} \cdots \int_{\Omega_n} f(x_1, x_2, \cdots, x_n) dx_1 \cdots dx_n \qquad (2-2)$$

式中：当给出可能出现的概率 P（期望出现的结果）时，能够推断出态势向量 X 的活动范围 Ω（或各态势分量的范围），即 $\Omega_1, \Omega_2, \cdots, \Omega_n$，这就能为控制和约束态势变化过程，确定我方控制态势进程提供依据。

2）后验概率推理方法

后验概率推理方法又称贝叶斯推理方法，以概率表示不确定性，结论未知。贝叶斯公式如下：

$$P(A_i|B) = \frac{P(A_i)P(B|A_i)}{P(B)} = \frac{P(A_i)P(B|A_i)}{\sum_{k=1}^n P(A_k)P(B|A_k)} \quad i = 1, 2, \cdots, n \qquad (2-3)$$

与经典概率推理方法不同，贝叶斯推理方法并不知道可能的结论，只是在给出的一个先验结论的基础上，用采集到的证据不断对结论进行改进，即采用贝叶斯公式基于证据将先验概率变换为后验概率。只要基于经验或物理机理的先验结论基本合理，采集的证据可观测性好，那么改进的后验结论就会逐渐向真实结论逼近，但其真实结论可能一直存在偏差，因此只能逐渐接近结论，可能永远不知道精确的结果。贝叶斯公式假设各种可能命题 $A_1, A_2, \cdots, A_n$ 互不相容且构成完备集合，其中，$P(A_1), P(A_2), \cdots, P(A_n)$ 分别是命题 $A_1, A_2, \cdots, A_n$ 的先验概率，$P(A_i|B)$ 是基于证据 B 的后验概率，$P(B|A_k)$ 是证据 B 的条件概率密度，B 是随机试验的结果或称观测值，$P(B)$ 是证据 B 关于命题集合的分布密度。

态势估计中，在已有观测态势或已知某一实体估计的基础上，随着新的观测（证据）的出现，通过计算该证据的条件似然函数，采用贝叶斯公式将已有的先验态势估计改进为后验态势估计，随着后验证据的到来，将已有的改进估计重新作为先验估计，持续改进，直到达到预期目标。实际上，每一个证据都会调整各个命题假设的分布函数，当最大后验分布概率在一定的证据周期内稳定在某一命题上，并超过预定门限时，即以该命题作为预期选择结果。然而，当同时到来的各个策略的证据互不独立时，似然函数的计算会比较困难。

3）模糊推理方法

模糊推理方法以隶属度函数（隶属度）$\mu_A(\theta) \in [0,1]$ 表示不确定性，通过对模糊证据的综合（合取或析取）获得模糊命题及其综合隶属度。隶属度函数表示元素 θ 属于模糊集合 A 的程度，当 θ 完全属于或不属于 A 时，取 0 或 1 的边界值。隶属度 $\mu_A(\theta)$ 可用来表示和推断实体的属性，还可以表示某个态势对作战意图、某个战场事件的支持和有害程度。视 θ 为收集到的证据（通过观测获得的实体、态势测量值），A 为支持 θ 的模糊命题（意图、实体、事件等），$\mu_A(\theta)$ 为 θ 对 A 的支持度量，将其统称为模糊证据集合，即 $\Theta_A = \{\theta, A, \mu_A(\theta)\}$。于是，基于模糊证据集合 Θ_A 和 Θ_B 的命题推断有两种，如式（2-4）、式（2-5）所示：

合取推断：
$$\mu_{A \cap B}(\theta) = \min\{\mu_A(\theta), \mu_B(\theta)\} \qquad (2-4)$$

析取推断：
$$\mu_{A \cup B}(\theta) = \max\{\mu_A(\theta), \mu_B(\theta)\} \qquad (2-5)$$

合取推断获得的命题是模糊命题 A 与 B 之交集 $A \cap B$，析取推断获得的模糊命题及其综合隶属度为模糊命题 A 与 B 之并集 $A \cup B$。

4）D-S 证据理论

D-S 证据理论的核心是 Dempster 合成规则，其主要特点是满足比贝叶斯概率理论更弱的条件，具有直接表达不确定和不知道信息的能力。D-S 证据理论和概率论的基本区别是关于无知的处理。D-S 证据理论是以证据的可信度表示不确定性，通过对证据集合的合成运算，产生合成命题及其可信度，不支持相悖证据的合成。

5）扩展 D-S 证据理论

扩展 D-S 证据理论是将 D-S 证据理论扩展到弱相容/相悖证据的合成，典型的是基于证据距离的 Jousselme 合成公式，其中引入了证据的一致性和冲突性概念，涉及冲突信度的再分配。

6）神经网络

通过构造神经网络的多个态势估计隐含层，采用向后传播训练来聚集情报分析员在态势识别（如数据图-模板图）中的成对选择结果，存在潜在冲突的输出结果时可采用扩展 D-S 证据理论予以解决。神经网络还可以用来预测某些状态估计中的行动估计（攻击、撤退、佯攻、坚守等）。例如，基于军事部署对战场地图进行分层约束聚集，生成战场要素聚集图，再基于作战规则或构造相应的神经网络来预测敌方意图。

4．基于知识的方法

基于知识的方法是非结构化推理方法，在态势估计中可以根据需要对情报分析员和指挥员的经验和知识，采用产生式规则、框架结构、语义网络或剧本等知识表示方式，用来识别实体的出现、属性以及识别实体之间的关系，识别和建立态势结构等。在推理过程中，可采用概率表示不确定性，采用隐式马尔科夫过程实现概率传播与状态转移，以进行态势判断与识别。在军事情报分析领域，常常采用某种不确定性表示或混合表示，基于贝叶斯推理或隐式马尔科夫过程实现不确定性传播和命题状态转移，以进行态势判断与识别，如识别虚假态势（不切实际、敌方设置的欺骗或佯动行为）或进行真实态势判断与确认。

5．仿生动态推理算法

如遗传算法、蚁群算法、粒子群算法等，这些算法从生物进化或动态行为上反映了相关生物的行动推断逻辑，且已在态势估计推断中得到一定程度的应用。例如，遗传算法已应用于态势分析和作战计划支持工具中，该算法能基于可能态势集合快速生成和评估态势，还可基于预案集合快速生成和评估作战方案。遗传算法能够通过产生敌我双方行动方案（COA），预测交战状态和交战结果，已广泛应用于态势估计和预测。

2.3.7 D-S 证据理论

证据理论最初是由 A. P. Dempster 于 1967 年提出的，他试图用一个概率区间而不是单一的概率数值进行不确定建模，而后他的学生 Shafer 于 1976 年对其进行了进一步的扩展和改进，人们将这种不确定性推理理论称为 D-S 证据理论。它具有处理不确定性信息的能力，是经典概率论的一种扩充形式。与贝叶斯概率理论相比，它不但能够处理由于知识不确定性引起的不确定性，而且能够处理不知道引起的不确定性，其在区分不确定和不知道及精确反映证据搜索过程等方面显示了很大的灵活性。

1．基本原理

假设有一个判决问题，将对于该问题所能认知的所有相互独立的可能结果称为对该问题的基本假设，各假设之间必须互不相容，且所有假设能够完备地描述该问题。将所有基本假设组成的集合用非空集合 Θ 表示，Θ 称为基本辨识框架。其中，各个基本命题假设的选取依赖于先验知识及认识水平。D-S 证据理论正是建立在这个非空的基本辨识框架 Θ 上的理论,其是一个具有互斥和可穷举元素的集合,其元素是诸如时间、距离、速度等连续变量,集合中的子集可以被解释成可能的答案,并且只有一个答案是正确的。以 2^Θ 表示 Θ 的幂集,它是由 Θ 的所有子集(命题/证据)构成的集合,2^Θ 中包含了基本辨识框架 Θ 的所有可能的命题组合,若 Θ 中含有 N 个元素,则 2^Θ 中含有 2^N-1 个元素。D-S 证据理论的基本问题就是已知基本辨识框架 Θ,判明框架中的一个先验的未定元素属于 Θ 中某一个子集的程度。

在基本辨识框架 Θ 上定义基本概率分配(BPA)函数或基本信度分配函数(又称为 mass 函数)$m:2^\Theta \to [0,1]$,满足 $m(\varnothing)=0, \forall A \in 2^\Theta, m(A) \geq 0$,并且 $\sum_{A \in 2^\Theta} m(A) = 1$。$m(A)$ 实际上是定义在 Θ 的概率或信度,表示对命题 A 的信任程度(信任度),它反映了原始信息源或人们的经验(统称为证据)对命题 A 的支持程度,是一种不确定性表示。如果 A 为 Θ 的子集,且 $m(A)>0$,则称 A 为焦元证据,所有焦元的集合称为证据核。

证据是由证据体 $(A, m(A))$ 组成的,利用证据体可以定义 2^Θ 上的信任函数 Bel 和似真函数 Pl 这两个信度测度函数,分别如式(2-6)、式(2-7)所示:

$$\mathrm{Bel}(A) = \sum_{B \subseteq A} m(B) \tag{2-6}$$

$$\mathrm{Pl}(A) = 1 - \mathrm{Bel}(\overline{A}) = \sum_{A \cap B \neq \varnothing} m(B) \tag{2-7}$$

式中:$\mathrm{Bel}(A)$ 为支持命题 A 的信任度;$\mathrm{Pl}(A)$ 为不否定命题 A 的信任度,也称为似真度,且 $\mathrm{Bel}(A) \leq \mathrm{Pl}(A)$,$\mathrm{Pl}(A) - \mathrm{Bel}(A)$ 表示对 A 的不确定信任度。

可将信度区间 $[0,1]$ 分为 3 个区间:$[0, \mathrm{Bel}(A)]$、$[\mathrm{Bel}(A), \mathrm{Pl}(A)]$ 和 $[\mathrm{Pl}(A), 1]$,如图 2-13 所示。

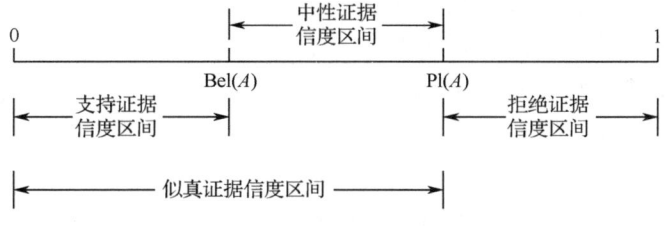

图 2-13 证据区间示意图

(1)$[0, \mathrm{Bel}(A)]$ 可理解为支持命题 A 的证据所形成的信度区间,信任度 $\mathrm{Bel}(A)$ 是该区间的上限。

(2)$[\mathrm{Bel}(A), \mathrm{Pl}(A)]$ 是既不明确支持也不明确反对命题 A 的证据所形成的信度区间,构成对命题 A 的不确定信度区间(即中性证据信度区间),表示对 A 信任程度的不确定度量,减少不确定信度区间是 D-S 证据理论的目的之一。如果区间 $[\mathrm{Bel}(A), \mathrm{Pl}(A)]$ 的长度为 0,即

$$\mathrm{Bel}(A) = P(A) = \mathrm{Pl}(A), \quad 则 P(A) + P(\overline{A}) = 1 \tag{2-8}$$

此时 D-S 证据理论与贝叶斯推理方法是一致的。如果区间 $[\mathrm{Bel}(A), \mathrm{Pl}(A)]$ 的长度等于 1,那么整个 $[0,1]$ 区间均为信任度不确定区间,证据集合只提供了支持命题 A 的信息。

(3)$[\mathrm{Pl}(A), 1]$ 为拒绝(反对)命题 A 的证据所形成的拒绝证据信度区间。

2. D-S 合成规则

设有两个证据采集/推理系统 e_1 与 e_2,它们之间是相互独立的,设 e_1 与 e_2 的基本信度分配函数分别为 m_1 和 m_2,对于 e_1 与 e_2 的合成命题 C,e_1 与 e_2 的基本可信度的 D-S 合成公式(规则)为

$$m(C) = \frac{\sum_{A_i \cap B_j = C} m_1(A_i) m_2(B_j)}{1 - k} \tag{2-9}$$

式中：$A_i, B_j \in 2^\Theta$，$\sum_{A_i \cap B_j = C} m_1(A_i) m_2(B_j)$ 表示 e_1 与 e_2 的合成命题 C 的联合可信度信息；

$k = \sum_{A_i \cap B_j = \varnothing} m_1(A_i) m_2(B_j)$ 为 e_1 与 e_2 全局冲突程度（全局冲突信息）；$1-k = \sum_{A_i \cap B_j \neq \varnothing} m_1(A_i) m_2(B_j)$ 则表示 e_1 与 e_2 共同支持的非空集中所有命题的联合可信度之和，它是合成后命题可信度的归一化因子。

D-S 合成规则反映了对两个证据系统提供的证据进行组合产生新的命题（证据）和相应的可信度。式（2-9）可以变形为如下形式：

$$m(C) = \sum_{A_i \cap B_j = C} m_1(A_i) m_2(B_j) + \frac{\sum_{A_i \cap B_j = C} m_1(A_i) m_2(B_j)}{\sum_{A_i \cap B_j = \varnothing} m_1(A_i) m_2(B_j)} \cdot k \quad (2\text{-}10)$$

对 n 个系统采集的证据进行合成时，D-S 合成规则的一般形式为

$$m(A) = (1-k)^{-1} \sum_{\cap_{i=1}^n A_i = A, A_i \in 2^\Theta} m_1(A_1) m_2(A_2) \cdots m_n(A_n) \quad (2\text{-}11)$$

式中：$k = \sum_{\cap_{i=1}^n A_i = \varnothing, A_i \in 2^\Theta} m_1(A_1) m_2(A_2) \cdots m_n(A_n)$ 为全局冲突因子，表示 n 个证据系统采集的证据之间的总冲突的信度。当 $k=1$ 时，表示各信息源（证据系统）所提供的证据相互排斥，没有共同支持的命题，不能对各证据进行合成，此时，D-S 合成公式已不适用。

3. 合成命题判定方法

利用 D-S 合成规则得到各合成命题的可信度后，需给出判定准则，以确定哪一个命题为真。判定准则对于一个推理系统来说是至关重要的，选择一个有效的判定准则是相当复杂的，可能需要经过多次试验修正才能得到。目前，在证据理论中，普遍采用的判定准则有基于信任函数的判定准则、基于基本信度分配函数的判定准则、基于最小风险的判定准则，使用较多的是前两个准则，下面分别介绍。

设所需判定的合成命题集合为辨识框架幂集 2^Θ 中的某一子集 Ψ，如在目标识别中为目标的某些可能的属性或属性类，在战场估计中为战场上某些态势类别等。

1）基于信任函数的判定准则

采用信任函数 Bel 确定合成命题集合 Ψ 中的最优选择命题，判定准则是：

计算出子集 Ψ 的最大信任函数 $\text{Bel}(B_1^\Psi) = \max\{\text{Bel}(B_i^\Psi), B_i^\Psi \in \Psi, B_i^\Psi \neq \Theta\}$ 和次大信任函数 $\text{Bel}(B_2^\Psi) = \max\{\text{Bel}(B_i^\Psi), B_i^\Psi \in \Psi, B_i^\Psi \neq B_1^\Psi, B_i^\Psi \neq \Theta\}$，对于预先给定的判定概率或信度门限 $\varepsilon_1, \varepsilon_2$，若 $\text{Bel}(B_1^\Psi) > \varepsilon_1$ 且 $\text{Bel}(B_1^\Psi) - \text{Bel}(B_2^\Psi) > \varepsilon_2$，则命题 B_1 即为最优判定选择结果。

2）基于基本信度分配函数的判定准则

采用基本信度分配函数 m 确定最优选择命题，判定准则是：

计算出最大信任函数 $\{m(B_1^\Psi) = \max|m(B_i^\Psi), B_i^\Psi \in \Psi, B_i^\Psi \neq \Theta|\}$ 和次大信任函数 $m(B_2^\Psi) = \max\{m(B_i^\Psi), B_i^\Psi \in \Psi, B_i^\Psi \neq B_1^\Psi, B_i^\Psi \neq \Theta\}$，对于预先给定的判定概率或信度门限 $\varepsilon_1, \varepsilon_2$，若 $m(B_1^\Psi) - m(B_2^\Psi) > \varepsilon_1, m(\Theta) < \varepsilon_2, m(B_1^\Psi) > m(\Theta)$，则命题 B_1 即为最优判定选择结果。

3）基于最小风险的判定准则

设命题状态集 $S = \{x_1, x_2, \cdots, x_q\}$，判定集 $A = (a_1, a_2, \cdots, a_p)$。在真实状态为 x_j 时，做出判定结果为 a_i 的风险函数为 $r(a_i, x_j)(i=1,2,\cdots,p; j=1,2,\cdots,q)$。设证据 E 在 S 上的焦元为 $A_1, A_2, \cdots, A_n$，则其

基本信度分配函数为 $m(A_1), m(A_2), \cdots, m(A_n)$。

令：

$$\overline{r}(a_i, A_l) = \frac{\sum_{x_k \in A_j} r(a_i, x_k)}{|A_l|} \quad (i=1,\cdots,p; l=1,\cdots,n) \tag{2-12}$$

$$R(a_i) = \sum_{l=1}^{n} \overline{r}(a_i, A_l) m(A_l) \tag{2-13}$$

式中：$|A_l|$ 表示焦元的基数，即 A 所含基本命题（基本辨识框架 Θ 中互不相容的元素）的个数。若存在 $a_k \in A$，使得 $R(a_k) = \min\{R(a_1), R(a_2), \cdots, R(a_p)\}$，则 a_k 为最优判定选择结果。

4．D-S 证据理论的特点

与传统概率理论和模糊集合理论相比，D-S 证据理论具有以下典型特征。

1）面向不同空间层次的证据合成问题

（1）基本辨识框架 Θ 中元素的任意子集为可辨识的最小粒度命题。

（2）2^Θ 中的元素为 Θ 中元素的任意子集，包含了所有可能获取与识别的不同层次空间中的证据与命题，如空中目标的机型、机型类、敌/我/中身份等层次。

2）两值不确定性

（1）信任度 Bel(A) 与似真度 Pl(A)，更符合客观事实。

（2）区间 [Bel(A), Pl(A)] 为"不反对""中性"证据或命题的不确定信度的范围。

3）合成公式特征

（1）证据 e_1 与 e_2 的合成命题只限于集合 $\{A_i \cap B_j = C \neq \varnothing, i=1,2\cdots,m; j=1,2,\cdots,n\}$。

（2）若合成命题集合为空集，称证据 e_1 与 e_2 完全冲突，则 D-S 合成公式无意义，这一特征大大限制了 D-S 证据理论的应用范围。

（3）非冲突信度和全局冲突信度 k 的分配：D-S 合成公式（2-10）的第一项表示将非冲突信度 $\sum_{A_i \cap B_j = C} m_1(A_i) m_2(B_j)$ 分配给合成命题 C，第二项表示将全局冲突信度 k 按照权重 $\dfrac{\sum_{A_i \cap B_j = C} m_1(A_i) m_2(B_j)}{\sum_{A_i \cap B_j \neq \varnothing} m_1(A_i) m_2(B_j)}$ 分配给合成命题 C。式（2-10）中这两项表达式构成了对 D-S 证据理论进行改进和扩展的基础。

由于多种因素，造成我方获得战场信息的不完整性、不精确性和不确定性，因此根据这些信息进行的意图推理也成了病态问题。采用常用的贝叶斯推理方法进行推理不能很好地解决信息不完整、不精确和不确定的问题，而用 D-S 证据理论能满足比贝叶斯概率理论更弱的条件，具有直接表达不确定和不知道因素的能力，对病态问题的推理能力较强。基于 D-S 证据理论的模板匹配方法是用 D-S 方法对与意图模板匹配的事件进行证据组合，用合成的证据对敌方意图进行匹配推理，从而识别对应意图。

5．D-S 证据理论的应用案例

D-S 证据理论的典型应用案例是预警机机载三类传感器（Radar、ESM、IFF）的多粒度信息融合。设两周期测量证据及其概率赋值如表 2-2 所示。

表 2-2　预警机机载三类传感器的多粒度信息融合两周期测量证据及其基本概率赋值

周期	传感器及识别结果								
	Radar（有源）			ESM				IFF	
	民航	大型机	不明	敌轰	敌强击	我轰	不明	我机	不明
T_1	0.3	0.4	0.3	0.4	0.3	0.2	0.1	0.5	0.4
T_2	0.3	0.5	0.2	0.4	0.4	0.1	0.1	0.4	0.5

有源 Radar 支持 3 个命题，ESM 支持 4 个命题，IFF 支持 2 个命题，融合结果有 7 个命题。其中，大型机包含敌轰、敌强击和我轰，不明包含所有飞机类型。

融合过程为先时域融合，后空域融合，如图 2-14 所示。

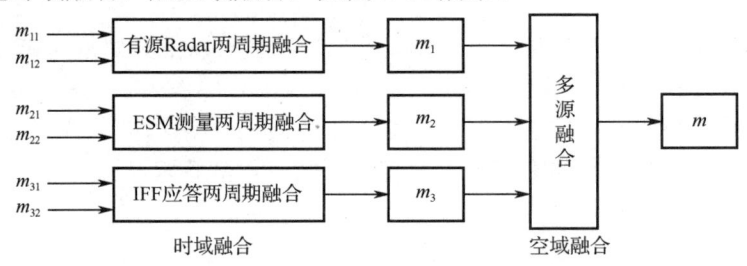

图 2-14　三类传感器两周期测量识别的融合

图 2-14 中，m_{ij} 表示第 i 类传感器第 j 个周期测量的概率赋值（$i=1,2,3; j=1,2$），m_i 表示第 i 类传感器两周期合成命题的概率赋值（$i=1,2,3$），m 表示三类传感器两周期合成命题的概率赋值。

以有源 Radar 为例，时域融合结果为

$$k = m_{11}(大型机) \times m_{12}(民航) + m_{11}(民航) \times m_{12}(大型机)$$
$$= 0.4 \times 0.3 + 0.3 \times 0.5$$
$$= 0.27$$

$$m_1(大型机) = \frac{[m_{11}(大型机) \times m_{12}(大型机) + m_{11}(大型机) \times m_{12}(不明) + m_{11}(不明) \times m_{12}(大型机)]}{1-k}$$
$$= \frac{[0.4 \times 0.5 + 0.4 \times 0.2 + 0.3 \times 0.5]}{1-0.27} = 0.589$$

7 个融合命题及（两周期）时域融合结果如表 2-3 所示。

表 2-3　7 个融合命题及（两周期）时域融合结果

命题 A	我轰	敌轰	敌强击	民航	大型机	我机	不明
$m_1(A)$	0	0	0	0.328 8	0.589	0	0.082 2
$m_2(A)$	0.102	0.489 8	0.387 8	0	0	0	0.020 4
$m_3(A)$	0	0	0	0	0	0.76	0.24

空域融合结果为

$m'(我轰) = m_2(我轰)[m_1(大型机) \times m_3(我机) + m_1(大型机) \times m_3(不明) + m_1(不明) \times m_3(我机) + m_1(不明) \times m_3(不明)] = 0.102 \times [0.589 \times 1 + 0.0822 \times 1] = 0.068\ 46$

$m'(敌轰) = m_2(敌轰)[m_1(大型机) \times m_3(不明) + m_1(不明) \times m_3(不明)]$
$= 0.4898 \times [0.589 \times 0.24 + 0.0822 \times 0.24] = 0.078\ 9$

$m'(敌强击) = m_2(敌强击)[m_1(大型机) \times m_3(不明) + m_1(不明) \times m_3(不明)]$
$= 0.3878 \times [0.589 \times 0.24 + 0.0822 \times 0.24] = 0.062\ 47$

$$m'(民航) = m_1(民航)m_2(不明)m_3(不明) = 0.001\,61$$
$$m'(大型机) = m_1(大型机)m_2(不明)m_3(不明) = 0.002\,88$$
$$m'(我机) = m_3(我机)m_1(不明)m_2(不明) = 0.001\,27$$
$$m'(不明) = m_1(不明)m_2(不明)m_3(不明) = 0.000\,4$$

对以上结论进行归一化处理，即

$$m(A_i) = \frac{m'(A_i)}{1-k} = \frac{m'(A_i)}{\sum_{j=1}^{7} m'(A_j)} = \frac{m'(A_i)}{0.215\,99}, \quad i = 1, 2, \cdots, 7$$

得到融合命题的合成赋值计算结果如表 2-4 所示。

表 2-4 融合命题的合成赋值计算结果

命题 A	我轰	敌轰	敌强击	民航	大型机	我机	不明
$m(A_i)$	0.316 96	0.365 29	0.289 23	0.007 45	0.013 33	0.005 88	0.001 85

进一步可求取敌我身份命题的支持信任度 Bel(A) 和似真度 Pl(A) 分别为

$$\text{Bel}(我机) = m(我机) + m(我轰) = 0.322\,84$$
$$\text{Pl}(我机) = 1 - [m(敌轰) + m(敌强击) + m(民航)] = m(我轰) + m(大型机) + m(我机) + m(不明) = 0.338\,02$$
$$\text{Bel}(敌机) = m(敌轰) + m(敌强击) = 0.654\,52$$
$$\text{Pl}(敌机) = \text{Bel}(敌机) + m(大型机) + m(不明) = 0.669\,7$$

2.3.8 态势生成与更新

1. 态势生成

态势生成是从作战意图出发，基于作战原则、条令、条例，以及指挥员谋略和采用的战法产生的关系估计，是对态势要素进行聚集生成的局部现实结构。

（1）作战原则、条令、条例指为达到某种作战意图所采取的战法和兵力运用（任务区分、火力区分）方案，以及行动计划所遵循的理性行为规则。

（2）态势要素包含已知的我方一级、二级和三级要素，估计的敌方一级、二级和三级要素，以及基于聚集的局部现实结构估计产生的四级要素。

（3）对态势要素进行聚集的战场态势生成过程是基于实体、关系的关联/相关推断过程，包括实体-实体关联/相关推断、实体-关系关联/相关推断、关系-关系关联/相关推断等方面。

（4）聚集生成的某个战场态势是围于某个作战意图（目的）的一个局部战场结构，而不是整个战场结构。一个战场态势可能含有多个战术（战斗）态势。

态势生成过程包含下述环节：

（1）观测态势的生成。本环节基于预设的逻辑、程序建立各对象、情境要素之间的关系，该关系是实体要素状态、属性及其与作战意图的关系聚类，能够反映可能的态势假设。这部分工作通常以机器（传感器、处理器和传送器）为主完成，但对于机器无法关联的要素，则需要由人工辅助完成。

（2）估计态势的生成。本环节解决对隐藏在观测态势中的敌方兵力结构、作战能力、作战意图、作战计划、作战行为和行动方针等信息的发现和估计问题。这部分工作中，除一定的逻辑/理性信息支撑，人的意向性智能起主导作用。人的意向性智能包括直觉/临机决策、作战意图和目标任务，以及人的谋略与指挥控制能力等方面。

（3）预测态势的生成。本环节基于已获得的观测态势和估计态势，依靠逻辑/理性信息的支持进行预测与规划，态势的动态控制与可能出现的事件的预测则主要依靠人基于联想/想象的博弈/控制能力，如指挥员的指挥艺术、谋略或战法等，估计可能出现的后续态势及其产生的影响，从而进一步估计可能出现的战场事件并预测可能出现的结果。

（4）综合态势的生成。本环节形成集观测态势、估计态势、预测态势于一体的综合态势（或统称为"态势估计"），为己方作战活动提供决策支持。

态势估计与生成流程如图2-15所示。

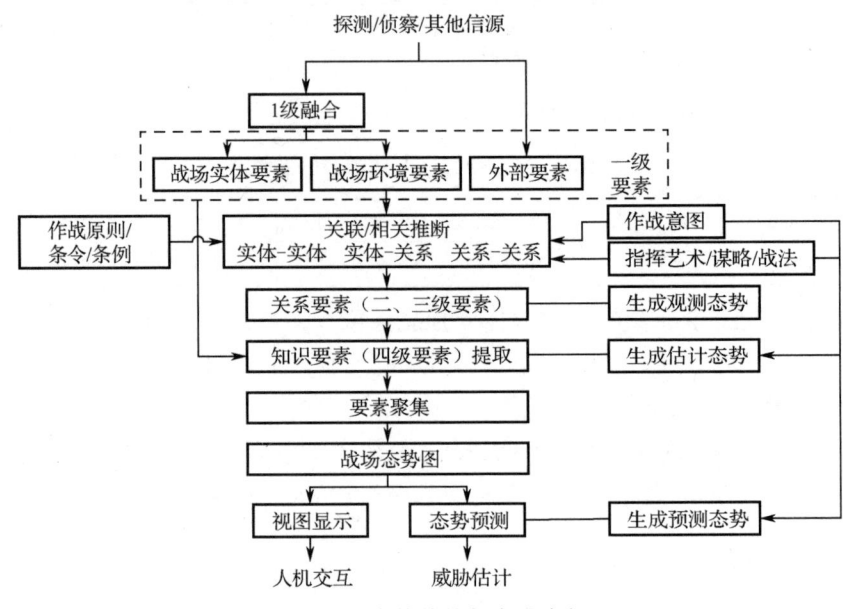

图2-15　态势估计与生成流程

上述四个环节就是军事领域态势估计的功能内涵，其皆基于双方作战意图和作战力量要素及其关系估计而实现。需要指出的是，2级融合的态势估计是将1级融合结果——各单一实体估计，扩展为诸单一实体关系估计，既是对1级融合结果的延伸与扩展，也需要融入更多的关于战场整体或关系领域的情报信息，如人工情报、开源文档情报、技侦情报以及已有数据资料等。

2. 态势更新

态势更新指主要的态势要素出现变化或作战意图（我方作战意图或估计的敌方作战意图）发生变化时，需部分或全部重新进行要素估计和聚集，以产生新的战场态势。例如，重大威胁目标航迹（航向和速度）机动可能产生态势和威胁意图变化；交战事件结果产生兵力编成和作战能力的重大变化，可能产生态势和作战意图的变化；某一目标的身份属性（敌/我）的出现及改变可能引起态势变化。

对态势更新的理解需要注意以下三个方面。一是态势更新可对原态势进行局部调整产生，也可重新规划产生；二是态势更新不等同于某一态势要素的局部变化，如目标航迹更新或自然属性（型号、数量）估计出现改变等；三是态势更新周期与作战节奏和兵力（平台）机动能力有关。

态势更新与态势状态及战场状态密切相关，需要理解态势状态与战场状态，以及其中包含的实体、态势、场景、复合场景状态之间的关系。

3. 态势状态与战场状态

态势状态是战场状态的一部分，战场状态包括实体状态、态势状态和威胁状态。在战场感知诸环节中，态势状态依赖于底层的信号和实体状态，而态势状态的未来规划与预测，即预测态势又对未来战场产生影响和作用，其中对我方作战意图和作战行动有害的影响称为威胁。

态势是实体及其关系的集合，一个态势可由多个实体及其关系构成，而影响和威胁可以从一个态势的多个子成分或多个态势及其相互作用、相互影响产生。因此，可将产生影响或威胁的多态势（态势组）及其关系定义为"场景"。由于3级融合是指未来某些时刻出现的影响或威胁，因此，场景估计既包含对当前场景（所包含态势的当前状态）的估计，也含有对未来某些时刻的场景可能变化的估计与预测。基于上述分析，本书给出1级融合单一实体状态$S(k)$、2级融合态势状态$S_t(k)$、3级融合场景状态$S_c(k)$之间的关系，如图2-16所示。

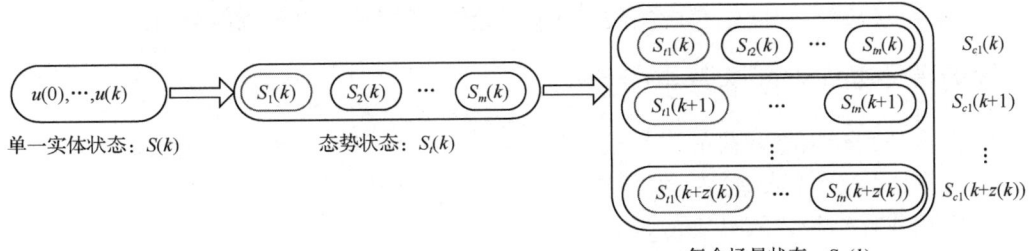

图2-16 实体、态势、场景、复合场景状态之间的关系

图中，由$z(k)+1$个单一场景预测构成的一个复合场景，其每一行都表示n个关联态势构成的一个单一场景。单一实体状态$S(k)$、态势状态$S_t(k)$和场景（含单一场景和复合场景）状态$S_{c1}(k)$、$S_{c2}(k)$之间的关系表达式为：

（1）基于k时刻传感器测得的结果$u(t)$产生的单一实体状态估计为

$$S(k) = \{u(t) | t \leq k\} = \sum_{t=0}^{k} u(t) \tag{2-14}$$

（2）基于m个实体状态及其关系估计产生的单一态势状态估计为

$$S_t(k) = \{S_t(t) | t \leq k\} = \bigcup_{i=1}^{m} S_i(k) = \bigcup_{i=1}^{m} \sum_{j=0}^{k} u_i(j) \tag{2-15}$$

式中：$\bigcup_{i=1}^{m} S_i(k)$表示$S_t(k)$包含m个实体及其相互关系。

（3）某一给定时刻k，n个相互关联的态势构成的单一场景状态估计为

$$S_{c1}(k) = \bigcup_{j=1}^{n} S_{tj}(k) \tag{2-16}$$

式中：$\bigcup_{j=1}^{n} S_{tj}(k)$表示单一场景状态$S_{c1}(k)$中含有$n$个相互关联的态势。

（4）相互关联的$z(k)$个单一场景的超前预测构成的复合场景状态为

$$S_{c2}(k) = \sum_{q=k}^{k+z(k)} S_{c1}(q) = \sum_{q} \bigcup_{j} S_{tj}(q) \tag{2-17}$$

式（2-14）～式（2-17）中，单一实体状态$S(k)$通过传感器测量与融合估计产生的$\dot{u}(k|k)$来表示或说明对该实体状态的认知程度；某一态势状态$S_t(k)$通过对m个实体及其相互关系的融合估计$\dot{S}_t(k|k) = \bigcup_i \sum_j \dot{u}_i(j)$来表示或说明对该态势的认知程度，其中的并符号表示包含m个实体及其相互关系，而不是简单的实体状态求和。场景状态估计包括某一确定时间的单一场景状态估计和多个超前时刻预测构成的复合场景状态估计，$S_{c1}(k)$包含关联的n个态势，而$S_{c2}(k)$则含有$z(k)$个超前的单一场景预测；通过对场景含有的n个态势及其相互关系的估计、预测，形成融合的场景

状态估计 $\dot{S}_q(k|k)$ 和 $\dot{S}_{c_2}(k|k)$，用来描述和说明当前或预测的（一个或多个相互关联的）态势在后续某（某些）时刻产生的影响，或产生对我方作战意图和作战活动有害/不利的态势状态估计。

2.4 战场事件推理判断

现代战争是信息化的战争，敌我双方都会利用各种手段破坏对方军事信息系统的正常运作，以达到控制战场的目的。战场事件推理判断不仅可以识别敌方事件和行为的可能态势，而且还能识别敌方包括伪装、隐蔽和欺骗在内的破坏手段，帮助指挥员做出正确的判断。

2.4.1 战场事件推理判断的基本概念

战场事件推理判断指将获得的敌我双方兵力部署、战场环境、地理、气象条件、作战活动及意图、指挥员特点，甚至包括政治、经济因素在内的与战争相关的全部信息进行综合分析与评估，并最终形成包括我方态势、敌方态势、天气、地理及第三方等战场态势在内的综合态势图，并辅助指挥员进行军事决策。

战场事件推理判断过程按照实施步骤可分为战场事件分析和威胁判断两个主要步骤。战场事件分析是进行威胁判断的依据，它是对整个战场上战斗力量分配的评价过程。它通过综合敌我双方及地理、气象等因素，将表面上所观察到的战斗力量的分布与活动和战场周围环境、敌作战意图和敌机动性能等有机联系起来，分析并确定事件发生的深层原因，得到关于敌方兵力结构、特点和使用的估计，最终形成战场综合态势图。

战场事件分析建立了关于作战活动、事件、机动和位置以及兵力要素组织形式的视图，并由此估计出已发生和正在发生的事情。威胁判断的任务是在此基础上，综合破坏能力、机动能力、运动模式及行为企图的先验知识，得到敌方兵力的战术含义，估计出作战事件出现的概率或严重性，并对作战意图做出指示与告警。其重点是定量表示敌方作战能力，并估计敌方企图。

威胁估计也是一个多层视图的处理过程，该处理用我方兵力有效对抗敌方兵力的能力来说明致命性与风险估计。其包括对我方薄弱环节的估计，以及通过对技术、军事条令数据库的搜索来确定敌方意图。

2.4.2 战场事件推理判断框架

战场事件推理判断的关键在于态势判断，从 2.3.5 节中介绍的几种常见的态势估计的功能结构模型可以看出，态势判断具有多角度、多成员、层次性特征。多角度指对某个态势的辨识是通过从战场的多个侧面认识的态势特征中得到的；多成员指从某一角度看，几个备选假设同时共存；层次性指低层线索为高层线索的组成部分，高层线索可为低层线索提供证据。因此，态势判断的处理过程是由低层向高层的推理过程。

战场事件推理判断框架目前主要有匹配滤波器网络框架、基于图解的推理框架、基于描述的推理框架、基于模板的规划识别推理框架等。这些推理框架就其结构特点来讲，本质上很相似。其特点和共性包括以下几个方面：一是具有层次性特征，它是分层假设描述和评估处理的结果。层次性表现为推理框架都是按照信息需求的因果关系，将态势估计任务分为层次结构的子任务。与每一子任务的输入相连的其他子任务为该子任务提供必需的信息，该子任务为与它的输出相连的子任务提供必需的输入信息。二是按照因果或判断的推理模式将军事知识应用到该推理框架中，体现了多角度、多成员特点，是多代理、多属性的识别过程。三是战场事件分析所识别的战场情景是通过定性的战斗原则、战术性能及用兵方式等军事领域的知识来进行识别和分类的，即该领域问题的特点是基于知识的,问题求解过程是知识推理过程。四是态势估计是一个动态的、按时序处理的过程,其态势估计结果水平将随时间的增长而提高。

当前,工程应用中的态势估计状态推断方法大致分为以下三类。

1. 数据驱动方法

数据驱动方法指将外界事物的测量数据作为已有先验思维模式进行匹配,并且不断调整匹配偏差,即修正已有思维模式,其是反应性的被动控制过程。该方法采用对先验模型依赖性最小的数据来发现态势估计状态的模式;当无已知(超越门限)的思维模式相匹配时,要通过主动数据挖掘,建立或匹配最新出现的思维模式,其中比较常用的是连接分析方法。数据驱动方法通常采用后验(反馈)控制策略,以适应情境的变化,虽不理想但属不得已而为之。例如,没有任何先验信息的目标机动时刻判断,判断结果总是落后于目标真实的机动时刻;又如基于多站无源探测的辐射源定位问题,为剔除多方位线虚假交点,存在严格的方位测量精度要求和巨大的运算量,是学术界有名的研究难题。数据驱动方法利用外展式推理技术来解释所发现的态势估计状态模式,可能会产生超出先验思维模式的新的事物的真相识别结果,但其反应慢、难度大,通常无法在实时系统中使用。

2. 模型驱动方法

模型驱动方法通过对该事物的觉察信息(不断后续积累为先验信息)的组织来认知目标,采用与先验模型匹配来识别和发现数据中所隐含的态势估计显著状态模式,是基于已有先验模型匹配事物表相数据达到发现(映射)事物真相的主动过程。这类技术包括图形匹配、模板匹配和基于已知案例的推理等。模型驱动方法通常采用演绎式推理。态势感知过程中,事物刺激信息(输入数据)可按照最佳匹配的经验性思维模式进行映射,其获取的感知结果受之前对事物的认知结果(先验信息)的影响。例如,目标属性(身份属性、自然属性)识别中,需要的先验信息就是已获取的目标属性特征。在正常情况下,态势感知系统遵循模型驱动模式,由于各先验思维模式(模型)无法达到与事物输入信息的完全匹配,因此模型驱动过程存在与事物表相的匹配偏差,从而产生对事物真相感知的误差。

3. 复合方法

复合方法是数据驱动方法与模型驱动方法的混合,即通过发现显著特征和构建后验假设模型来解释这些特征及态势成分之间的关系,并自适应建立和精炼观测态势假设说明模型。复合方法通常采用演绎(识别)推理方法对归纳(概括)和外展(解释)方法进行集成,以建立和精炼关于态势成分的局部假设,在有人参与的态势感知系统中,通常采用多位专家对这两类控制处理,即对归纳(概括)和外展(解释)方法产生的态势感知结果进行认知综合,称为黑板模型。

图 2-17 为复合方法的驱动结构。其中,数据驱动推理通过搜集可用数据,寻找新的态势估计状态模式;模型驱动推理则搜索可用的模型集,寻找与模型集匹配的数据,以提取数据中所隐含的已有态势估计状态模式。采用该方法所发现的态势成分(片段)假设结构在一个黑板上进行维护。该结构采用归纳技术预测态势和事件,以及备选行动方案在预测态势中的有效性,包括分解、精炼和完善态势假设所需数据获取的候选行动的有效性等。

图 2-17 中的顶部框是周期性感知的信息获取过程,包括数据收集和信息生成(态势感知信息),之后将其提交给自顶向下的模型驱动推理过程(右侧框)和自底向上的数据驱动推理过程(左侧框)。态势预测框是上一周期估计态势对本周期的预测,包括预测本周期可能出现的威胁事件和可能的响应效能,然后作为本周期的先验态势提供给黑板模型。左右两框基于本周期获得的信息(激励或刺激信息)分别进行数据驱动推理和模型驱动推理,并将获得的相应态势估计的推断结果提

供给黑板模型。黑板模型框基于先验态势对数据驱动推理和模型驱动推理产生的态势状态进行综合，并通过多级模型进行匹配、选择和精炼。黑板模型综合处理可以由单人或多人进行，其产生的态势感知产品，可能是模型库中的已有模型及对其匹配模型偏差的调整，也可能是新模式（数据挖掘和智能综合产生的），可用于对模型库进行增加或对其中已有模型进行修正和更新。

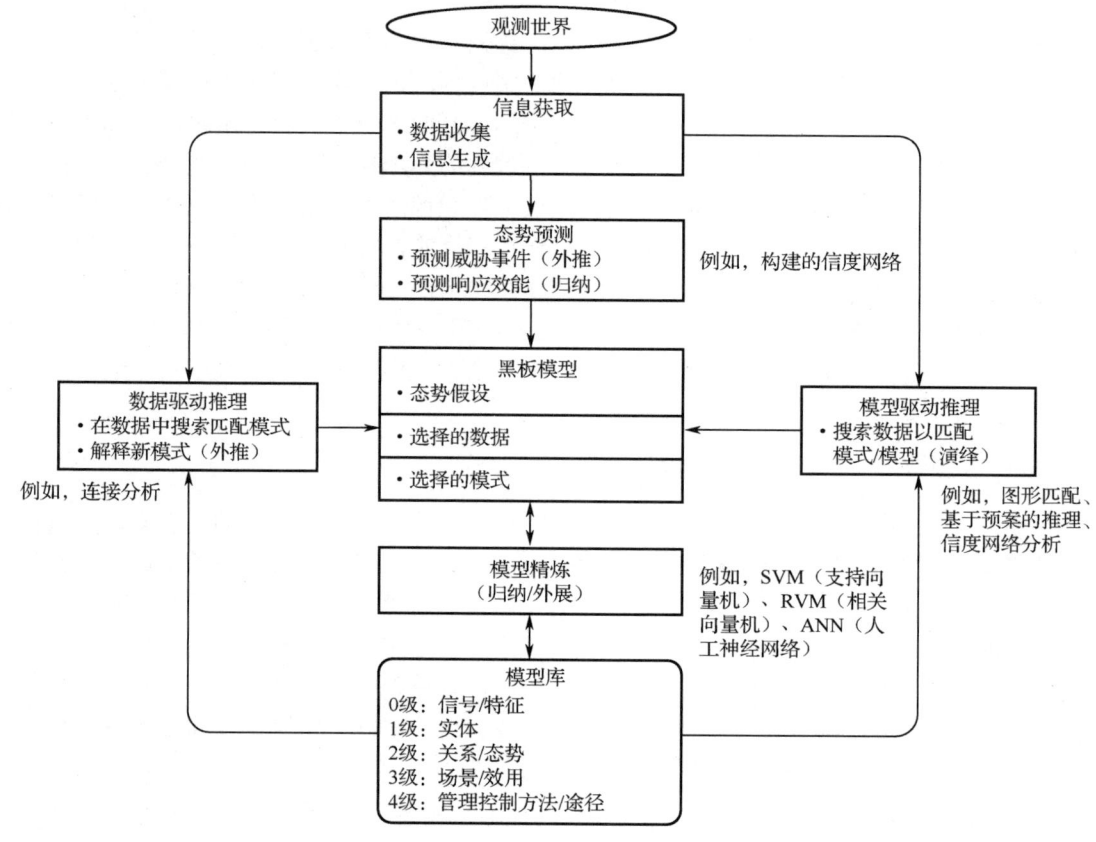

图 2-17　复合方法的驱动结构

2.4.3　战场事件推理判断方法

态势估计的几种推理框架只是根据知识表示形式的不同，在任务中对时间、空间以及因果限制的表示形式的不同，针对性采取的不同推理方法。态势估计典型的任务是在给定不确定观测特征集合和已知态势分类及态势特征对应关系的基础上，寻求最大可能概率分布的态势假设。

多数态势估计系统将时间知识用确切的时间点和时间区间表示，并在此基础上定义时间的先后、同时和重叠等关系。具体实现时，有的系统将这种时间关系以规则形式表示，有的系统则将这种时间规则结合在描述模板中，然后采用基于规则的推理方法或基于描述的推理方法推理。目前采用的主要推理判断方法包括模糊推理、贝叶斯信度网络、模板匹配、证据理论方法、黑板模型、多假设理论、案例推理、专家系统与知识推理方法等，这些均可用于战场事件的推理与判断。下面分别介绍几种经典的推理判断方法。

1. 黑板模型

态势评估系统由三级结构组成，包括觉察、理解、预测。根据这三级，可将黑板划分为三个，包括态势觉察黑板、态势理解黑板、态势预测黑板。每一个黑板内部按照信息的抽象程度进行多级划分，完成对问题的局部求解。三个黑板协同工作，完成对问题的最终求解。这样划分不仅表示了问题的求解过程,同时每级黑板的每级层次上的假设态势元素可以通过人机接口可视化地提供给决策者,便于掌握黑板上的信息变化且为不同层次的决策者提供不同抽象程度的有用信息,这些信息包括可在不同的黑板层次上输入支持相关态势假设元素不同置信度、不同抽象程度的情报或态势证据,从而自动修改高层战术态势假设。其体系结构如图2-18所示。

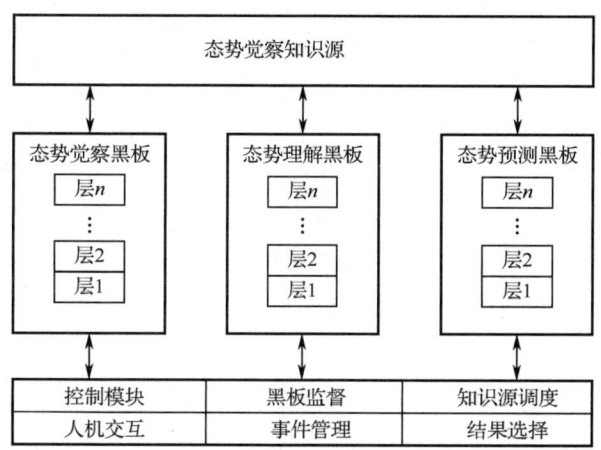

图2-18 黑板模型体系结构

态势觉察黑板融合过程是在一级状态与身份识别的基础上,利用态势觉察知识源中的相应知识,结合地形、情报、通信完成对军事单元类的生成。按照系统论的观点,最终形成敌我两大对抗军事体系。军事单元可采用树形结构表示,如图2-19所示。

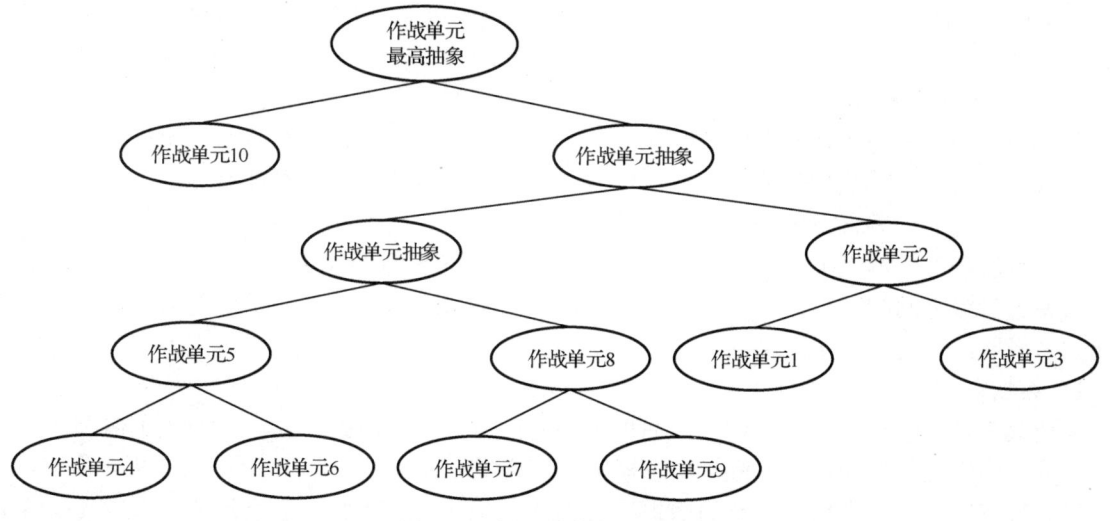

图2-19 树形结构的军事单元

在树形结构上,根据各作战单元的战术行为来探测和识别它们,利用诸如实体间的自然亲近关系、通信拓扑关系、因果关系、暂时隶属关系等将单元目标聚合为有意义的作战结构组织或武器系统。利用树形结构表示作战单元,可以清楚地表示出体系的组织结构及形成过程,中间节点的属性可以表明子单元以何种方式结合在一起。另外,树形结构表示了对作战单元的不同级抽象,根节点表示对作战单元的最高抽象,中间节点表示包含子单元信息的高级单元的不同级抽象。树形结构同时便于对不同作战单元进行推理时,选择不同层次的节点,并在不同抽样级别上转换推理焦点。

黑板模型的求解过程一般分为以下三步:

(1)执行一个知识源的动作,改变黑板上的内容。

（2）根据目前黑板上的信息和各知识源提供的信息进行求解，如果得到结果，则停止推理；否则，控制模块选择下一个合适的知识源。

（3）通过对知识源的条件匹配来形成知识源调用环境，并执行知识源的动作，再转到（1）。

态势估计问题本质上是应用知识进行推理求解的过程，它是在不同抽象级别上对实时信息进行分类处理的渐进式求解过程。黑板模型是一种多专家合作的系统，它以黑板为中心适时激活知识源进行渐进式问题求解，适用于解空间很大的基于知识的复杂问题推理，在此框架下，一个态势估计的任务被分解成多个方面，每个专家在其特定领域内提供解决问题的方法。在利用黑板模型进行态势估计时，模型根据具体问题调用不同的知识源进行推理，并根据战场信息的不断增多，控制相应的知识源进行推理。这种方法可以同时应用于一个问题的静态和动态处理，有灵活的结构和固有的模块性，其知识源的扩充也相对简便。

在进行态势估计时，知识源存放了事件检测门限、群划分规则及各种事件间的因果关系等。在控制不同的知识源时，数据的读取、控制都较为复杂，实现也比较困难，这也是黑板模型用于态势估计的主要缺点。

2．模板匹配

为实现态势估计的功能，需要开发关于兵力结构、兵力运用、事件顺序、行动等态势要素，或将其汇集起来确定复合态势要素的先验模型，这些模型统称为模板。模板能使敌方作战能力形象化，在战前预测敌方最可能的行动方案，并在作战期间证实或否定它们。模板还提供连续识别和估计敌方作战能力及关键部位的手段，以图形方式显示在模板上的信息可随态势的变化而增加、修改和删除。模板通常有三种构成形式，一种是表格构成形式，反映态势中的参与者、参与事件顺序、事件之间的时间、距离或其他关系；二是知识构成形式，采用 AI 领域知识表示方式（框架/剧本/产生式规则）来构建；三是品质因数（FOM）与相关度量（MOC）构成形式，采用 FOM 和 MOC 表示模板中各参与者或要素之间的关系。

建立模板的目的是识别各类信息源报知的数据或信息中的有意义的关系，如果没有数据或信息，模板结构就只是反映先验关系的抽象框架。实际上模板设计者就是针对具体的多源信息融合问题，设计相应的框架来挖掘测量数据或信息中的有效性。上述三种模板构成形式与态势估计中处理不同智能程度的测量报告相对应。在某种意义上，模板及其构成形式提供了参与融合的测量信息与特征参数之间的关系框架，或者说基于模板的态势表示方法易于实现测量信息中的特征提取和关系提取，或统称为知识提取。

1）模板分类

模板通常依据情报信息进行构造，而情报信息来自战场的侦察、监视以及人工情报、开源情报等，因此模板通常分为静态模板、动态模板及复合模板。

（1）静态模板：基于相对稳定的情报信息构建，功能分类有兵力运用预案、作战条令/条例、兵力编成序列、交战时间顺序、作战序列、电子战序列、兵力与指挥机构部署等。

（2）动态模板：依据累积变化的态势要素提取的规律构建，功能分类有作战企图、行进队列、可能航线、阶段/时节交战行动、关键点/地域、支援/协同关系等。

（3）复合模板：静态模板与动态模板结合或多类功能模板组合，用于识别复杂态势。

2）模板填充与成熟度

（1）初始模板：反映先验信息的抽象框架，用于装填提取的数据含义和知识。

（2）训练模板：也称为幼稚（不成熟）模板，包含两组操作，一是情报/数据填充与更新，二是特征/关系提取、填充与更新。

（3）应用模板：又称为成熟模板，能够用于判断和识别态势。

3）模板匹配步骤

模板是指某些重要态势的先验模型，如兵力结构、兵力使用、事件顺序等。基于模板的方法，就是通过开发这类先验模型来得到态势评估或威胁评估。模板匹配过程如图 2-20 所示。

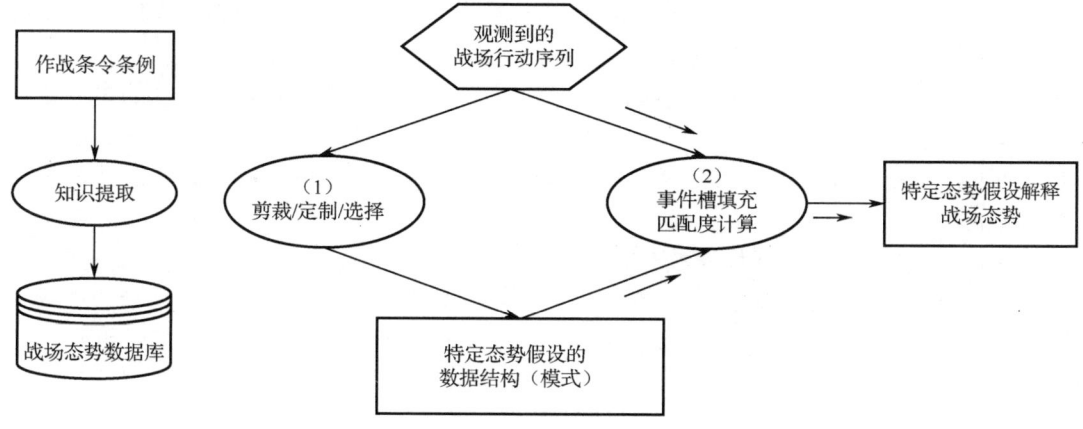

图 2-20　模板匹配过程

模板匹配按两个步骤进行：

（1）根据观测到的战场行动序列，综合系统知识库里的军事态势模板进行诊断，建立特定态势假设的数据结构。

（2）计算被观测到的敌方行动与特定态势的数据结构的匹配程度，当足够匹配时，这个特定态势的数据结构就可以用来解释当前的战场态势，包括推断敌方目标，推理一些未被发现的参与者、过去未发现的事件、将要发生的事件，以及对敌方活动的特征数据进行相应的判断。

4）案例

陆战场情报提供（Intelligence Preparation of Battlefield，IPB）系统建立了 4 类模板，其战场情报处理过程如图 2-21 所示。在态势估计中，将获取的敌战斗序列情报与敌方作战条例模板融合匹配，获得初始态势，其中包含实际出现的事件和活动。初始态势再与气象分析、地形分析信息融合，结果填入态势模板中，生成敌方态势，其中态势模板含敌方典型的活动、企图与行为模式。活动事件模板和关注区域为指挥员对事件性质的判断和影响效果估计提供依据。

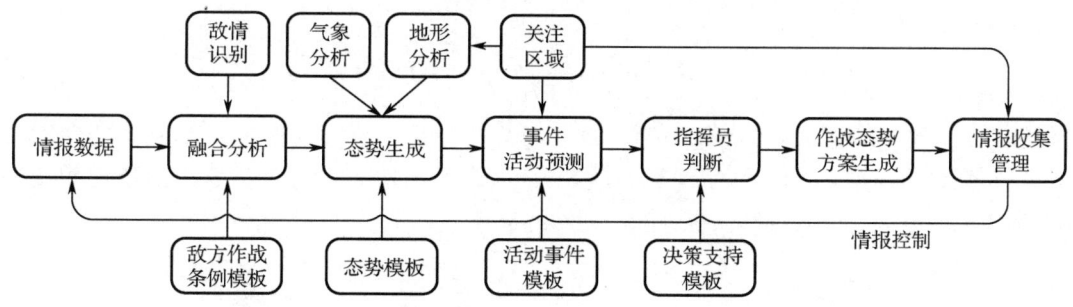

图 2-21　陆战场情报提供（IPB）系统战场情报处理过程

IPB 系统中 4 类模板的具体功能如下。

（1）敌方作战条例模板：属于态势估计功能范畴，主要描述作战和训练模型中的兵力运用条件，包括各种机动能力和各种模式下各类作战单元和梯队模型、兵力结构和配置、正面宽度和纵深、各梯队/单元间距等。该类模板把敌方的战斗序列要素变换为图形描绘形式，是在不受气象和地理环境约束的情况下，敌方按照作战条例使用兵力的作战和训练模板。其可包含较高层次的兵力运用支持元素，也可细化为子集，如战场功能系统、武器、装备运用子模板，用于识别敌兵力单位和编成，确定敌企图和行为等。

（2）态势模板：描述在作战地域气象和地形影响约束下，敌方兵力可能采用的作战模式，用于识别敌主要作战单元的行动和位置，提供战场态势和目标状态的变化、进展和趋势，其中包含敌作战企图、能力等方面的一定程度的估计和预测结果，可为生成和实现事件模板提供支持，并为下一步威胁估计和进一步的作战决策提供依据。

（3）活动事件模板：描述所期望的事件或行为/行动，以态势模板对可能出现的事件和行动分析为基础建立，提供关注地域内与敌行动有关的最可能出现的事件或活动，以及企图征候信息等；可基于活动事件模板对敌作战企图、可能的行动和关键点进行有效的预测，为构造"决策支持模板"提供基础。

（4）决策支持模板：描述战场地域有效事件和活动的关键判断点，以图形方式进行情报估计，将事件模板估计的活动和事件预测与己方作战计划的决策需求联系起来，为指挥员的战场事件判定提供辅助支持，使指挥员及时、准确地评估战场事件和行动，为动态生成作战计划和作战态势提供依据。

2.4.4 信度网络推理方法

信度网络是态势状态估计中涉及关系推理所服从的信度传播机制。状态推理除生成结论命题，更重要的是基于初始命题/证据信度产生结论命题的信度传播计算。在态势状态估计中，关系推理是状态推理的主要成分。

1. 贝叶斯信度网络（BBN）

贝叶斯信度网络是某领域变量集合中的知识状态的一种图形化、概念化表示。BBN 是一个有向的非循环图 (G, P_G)，具有联合概率密度 P_G。每个节点是一个多元分布变量，拓扑结构蕴含领域内假设的因果关系，用变量之间的连接关系表示，无连接表示无因果影响。影响从"原因"流向"结果（效果）"，或从"结果（效果）"流向"原因"，若某一节点没有回到其自身的有向路径，则该节点没有循环。

一个 BBN 的联合概率分布定义为各随机变量概率分布之乘积。一个信度网络节点 X 的信度是给定接收到的所有证据条件下的概率分布 $P(X|e)$，在接收到证据 e_X 后，该节点的一个状态 $X = x$ 的后验概率为

$$P(X|e_X) = \frac{P(e_X, x)}{P(e_X)} = \alpha \lambda(x) P(x) \tag{2-18}$$

因果贝叶斯信度网络区分"原因"证据和"检定"证据，原因证据指从 X 状态的原因节点传递到变量节点 X 的证据，其信度为 $\pi(X) = P(e_X^+)$；检定证据指 X 状态的效用节点传递到变量节点 X 的证据，其信度为 $\lambda(X) = P(e_X^-)$，如图 2-22（a）所示。

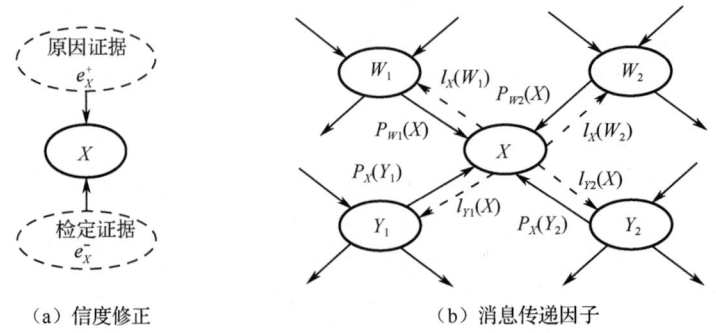

（a）信度修正　　　　（b）消息传递因子

图 2-22　因果贝叶斯信度网络信度修正

从图 2-21（b）可知，原因证据和检定证据分别由原因节点 W 向下、由检定节点 Y 向上传播到变量节点 X。基于原因证据 e_X^+ 和检定证据 e_X^- 的节点 X 的状态的后验信度为

$$\begin{aligned}\text{Bel}(X) = P(X|e_X^+, e_X^-) &= \frac{P(e_X^+, e_X^-, X)}{P(e_X^+, e_X^-)} \\ &= \frac{P(e_X^-|X, e_X^+)P(X|e_X^+)P(e_X^+)}{P(e_X^+, e_X^-)} \\ &= \alpha \pi(X) \lambda(X)\end{aligned} \quad (2\text{-}19)$$

式中：$P(e_X^+)/P(e_X^+, e_X^-)$ 为证据 e_X^+、e_X^- 相关的先验概率；$\lambda(X) = P(e_X^-|X, e_X^+) = P(e_X^-|X) = \prod_i P(y_i|x)$ 为联合似然函数，这里的 y_i 是诸检定子节点 Y_i 对状态 x 的观测值。$\pi_W(X) = P(X, W) = \sum_j P(x|w_j)P(w_j)$ 是一个父节点（原因节点）的证据传送给子节点 X 的概率，表示为以父节点证据为条件的概率密度，其中 $\{w_j\}_{j=1,2,\cdots}$ 是考虑该父节点证据的离散分布情况。考虑 k 个父节点，且其证据向子节点独立传递，则

$$\pi(X) = \sum_{w_1, \cdots, w_k} P(x|w_1, \cdots, w_k) \prod_{i=1}^k \pi_{w_i}(x) \quad (2\text{-}20)$$

从式（2-20）中的求和符号可以看出，贝叶斯信度网络向同一子节点传送的诸父节点证据不独立，因此，对 X 状态的后验估计也具有依赖关系。

贝叶斯信度网络在信息传输路径确定（因果关系确定）的情况下，能够确定相应节点变量的知识（可信或可靠）状态；在信息传输路径可选的情况下，能够基于可选假设集合，确定使关注的节点变量集合的可信概率达极大的信息传输路径。然而，当关注和非关注的节点较多时，评估巨大的贝叶斯拓扑图是非常困难的。另一个需要考虑的问题是在多连接图上保持信息的完整性，主要可采用的技术有以下几种，一是聚合，即生成一个混合变量以消除多连接；二是条件化，即把网络分解为对应共同节点的一些事例节点，可分解为一个先验节点和一个后验节点来反映因果状态；三是随机模拟，即使用蒙特卡洛法估计一个节点的联合概率；四是与聚合算法类似的连接树算法，即将传递的信息视为节点聚集的函数，能消除复合路径。

1）态势估计中的贝叶斯建模

贝叶斯信度网络可以有效地表达专家知识，并具有利用专家知识进行推理的控制机制，可完全满足态势判断系统的需求。基于贝叶斯信度网络技术的态势判断方法中，以节点表示战场军事事件，事件间的因果关系以节点之间的有向边表示，关系强度以节点之间的条件概率表示。态势判断过程中，以态势觉察过程检测到的军事事件和人工情报作为证据，利用贝叶斯信度网络的证据传播和推理算法，更新网络中其他事件的信度。通过这样的证据推理过程，在获得已知证据的情况下，分析其他事件发生的可能性，达到判断敌方目的、预测敌方行动的目标。

态势判断以军事知识和军事经验为基础，自适应地对动态变化的战场态势进行监控，并按照军事专家的思维方式和经验，自动对多元数据进行分析、推理和判断，做出对当前战场态势合理的解释，为军事指挥员提供较为完整且准确的当前态势分析报告。实际上，这类似于专家解决问题的过程，是人类思维过程的模拟化。这个过程可记作在已知军事领域知识和当前实时数据信息的情况下得到态势的假设结果。在这个过程中，军事领域知识起决定性作用，根据军事领域知识可建立态势特征与态势识别的对应关系，形成对当前态势的分类识别。

对于上述态势判断问题，所建立的贝叶斯信度网络模型如图 2-23 所示。其中，图 2-23（a）的连接节点之间的有向弧表示节点之间的因果关系，因果关系的强度用条件概率表来描述。上方圆节点表示全局态势，中间圆节点表示子态势，由子态势组成全局态势。例如，进攻态势包括火

力控制、突击、支援掩护、佯攻迷惑等不同子态势，对子态势的识别为全局态势的理解提供证据。下方的方形节点表示影响态势的战场事件，而对事件的了解是通过事件线索的发现来解释的，事件线索来自1级融合过程或对战场监控所得数据。

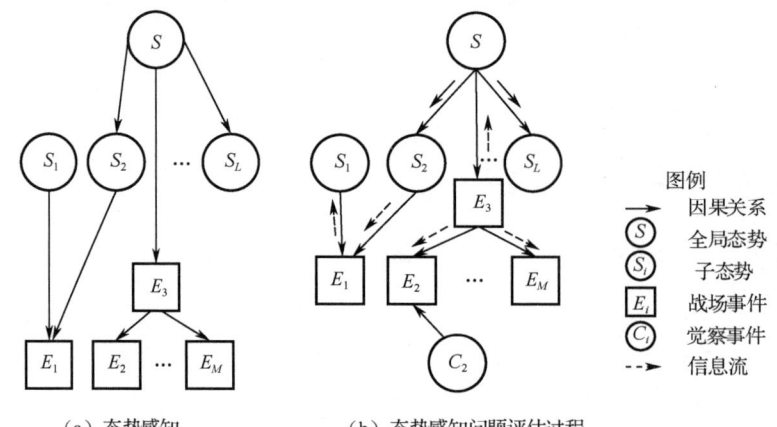

图 2-23 贝叶斯信度网络的态势判断模型

利用贝叶斯信度网络解决实际问题的过程称为贝叶斯信度网络推理。在图2-23（b）中，有向弧旁边的箭头表示证据传播的信息流，从中可以看出，根据已建立的态势判断模型，通过自底向上的推理，逐级达到对战场环境、发生事件、子态势的识别，获得对全局态势的掌握，为决策者提供决策依据。图2-23（b）中，自顶向下的推理表示态势预测的过程，态势与子态势之间的因果联系表现为对态势的预测，而态势节点与事件节点、事件节点与事件节点之间的关系表现为底层具体军事单元状态信息的更新。这样，通过使用作为证据的觉察事件实例化底层事件节点，利用贝叶斯信度网络推理算法，应用自底向上的诊断推理和自顶向下的因果推理，从而更新所有节点的置信度，完成对态势的判断与预测。

结合专家知识和基于不确定信息的推理，将贝叶斯信度网络理论用于态势判断，具备以下几个优点：一是贝叶斯信度网络使用图形化的模型对军事领域知识进行表达，同时通过具有语义性的推理逻辑对不确定性问题进行求解，符合人类的思维模式；二是贝叶斯信度网络将军事领域知识和专家经验与战场观测到的事件有机地结合起来，不仅避免了主观因素可能造成的偏见，而且削弱了样本数据带来的噪声问题；三是贝叶斯信度网络实现了定性分析与定量分析的有机结合，态势判断中的态势、事件、事件线索、事件传播、预测等都是量化的而不仅是定性说明，它能够在战场数据不完备的情况下根据战场事件推断目标的威胁等级，其基于概率模型和概率语言的推理方式保证了推理结果具有很高的可信性；四是贝叶斯信度网络的特点使网络模型能够反映威胁估计的连续性和累积性这两个重要特征，这两个特征是基于规则和基于神经元网络等无记忆方法无法实现的。

2）贝叶斯信度网络的学习及其验证

贝叶斯信度网络的学习是利用数据对先验知识的修正，贝叶斯信度网络能够持续学习，上次学习得到的后验贝叶斯信度网络将变成下一次学习的先验贝叶斯信度网络，每一次学习前都可以对先验贝叶斯信度网络进行调整，使新的贝叶斯信度网络更能体现数据中蕴含的知识。因此，贝叶斯信度网络具有综合先验知识的增量学习特性。对于贝叶斯信度网络的学习，就是找出一个能够最真实地反映现有数据集中各数据变量之间的依赖关系。由于贝叶斯信度网络由两部分组成，因此对贝叶斯信度网络的学习可以被分解成结构学习和参数学习两部分。

贝叶斯信度网络参数学习的目标是在给定网络拓扑结构和训练样本集的基础上，利用先验知识，确定贝叶斯信度网络模型各节点处的条件概率密度分布表。早期贝叶斯信度网络的条件概率密度分布表是由专家知识指定的，然而这种仅凭专家经验指定的方法，往往与观测数据产生较大的偏差。当前比较流行的方法是从数据中学习这些参数的概率分布，这种数据驱动的学习方法具有很强的适应性。

贝叶斯方法与传统的统计方法最大的差别是两者对不确定性的看法上的区别。后者把概率简单地看作频率的无限趋近，而前者认为不确定性是人们对事物的一种认知程度，这种认知程度是由原来的主观知识和观察到的现象共同决定的。因此贝叶斯方法学习网络参数应该由两部分组成：观测前的先验知识和观测到的数据。在贝叶斯信度网络参数学习中，先验知识包括参数先验分布的选取和分布参数的选取规则。

贝叶斯信度网络学习的核心是结构学习，结构学习指从数据集中学习和发现网络结构，即确定变量以及变量所有可能存在的状态或权值。然后，在观测数据的基础上，融合专家知识和先验信息，从而判断各个变量之间的连接关系以及确定连接边的方向。通过贝叶斯信度网络结构学习，可以发现数据集中状态、事件或属性等实体之间内在的特征与关系，并将这些关系通过有向无环图直观、清晰地表达出来。现有的贝叶斯信度网络结构学习方法可分成两类：一类是基于打分搜索的学习方法，该方法过程简单且规范，但由于搜索空间大，一般是在节点有序的前提下，根据打分函数的可分解性进行局部确定或随机搜索，这样不仅降低了学习效率，而且易陷入局部最优结构，只适用于变量少或在一定范围内的结构学习；另一类是基于依赖分析的学习方法，这种方法过程比较复杂，但在一些假设下学习效率较高，而且能够获得全局最优结构。

贝叶斯信度网络结构学习是一个决策问题，也可以看成是评价和选择不同模型的问题，根据数据的统计特性，期望损失最小的就是最优模型。基于贝叶斯信度网络的学习方法认为所有给定的模型都具有不确定性，因此可将结构学习作为降低已有数据模型不确定性的途径。这种方法考虑了指定模型中数据的似然率和模型的先验概率，有利于密切而自然地综合先验知识和数据，避免了对观测数据的过度拟合。贝叶斯方法与传统的统计学理论客观上存在着一个共同点：基于当前的观测数据对未来的数据进行预测。贝叶斯信度网络学习的基本假设是任何假定的模型都是不完善的，然而，传统的统计学习理论认为客观存在一个最优的模型。因此，从理论上来说，贝叶斯方法可以结合所有可利用的模型做出更好的预测。

2. 广义信度网络

许多状态估计问题的求解所需要的数据图和模板图具有复杂的概率拓扑结构，贝叶斯信度网络只能进行面对因果关系的评估，而对复杂的拓扑结构关系，则无法进行评估。针对此问题，将贝叶斯信度网络进行推广，形成广义信度传播公式，即将一个网络节点 X 的状态 x_j 的信度建模为

$$b_X(x_j) = k\varphi_K(x_j) \prod_{w \in N(X)} m_{w,X}(x_j) \tag{2-21}$$

式中：k 为归一化常数；$\varphi_K(x_j)$ 为 X 节点的本地（局部）证据信度；$m_{w,X}(x_j)$ 为从节点 X 到邻域 $N(X)$ 中的其他节点 w 传递来的消息证据信度，其表达式为

$$m_{w,X}(x_j) = \sum_{w_i} \varphi_w(w_i) \psi_{w,X}(w_i, x_j) \prod_{Y \in \frac{N(w)}{X}} m_{Y,w}(w_i) \tag{2-22}$$

式（2-22）进一步考虑了 $N(X)$ 中的节点 w_i 的本地证据信度及 w_i 的邻域 $\frac{N(w)}{X}$ 中其他节点 Y 向 w_i 传递的消息证据信度。于是，X 节点的状态 x_j 与其他相邻节点 w_i 的联合信度为

$$b_{w,X}(w_i, x_j) = k\psi_{w,X}(w_i, x_j) \varphi_w(w_i) \varphi_X(x_j) \prod_{Y \in \frac{N(w)}{X}} m_{Y,w}(w_i) \prod_{Z \in \frac{N(X)}{w}} m_{Z,x}(x_j) \tag{2-23}$$

2.4.5 基于贝叶斯信度网络的战场事件推理示例

此处假定一个战场对抗作战实例,以贝叶斯信度网络为例介绍战场事件推理的应用过程,包括贝叶斯信度网络结构的建立、网络参数的确定,以及根据战场事件的推理过程。

1. 作战场景

该作战场景为敌方准备组织一定的兵力对我方沿海某舰队基地 B(以下均称我方基地 B)执行空中袭击计划(空袭计划),以对我方的军事力量进行打击。该计划使用的兵力情况及场景过程为:

第一、二天:敌方派出侦察编队(1 架电子侦察机,第一天上午、第二天下午各安排 1 次侦察飞行任务,沿我方沿海执行侦察活动);

第三天(起始时间:拂晓):敌方派出攻击编队,其中歼轰机 8 架(第一批次),轰炸机 8 架(第二批次),空袭我方基地 B;伴随掩护编队(6 架歼击机伴随掩护歼轰机、轰炸机机群,分 2 个编队)、电子干扰编队(1 个编队,2 架电子战飞机)、空中预警指挥编队(1 个编队,1 架预警机)。

在一定的时间内,敌方攻击编队 1、伴随掩护编队 1、伴随掩护编队 2、电子干扰编队完成合批,朝我方基地 B 飞行。一开始攻击机群并不直接飞向攻击目标,而是集结后突然俯冲,超低空飞行,然后突然拐弯,朝我方"城市 A"飞行,之后爬高,朝我方基地 B 飞行。我方探测系统发现敌方机群目标后,随着敌方机群各自辐射源的不断开关机,识别辐射源开关机事件,飞机目标识别的置信度在不断增加,特别是对重要目标的识别发现;对目标合批,然后进行群的划分;识别飞行状态、方向、高低俯仰等突然变化事件,特别是识别重要事件,如越过两岸海/空域(我方)重要(敏感)地域或界线事件等。

2. 贝叶斯信度网络结构的建立

根据上述空袭计划的兵力组成及主要作战行动,可将该计划划分为侦察子计划和攻击子计划,则建立的空袭计划的贝叶斯信度网络结构如图 2-24 所示。

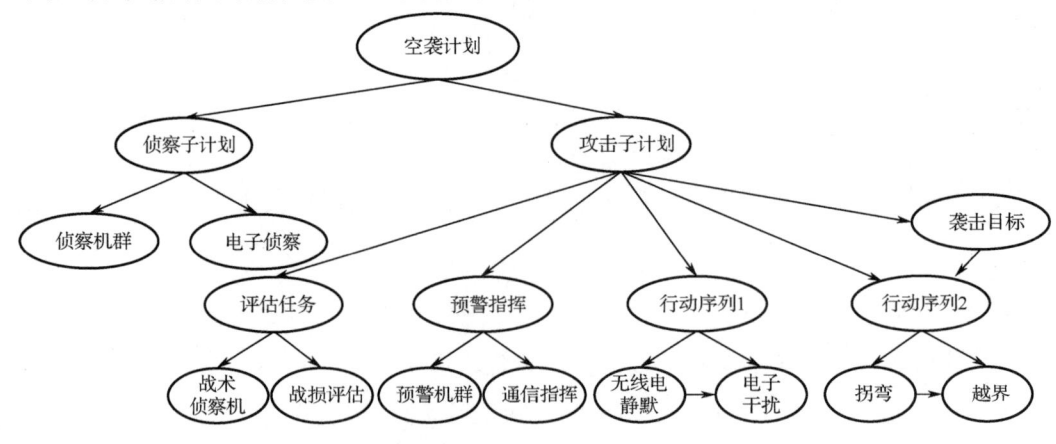

图 2-24 建立的空袭计划的贝叶斯信度网络结构

在图 2-24 中,侦察子计划和攻击子计划作为空袭计划的子节点,而根节点空袭计划为子计划发生的原因。对于侦察子计划,由侦察机群完成,执行侦察活动,该活动对应电子侦察事件。对于攻击子计划,由攻击编队、预警机群和战术侦察机完成。其中,预警机群执行预警指挥任务,负责和攻击编队的通信指挥;攻击编队执行向我方基地 B 的袭击行动,其行动和战场事件主要包括无线电静默事件、电子干扰事件、拐弯事件,作战目标朝我方基地 B 飞行,以及越过我方基地重要界线事件(越界事件)。在这些事件中,无线电静默事件先于电子干扰事件,拐弯事件先于越过我方基地重要界线事件;战术侦察机对攻击计划的执行情况进行评估。

3. 网络参数的确定

网络参数的确定需要建立在军事领域中专家知识的基础上,既包括一些客观的事实,也可以包括主观的判断。

空袭计划的贝叶斯信度网络的条件概率均采用专家赋值法,其参数如表 2-5 所示。

表 2-5 空袭计划的贝叶斯信度网络的条件概率

执行条件	执行空袭计划的条件概率	不执行空袭计划的条件概率
执行侦察子计划	0.6	0.2
不执行侦察子计划	0.4	0.8
执行攻击子计划	1	0.2
不执行攻击子计划	0	0.8

空袭计划的初始先验概率设为:是(0.5),否(0.5)。

同理,可确定侦察子计划的贝叶斯信度网络的条件概率,如表 2-6 所示。

表 2-6 侦察子计划的贝叶斯信度网络的条件概率

执行条件	侦察机群出现的条件概率	侦察机群不出现的条件概率
执行侦察子计划	0.8	0.2
不执行侦察子计划	0.2	0.8
执行战损评估行动	1	0
不执行战损评估行动	0	1

侦察子计划的初始先验概率设为:是(0.6),否(0.4)。

攻击子计划中包含的节点比较多,对于父节点为一个的节点,与上述空袭计划、侦察子计划的参数确定方式一样,通过专家知识进行划分;而对于父节点不止一个的节点,如行动序列 2、电子干扰和越界,则需要在获得单父节点条件概率的基础上,进一步确定在父节点集下的条件概率参数。

行动序列 1、行动序列 2、电子干扰和越界以及它们的父节点均为二值变量,假设其父节点间相互独立,并假设已知战场作战在执行攻击子计划时,如果其袭击目标,则作战目标执行行动序列 2 的概率为 0.6;如果战场作战执行攻击子计划,则执行行动序列 2 的可能性为 0.8,且在执行行动序列 1 后,执行行动序列 2 的概率为 0.6。依据上述条件概率,假设给定未知因素的遗漏概率为 0.1,则根据遗漏概率模型进行概率推理可计算出攻击子计划、行动序列 2、袭击目标这三个节点的连接概率为 0.75、0.6、0.6。表 2-7 为行动序列 2 的条件概率。

表 2-7 行动序列 2 的条件概率

执行条件	执行行动序列 2 的条件概率	不执行行动序列 2 的条件概率
无	0.1	0.9
执行攻击子计划	0.78	0.22
执行行动计划	0.64	0.36

续表

执 行 条 件	执行行动序列2的条件概率	不执行行动序列2的条件概率
袭击目标	0.64	0.36
执行攻击子计划，同时执行行动计划	0.91	0.09
执行攻击子计划，同时袭击目标	0.91	0.09
执行行动计划，同时袭击目标	0.86	0.14
同时执行攻击子计划、行动计划，并袭击目标	0.96	0.04

表中第二、三列表示在父节点为真的情况下执行/不执行行动序列2的条件概率。同理，可确定电子干扰节点和越界节点的条件概率，执行空袭计划的初始概率为：是（0.6），否（0.4）。

4．战场事件的推理过程

根据获得的战场事件和作战目标信息，进行贝叶斯信度网络模块的匹配选择、组合和推理，整个过程可分为以下几步。

第一、二天：这两天中检测到的事件都为发现敌方电子侦察机目标和侦察事件。事件1＝{执行侦察活动的电子侦察机，目标出现，可信度＝1.0}，事件2＝{执行侦察活动的电子侦察机，电子侦察，可信度＝0.9}，则事件集合 E＝{事件1，事件2}。将事件集合 E 作为证据对侦察子计划进行证据赋值，即侦察机群出现，发生侦察事件的概率为0.9。推理可得：侦察子计划的可信度为0.95，将侦察子计划作为子计划事件3＝{执行侦察活动的电子侦察机，侦察子计划，可信度为0.95}加入事件集合中。

第三天：检测的战场事件包括预警机群通信事件：事件4＝{预警机群，电台开机}，无线电静默事件：事件5＝{事件1，袭击编队1，无线电静默}，该事件可信度为0.9；电子干扰事件：事件6＝{事件2，攻击编队1，电子干扰}，该事件可信度为0.9；拐弯事件：事件7＝{事件3，攻击编队1，拐弯}；越过我方基地重要界线事件：事件8＝{事件4，攻击编队1，基地B，越界}；战损评估事件：事件9＝{事件5，战术侦察机，战损评估}，则当前事件集合为：E＝{事件1，事件2，事件3，事件4，事件5，事件6，事件7，事件8，事件9}。

将我方基地B作为袭击目标，事件集合 E 中除"侦察子计划"事件的其他事件与贝叶斯信度网络模块库中的贝叶斯信度网络进行匹配，可以看出与攻击子计划中的行动事件节点相匹配，选择攻击子计划模块进行推理。将事件集合 E 中的匹配事件及相关目标群作为证据对攻击子计划贝叶斯信度网络的相应节点进行证据赋值，如表2-8所示。

表2-8 攻击子计划节点证据赋值

节 点 名	状 态 值	节 点 名	状 态 值
通信指挥	1.0	拐弯	1.0
无线电静默	0.9	袭击目标	基地B
电子干扰	0.9	越界	1.0
战损评估	0.9	—	—

推理可得，作战目标执行攻击子计划的可信度为0.871。推理完成后，将攻击子计划作为子计划事件10＝{攻击编队1，预警机群，战术侦察机，攻击子计划，可信度为0.871}加入事件集合 E 中。

在完成前两步的推理后，事件集合 E={事件 3，事件 10}，均为子计划事件，将该事件集合与贝叶斯信度网络模块进行匹配，并与空袭计划中的子计划节点相匹配，且两个事件均发生在相同区域，则选择空袭计划贝叶斯信度网络进行推理。

首先为侦察子计划和攻击子计划节点构造虚拟节点，如图 2-25 所示。

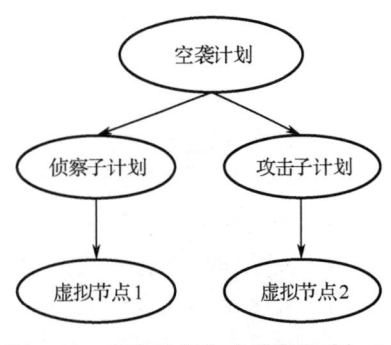

图 2-25 空袭计划中虚拟节点的加入

将侦察子计划、攻击子计划的推理结果作为图 2-25 中对应节点的不确定证据进行推理，该证据可表述为：

证据 1={0.95/0.6，0.05/0.4}={1.58，0.13}

证据 2={0.871/0.6，0.129/0.4}={1.45，0.32}

将上述证据因子均乘以 0.5，可推理出图 2-25 中虚拟节点 1 和虚拟节点 2 的条件概率，如表 2-9 和表 2-10 所示。

表 2-9 虚拟节点 1 的条件概率

执 行 条 件	虚拟节点 1 为真	虚拟节点 1 为假
执行侦察子计划	0.79	0.21
不执行侦察子计划	0.07	0.93

表 2-10 虚拟节点 2 的条件概率

执 行 条 件	虚拟节点 2 为真	虚拟节点 2 为假
执行攻击子计划	0.73	0.27
不执行攻击子计划	0.16	0.84

输入具体证据：{虚拟节点 1 为真，虚拟节点 2 为真}，其推理结果为 0.945，故该作战场景中空袭计划、侦察子计划和攻击子计划的可信度分别为 0.945、0.95、0.871。

从该案例可以看出，采用贝叶斯信度网络理论进行态势判断，可以将作战态势、事件、事件线索、事件传播、预测等都进行量化而不仅仅是定性说明，从而可在战场数据不完备的情况下从战场事件推断出目标的威胁等级。

小 结

本章主要对作战态势的相关概念、模型、估计理论方法及特点、战场事件推理等内容进行了详细介绍。首先，从态势、态势要素、战场态势图的概念入手，介绍了作战态势的分类与特征、作战态势图族的基本概念、功能及应用场景；阐述了态势感知、态势估计等的定义、内涵、功能模型及运行机理；其次，介绍了态势估计逻辑与推理的方法，重点给出了 D-S 证据理论方法；再次，围绕战场事件推理，介绍了战场事件判断的基本概念、战场事件推理框架及战场事件推理方法，描述了信度网络推理方法；最后，以空中突袭作战为示例，给出了基于贝叶斯信度网络理论战场事件的推理过程。通过本章内容的学习，可帮助读者建立起作战态势估计的知识理论体系和实践应用基础，为后续章节学习提供支撑。

习 题

1. 什么是态势，作战态势包括哪些要素？
2. 简述作战态势的主要分类方法。
3. 简述作战态势的主要特征。
4. 简述作战态势图的类型及作用。
5. 什么是互操作作战图族（FIOP）？分析美军提出互操作作战图族的目的。
6. 分析态势一致性的概念与内涵，描述绝对一致性和相对一致性的关系。
7. 列举态势感知的主要模型，并说明其特点。
8. 简述态势感知与信息融合的关系。
9. 利用 Endsley 三级模型描述态势估计的过程和功能。
10. 简述态势估计的方法和特点。
11. 统计假设检验方法是态势估计的主要方法之一，简述该方法的主要步骤和各步骤的功能。
12. 态势估计的不确定性从表现形式上包括"三性"，简述"三性"的具体含义。
13. 后验概率方法又称为贝叶斯推理方法，贝叶斯公式是其基本数学支撑，简述贝叶斯公式各部分概率描述在态势估计中的物理意义。
14. 简述 D-S 证据理论的基本原理。
15. 简述战场事件推理的主要方法。
16. 简述基于模板的态势推理中模板的分类及作用。
17. 设态势估计处理模型 A 依据其掌握的态势数据，得出敌下一步行动推断：已知辨识框架为{进攻，撤退，防御}

$$m_1(A) = \begin{cases} 0.6, & A = \{进攻\} \\ 0.15, & A = \{撤退\} \\ 0.15, & A = \{防御\} \\ 0.1, & A = \{进攻, 撤退, 防御\} \end{cases}$$

设态势估计处理模型 B 也有同样的推断，试利用 D-S 证据理论进行分析。

第3章 作战目标选择

作战行动中，通过对战场目标的精确毁伤而达到作战目的的行动方式受到战争指导者的追崇。精确作战已经成为联合作战的一种基本作战样式，也是各国军队所渴望拥有的作战能力，其核心战法要义是精确确定作战目的、精确选择作战目标、精确使用作战力量与手段、精确控制作战行动规模、精确控制作战强度与进程。可见，目标选择已成为指挥控制活动的重要内容，直接影响甚至决定战争的进程和结局。

3.1 目标与目标体系

在信息化作战体系中，关键性战场目标对维持体系运转的作用更加突出。例如，传感器类战场目标功能的丧失，将导致作战体系"感官受限"；通信传输节点和指挥设备失效，可导致作战体系"局部失能"。这些要害目标作为作战体系的关键节点，已经成为作战双方首选打击的"焦点"和"重心"。在 20 世纪 90 年代末，美国对南联盟进行了 78 天的持续空袭，在战场目标选择上贯彻了"破坏体系结构、毁瘫作战体系"的思想，空袭的重点始终放在打击南联盟首脑机关、指挥控制系统、通信网络系统、预警探测系统、地面防空系统，以及支撑战争潜力的重要经济目标和交通枢纽目标上。针对性空袭过程使得南联盟 50%的经济潜力目标遭到破坏，其中包括 50%的弹药厂、100%的炼油厂、40%的储油罐、60%的电力设施、70%的重要桥梁，支撑战争的经济体系遭到重创，基本国民经济体系和战争机器陷入瘫痪状态，给南联盟军民造成难以承受的心理创伤，迫使其政府妥协，接受以美国为首的北约所提出的条件。

在体系破击思想的指导下，关键目标的选取在精而不在多，特别是在打击成本有限的前提下，以破坏敌方从传感器到发射器的无缝链接为核心，精选敌方作战体系的关键节点并给予重点打击，制造无法遏止的连锁反应，导致作战体系出现"雪崩"现象，以达到破网断链、毁点瘫面的目的。目标与目标体系作为战争体系对抗双方的焦点所在，直接决定着战争的胜负，而目标与目标体系建模则是目标体系分析、体系对抗与目标选择的首要环节，在掌握目标与目标体系概念的基础上，采用规范化的建模技术，以可视化图形的方式反映目标体系模型的实体、结构以及运行机制等，为目标选择研究提供支撑。

3.1.1 基本概念

1. 目标

"目标"一词在汉语中有两个明确的含义：一是想要达到的境地或标准；二是寻求或攻击的对象。针对这两个含义，在战争中可将作战目标理解为作战目的和战场目标，本章中出现的"目标、作战目标、军事目标"等词语，如无特殊声明，均表示战场目标实体的含义。

按照上述理解，对目标的定义为：目标是具有军事性质或军事价值，在作战行动中打击、夺取或保卫的对象。目标的范围很广，包括有生力量、武器装备、军事设施以及对作战进程和结局有重要影响的其他目标。正确地选取军事目标，是实现作战意图，取得作战胜利的重要保证。军事目标按作用和地位，可分为战略目标、战役目标、战术目标；按作战计划的角度，可分为列入计划的目标和需要立即打击的目标；按目标空间位置，可分为地面目标、地下目标、水面目标、水下目标、空中目标、太空目标；按照目标重要性，可分为核心目标、重点目标和一般目标；按目标结构强度，可分为硬目标、软目标；按目标形状，可分为点目标、线目标、面目标；按目标运动特性，可分为固定目标、机动目标。目前较为常用的军事目标分类如下：

（1）有生力量。主要包括作战力量、指挥机构，以及驻守、集结在某一地域或运动中的部队等。

（2）武器装备。主要包括车辆、火炮、舰艇、飞机等各类常规武器，核、化学、生物武器，军用卫星和地面测控设备等。

（3）军事设施。主要包括各种阵地、工事，指挥控制、通信网络、侦察预警、防空反导设施，海军基地、空军基地、导弹基地，各类军用仓库、物资储备基地等。

（4）政治机构。主要包括党政军首脑系统、政府机构系统、传媒机构系统等。

（5）交通运输系统。如运输机场、货运港口和铁路枢纽，输油、输气管道和重要桥梁、隧道、渡口等。

（6）军事工业及基础工业系统。如核工业设施，航空、航天、车船、电子工业的科研基地和生产工厂，钢铁、石油、电力、有色冶金、化学工业等。

随着科学技术的发展，各类新式武器装备不断出现，军事目标的种类和构成也发生着新的变化，未来战场军事目标的范围将更加广泛。

2. 目标体系

"体系"是一个科学术语，泛指一定范围内或同类的事物按照一定的秩序和内部联系组合而成的整体，如工业体系、思想体系、货币体系等。自然界的体系遵循自然的法则，人类社会的体系则要复杂得多，影响这个体系的因素除了人性的自然发展，还有人类社会对自身认识的发展。关于体系，往大说，宇宙、星系、社会、人文都有自身的体系，甚至每一门学科及其所含的各分支均是一个体系；往小说，一人、一草、一字、一微尘，也构成了一个个体系。大体系里含有无穷无尽的小体系，小体系里含有可以无穷深入的更小的体系。众多的小体系，构成了一个大体系以至于总体系。总则为一，化则无穷，反之亦然，这就是体系。

人们对体系的认识更多是借助于对系统的研究得来的，如我们常说的大系统、复杂系统、系统集成等。20世纪90年代以来，"体系"一词广泛应用在系统工程、信息系统、智能决策等研究领域。一般对体系的定义为：体系是由若干有关事物或者思想意识相互联系而构成的一个整体，如经济体系、工业体系、生态体系、社会体系和思想体系等。

目标体系作为体系概念的延伸，具备了体系的所有特点。一般来说，目标体系指由多个目标相互协同、为追求整体效能而构成的具有复杂关系的目标集合。军事目标中的预警探测、防空反导、指挥控制、火力打击等均为动态性强、关联性强的典型目标体系。动态性强是指组成这些典型目标体系的单目标在空间位置、组成分布、目标能力等方面发生变化，将导致整个体系在体系结构、体系能力等方面发生变化；关联性强是指这些目标体系整体上呈明显的网状结构，是一个有机联系的整体，而组成这些目标体系的各单目标之间存在可量化描述的指控、协同、通信等关系。这些典型的目标体系，通过目标相互之间结构上的关联，提供单目标所不具备的更多或更强的功能，并体现出整体的运作规律。

通过学习目标体系的概念可以发现，目标体系的内涵主要包含三方面的内容：一是目标体系由单目标组成；二是目标体系具有一定的组织结构；三是目标体系有一定的运行机制。因此，描述目标体系主要考虑组成目标体系的各个实体要素、目标体系的结构以及目标体系的运行机制。

3.1.2 目标实体描述

目标信息是贯穿于目标选择全过程的基本要素。从一定意义上讲，目标选择的实质就是获取目标信息、处理目标信息和利用目标信息，进而为决策指挥和武器使用提供保证。而目标实体描述是对目标信息进行整合并规范化描述的过程。通过标准化、通用化的描述语言，将目标自身的信息和目标之间的关联信息清晰地表现出来，使后续目标选择辅助决策过程有科学且通用的依据。构建简明、清晰、准确的目标实体描述，能够提高后续目标选择等工作的效率和效果。

目标实体描述是目标体系描述的基础，在目标体系描述中，实体主要由装备要素、组织要素和指控要素构成。这些实体通过不同的部署和协同，构建出不同的目标体系，如预警探测体系、指挥控制体系和火力打击体系。

对目标体系而言，装备要素是最重要的组成部分。一般来说，装备可分为车辆、火炮、舰船、飞机、传感器、卫星、武器系统、电子对抗装备、信息系统和通信装备等类型。应针对不同的目标体系构成，分析相应装备的特点和功能，并对该目标体系中装备要素进行合理、科学的描述。

组织要素是目标体系的另一个重要组成部分，包括指挥单元、作战单元和作战保障单元，反映了实体间的组织结构。组织要素中三者的协同关系如图 3-1 所示。

指控要素是目标体系中关键的部分，用于表示目标体系的指控机制，包括过程和事件两个子类，如图 3-2 所示。其中，过程子类包括过程及其行动，事件子类包括环境事件、军事事件、民事事件等。

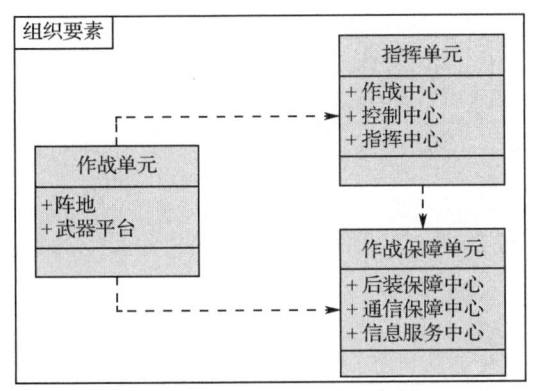

图 3-1　组织要素中三者的协同关系

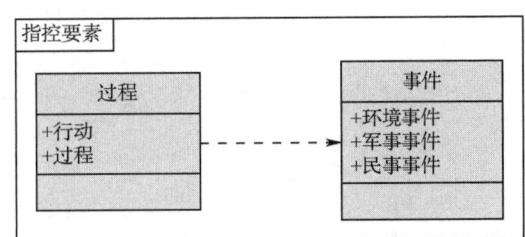

图 3-2　指控要素

从整个目标体系中各类实体要素的关系来看，无论何种具体的目标体系，都可以以指控任务为主线进行组织，针对指控任务与装备要素、组织要素、指控要素建立多元相关描述。

3.1.3　目标体系结构描述

体系作为一个整体，具有其各单元所不具备的性质和功能；其整体的性质和功能，不等同于各要素的性质和功能的叠加。要表达这种"整体大于部分"的关系，就需要在建立目标实体描述的基础上，进一步刻画其体系特点。

目标体系通俗的理解是：由多个目标、多个子系统相互协作、相互依赖，为完成特定的、统一的整体功能而组成的复杂系统。因此，从目标选择的角度来看，目标体系即敌方的作战体系，是我方打击的对象。

"体系结构"一词来源于建筑业，最初用于表示建筑物本身的式样、风格以及建造建筑物的艺术与科学等，也被称为架构。之后，"体系结构"被引入计算机软硬件、信息系统、系统工程、作战指挥等领域，人们还提出了计算机体系结构、系统体系结构、目标体系结构等概念。一般认为，体系结构是用来明确信息系统的组成单元的结构及其相互关系，以及指导系统设计和演进的原则和指南，涵盖了系统组成单元的结构、组成单元之间的交互关系、约束、行为以及系统的设计、演化原则等方面的内容。

对目标体系结构进行描述，能够将建好的各个目标实体单元联系起来，使体系能够表达整体的结构和功能，便于我方进行科学的作战目标选择。目标体系结构描述可分为以下两类结构关系：一是自身的关系，包括组织—组织关系、装备—装备关系、过程—过程关系；二是要素间的关系，包括过程—行动关系、组织—装备关系等。分析这些结构关系，可抽象出四种基本业务关系，即隶属关系、配属关系、指挥关系和协同关系。

1. 隶属关系

隶属关系主要用于反映组织—组织关系、装备—装备关系。隶属关系可分为泛化隶属关系和实现隶属关系。

泛化隶属关系表示组织间的关系具有同类性质。如图 3-3 所示，A、B 和 C 三个区域指挥中心隶属于联合作战指挥中心。

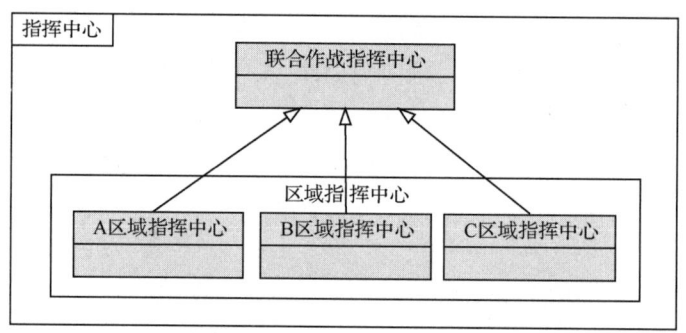

图 3-3　泛化隶属关系

实现隶属关系表示组织间关系的一种情况，如图 3-4 所示，阵地是作战单元的实现。

2. 配属关系

配属关系反映组织—装备关系、装备—装备关系、过程—过程关系和过程—行动关系。

配属关系可分为组合配属关系和聚合配属关系，如图 3-5 所示。其中，防空阵地部署了地导阵地与雷达站，因此防空阵地和地导阵地、雷达站之间属于聚合配属关系。而对于雷达站和雷达站所部署的相控阵雷达装备之间则属于组合配属关系。组合配属关系和聚合配属关系所表现的配属关系强度不同，组合配属关系属于强关系，而聚合配属关系相对较弱。图 3-5 中，若雷达站被毁，则意味着相控阵雷达被摧毁；而防空阵地被摧毁，可能是地导阵地和雷达站均被摧毁，也可能是其中之一被摧毁。

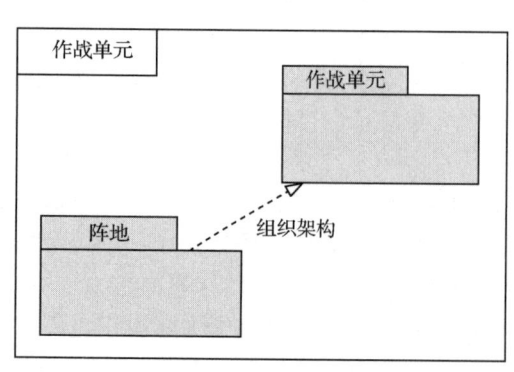

图 3-4　实现隶属关系

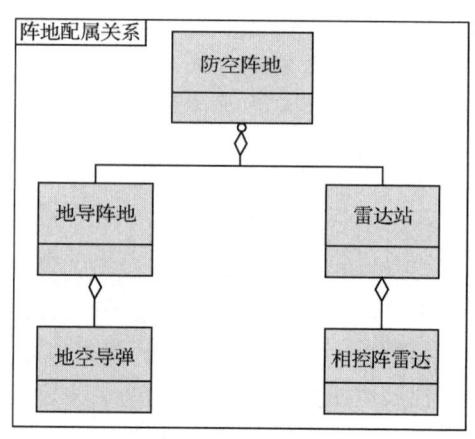

图 3-5　配属关系

3. 指挥关系

指挥关系主要反映组织—组织关系，包括直属指挥关系、临时指挥关系。

直属指挥关系表示组织间已具有隶属关系，如图 3-6 所示。

临时指挥关系则多见于协同情形下，组织之间没有隶属关系，根据任务需要而建立的指挥关系，如图 3-7 所示。

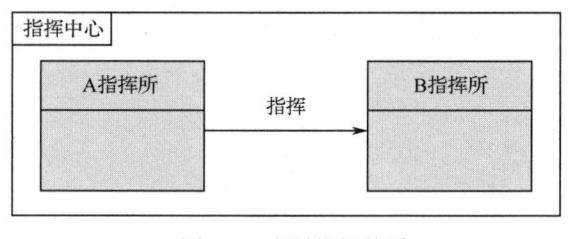
图 3-6　直属指挥关系

图 3-7　临时指挥关系

4. 协同关系

协同关系主要反映组织—组织关系、装备—装备关系、过程—过程关系、过程—行动关系。例如，假设 A 系统主要由预警探测、指挥控制两个分系统组成，如图 3-8 所示。该系统利用地面广域网，使联合作战指挥中心与各分区指挥中心之间具有高速信息传输能力。因此，该系统与地面广域网之间属于协同关系。一旦该系统被严重破坏、无法正常工作，预备的 B 系统将接替 A 系统工作，因此 B 系统与 A 系统之间属于协同关系。

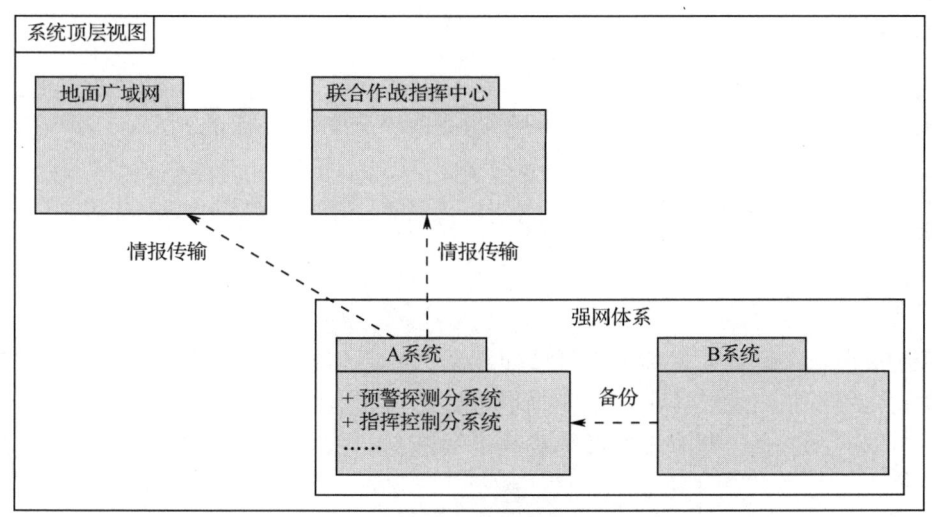
图 3-8　协同关系

上述四种基本结构关系，每种关系都可根据实际应用进行扩展。

3.1.4　目标体系运行机制

目标体系不是静止的，战场目标在遭到打击后，目标体系会根据运行机制发生演化，使得打击的损毁降至最小，以维持自身功能的正常运转。目标体系的运行机制将影响目标间的信息、指挥等关系，这里将战场目标体系的运行机制归纳为备份机制、修复机制、接替机制和重组机制四种，如图 3-9 所示。

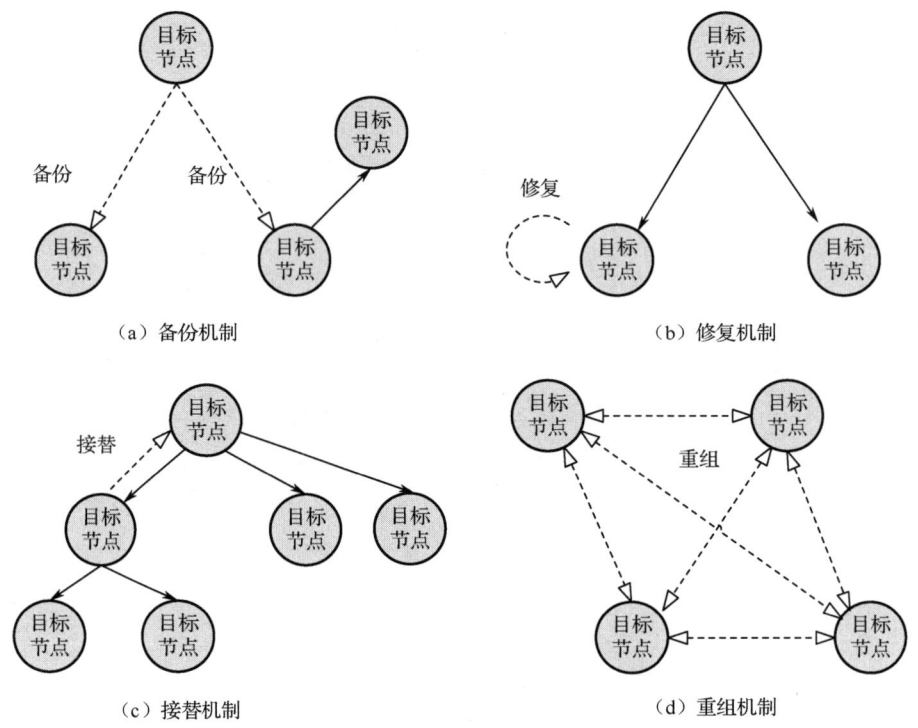

图 3-9 战场目标体系的运行机制

1. 备份机制

备份机制是指正常运行的目标节点（单元、系统）遭到打击后，备份目标节点从非备份的空闲状态转为备份使用状态，以弥补节点毁伤造成的节点效能降低的过程。在军事防守行动中，对重要作战目标进行备份是非常重要的防御手段，常见的情况有指挥所备份、雷达备份、发电站备份等。例如，当预警雷达被摧毁后，机动雷达能机动到达预定阵地，及时承担预警雷达的预警任务。

2. 修复机制

修复机制是指正常运行的目标节点（单元、系统）遭到打击后，其自身或其他节点会产生针对摧毁的修复过程。在作战过程中，很多军事目标都具有自修复的能力，如机场跑道、道路枢纽等在遭到导弹攻击后，会立即有工程部队对其进行修复，以便在最短的时间内恢复飞机起降、道路通行的能力。

3. 接替机制

接替机制是指当正常运行的目标节点（单元、系统）遭到毁伤后，由接替节点替代毁伤节点的功能。接替节点本身就是已运行的功能节点，接替操作改变了节点间的关联关系。例如，在作战时当公路运输手段被摧毁，可通过航空、铁路等其他运输手段接替运输。

4. 重组机制

重组机制用于描述目标体系内多个节点（单元、系统）之间的重组关联能力，当目标体系中若干目标节点被摧毁后，其他节点能够重新部署，可以改变节点运行状态和相互关联，从而使得毁伤节点的任务被最大程度恢复。需要注意的是，重组操作也改变了节点间的关联关系。

3.2 目标选择理论与评价指标

目标选择作为指挥决策的重要环节,是指挥员及其指挥机关根据作战需要选定打击目标的活动或过程。随着军事技术和武器装备的发展和战争形态的演进,特别是联合火力打击作用的日益突出,目标选择逐渐成为作战决策和作战指挥的重心。战场环境的复杂性与作战任务的多样化,决定了目标选择是一项复杂的综合决策过程,且其具有鲜明的特点,因此需要建立科学的理论对目标选择进行指导。

3.2.1 目标选择理论

目标选择理论是伴随着战争的出现而萌发的,其形成与发展经历了一个非常漫长的过程。一直以来,世界上的主要国家都非常重视目标选择理论的研究与应用,并在历次战争中不断地实践、创新和发展目标选择理论。进入信息化时代后,随着信息技术、武器装备和战争形态的不断演进,目标选择理论步入了快速发展的新阶段。

1. 美军目标选择理论

战争促进了目标选择理论的发展,技术推动了目标选择理论的变革,这一点在美军中表现得尤为突出。美军认为,军事行动中的目标选择和打击必须集中注意力并造成某种特定效果。美军的目标选择理论相对成熟和完善,先后提出了"工业网"理论、"瓶颈口"理论、"五环"理论,以及"基于效果"理论和"基于复杂性"理论等关于目标分析、选择与打击方面的理论。按照战争形态发展和目标选择理论产生的历史阶段,"工业网"理论和"瓶颈口"理论可以称为机械化战争时代的目标选择理论;"五环"理论、"基于效果"理论和"基于复杂性"理论,可以称为信息化条件下局部战争时代的目标选择理论。

1)机械化战争时代的目标选择理论

(1)"工业网"理论。

"工业网"理论诞生于两次世界大战之间,主要通过打击敌方经济的薄弱环节来削弱对手的战争潜力,其实质是基于重心选择打击目标,即必须认真分析敌人的目标体系,选出优先打击目标,通过摧毁这几个目标使一个特定系统或体系瘫痪从而失去作用。在第二次世界大战期间,盟军通过破坏德军的石油、电力、滚珠轴承等工厂,严重阻滞了德军武器装备的生产供应,极大地削弱了其军事力量。之后,美军在朝鲜战争、越南战争的战略轰炸中,依据"工业网"理论进行了目标分析、选择与打击的实践,进一步促进了"工业网"理论的完善和成熟。

(2)"瓶颈口"理论。

"瓶颈口"理论应用于攻击交通运输系统方面,主要是指导分析、选择与打击交通运输系统目标的理论。该理论将交通运输网中的交通枢纽、重要桥梁比作瓶颈口,通过破坏主要的交通枢纽和重要桥梁就可以导致敌人整个交通系统的瘫痪。随着科技的发展和作战理论的不断深化,"瓶颈口"理论在历次战争中尤其是第二次世界大战等战争中得到了广泛的应用。

可以看到,在这一时期目标选择理论迅速发展,军事专家发现战争不单纯是军事力量的比拼,更是政治、经济、文化、宗教、民意等多方面的综合较量,对工业网络、交通枢纽等关键设施的破坏比单纯打击敌方军事力量更有效果。同时,本时期的目标选择理论也存在不够系统、不够全面的局限性。

2）信息化条件下局部战争时代的目标选择理论

（1）"五环"理论。

20世纪80年代末，美军提出了"五环"理论，其核心是通过对战场打击目标的选择，最大限度地发挥美军建立在信息、火力基础上的进攻作战体系的优势。该理论在指导海湾战争美军空袭行动的过程中起到了巨大作用，美军把伊拉克军政指挥中心和军工、石油、化工等企业作为重点打击目标，短时间内使伊军指控体系瘫痪，国民经济命脉严重受损，而后美军继续打击伊军，结果仅38天就使伊拉克丧失军事抵抗能力，经济损失惨重。

"五环"理论继承了系统论的思想和方法，将整个敌对国家或者地区视为一个相互依存的系统，其由内向外包括了五个环，即领导层环、生产设施环、基础设施环、民众环、野战部队环，如图3-10（a）所示。这五个环具有不同的杠杆作用：领导层（指挥控制）环主要是指敌方的领导人及其与外界联系的指挥信息系统，抓住或消灭敌方的领导人，摧毁或破坏敌方的指挥信息系统，可以大大降低甚至消灭对方的作战能力；生产设施环主要包括国家正常运转必需的生产设施，现代国家对电力和石油等基础产品的依赖性越来越强，打击这类战场目标，可使人民的生活变得十分困难，且使武器装备失去动力支持和其他保障；基础设施环主要包括运输系统，如铁路、公路、桥梁、机场、港口等，该环事关国家有效运行和作战体系运行的战场目标；在民众环中，可通过对民众造成伤亡，造成敌人斗志崩溃，进而取得战争的胜利，但打击平民也将带来政治上的被动；而在野战部队环中，军队是实现作战目的的主要工具，即使在信息化战争中，重创敌人野战部队，也是剥去领导层（指挥控制）环坚硬"外壳"的需要。此外，"五环"理论还演化出了认为基础设施环特别重要的变体，如图3-10（b）椭圆部分所示。这种理论认为基础设施环极大地影响了其外部的民众环和野战部队环，即打击基础设施可摧毁民众生活基础和部队作战依托。

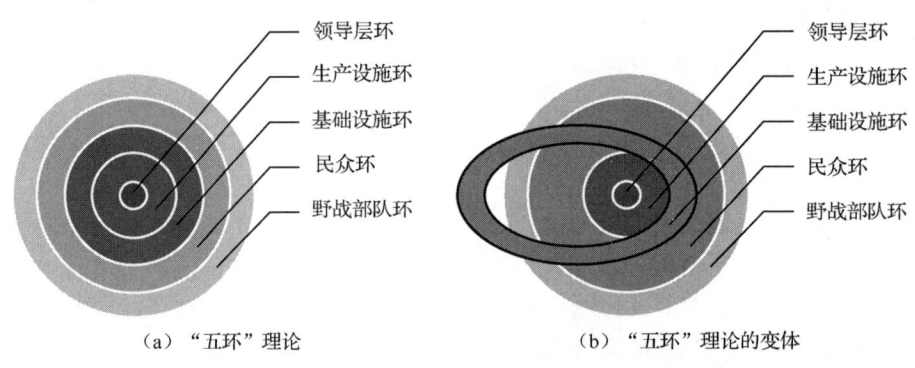

（a）"五环"理论　　　　　　　　（b）"五环"理论的变体

图3-10　"五环"理论和认为基础设施环特别重要的变体

"五环"理论指出敌方的领导层对影响战争进程有重要意义，提出了战争的目标重在屈服敌方领导层的战争意志，而不是单纯消灭敌方军事力量的观点。其核心要点主要包括三个方面：一是以摧垮敌方领导层或使其失去统治能力为目标；二是围绕对敌方领导层的攻击来打击其他四个环内任何目标，直至敌方领导层屈服；三是对其他环内目标的攻击必须以该目标对领导层的影响程度来排序。

战争是政治的继续，"五环"理论虽然是一个战役战术层的应用型理论，却具有高远的战略眼光：它聚焦于战场目标的选择，却不局限于对具体战场目标的毁伤，甚至其战场目标并不是军事体系本身，而是致力于迫使敌人做出政治上的让步。这是"五环"理论超越一般战场目标选择方法和理论的高明之处，也是其理论体系关于战争思维的政治起点。该理论经过几次战争实践的检验并在美军中迅速推广，成为美军目标选择与打击的重要原则，对目标选择理论的后期发展产生了较大的影响。但该理论没有考虑到战争活动的动态复杂性，对信息化战争阶段的趋势判断存在欠缺。同时，该理论在实践过程中受限于双方战争态势，存在难以寻找打击重心的情况。

（2）"基于效果"理论。

"基于效果"理论源于"基于效果作战"理论，2001年美军在《基于效果作战》白皮书中首次提出该理论，是对"五环"理论的进一步发展和完善。该理论指出制定作战方案、选择打击目标、合理分配火力、综合运用力量等过程都需要紧紧围绕作战效果这个中心，将尽快达成作战效果作为战争的最终目的。其基本观点和内容，就是把对方看成一个有机系统，对所有目标进行综合分析，估算打击目标所能造成的影响，找出和攻击其中的重心或关键点，并选择合适的打击手段，对目标进行并行打击，从而以最快的速度、最小的代价达成作战目的。该理论强调通过观察并分析敌人的作战目标、意图、决策周期、期望值和需要，有效地打击敌人的关键薄弱环节，以取得最佳的作战效果。

2006年，美军在《联合作战纲要》中明确引入基于效果作战的概念，把"效果"增列为战役筹划要素之一。美军在《目标选择与打击联合条令》中也进一步阐述了"基于效果"的目标选择过程，强调目标选择是基于联合作战计划所需要的最终效果，而不只是基于实现这些目标的方法和手段，应该围绕想要达成的作战效果去选择目标，而不是简单地根据现有的武器平台来确定打击目标。

"基于效果"理论在美军中得到了广泛应用，但是褒贬不一。支持者认为该理论的价值在于能够帮助军事人员理解战略目标，建立起任务与目标之间的联系，它主张使用平行作战、控制战和兵力投送，来代替顺序作战、消耗战以及集中优势兵力等传统的作战方式，促进了联合作战的发展，在战争实践中也得到了检验，具有其科学性和合理性。但是反对者表示，该理论所倡导的作战评估与系统分析将基于效果作战的概念过于扩展，简单地认为通过从军事、政治、社会、经济、文化等方面对敌方系统进行全面分析，就能够找到关键目标，通过综合使用军事、外交、经济等手段，就能达到最终预期效果，忽略了战争是复杂系统的实质，是个很难完成的理想目标。

（3）"基于复杂性"理论。

"基于复杂性"理论是随着"复杂自适应系统"理论逐步引入作战领域而发展起来的一种新型目标选择理论。过去在进行目标选择时，一般将敌方视作一种机械系统，重点选择敌方主要物理基础设施作为打击目标，而实际上敌方系统具有复杂适应性，在受到破坏的情况下会不断找到新的方法代替被破坏的部分，以保证系统仍然能够继续运转，除非系统几乎全部被摧毁。例如，敌方铁轨被破坏后，可以选择绕过被破坏的部分，或者将运输物资转移到公路运输，以及应急抢修损毁铁轨等多种方法保证系统仍能继续工作。

按照系统论的观点，复杂自适应系统是一个由许多相互作用的子系统组成的系统。基于复杂自适应系统理论的目标选择，重点在于找出敌方子系统之间的交互关系和变化规律，进而破坏敌方系统的"自适应性"，这种方法能够更有效地毁瘫敌方军事系统。在美军提出的"快速决定性作战"概念中，运用"复杂自适应"理论认知作战对象，从关系、联系和反应性等方面认识打击目标，力图采取简化或瘫痪的方法锁住敌方作战系统，使其无法工作甚至陷入混沌。这些思想基本体现了"基于复杂性"理论的主要内涵，就是试图阻止复杂自适应系统利用其特性和机制应对打击，其所关注的是利用敌方系统的复杂性，使敌方系统无法工作或陷入混沌。

基于复杂自适应系统理论的目标选择理论继承和发展了"五环"理论、"基于效果"理论等目标选择理论的思想，同时更有利于从体系的角度综合多种因素进行作战目标选择，能够更好地解决复杂军事系统中的目标选择问题，但目前基于复杂自适应系统理论的目标选择方法尚处于探索阶段，还需要持续完善，以解决系统模型的构建、仿真平台的建设等问题。

随着军事技术水平的不断提高，打击目标的种类与数量越来越多，目标之间的关系也越来越复杂，这些都为目标选择带来了难度。美军参联会在2000年发表的《2020年联合构想》中，将"谋求信息优势"的目标改为"谋求决策优势"，更加注重从作战体系的角度分析战场态势，优选打击目标。美军认为,精确打击作战能否成功,在很大程度上,取决于目标选择是否正确,而目标选择的前提是对目标体系进行整体和系统的分析。美军将敌方目标体系视为一个由作战系统进行网络连接的整体,提出了打击目标体系关键点的作战网络评估技术,并根据目标体系分析和破击的思想,制定了相关的条令条例,如《目标选择与联合打击》和《基于效果作战》等条令,规定了打击目标选择的基本程序,用以指导部队作战。此外,美军还在各个层次的指挥与决策系统中融入了目标态势与目标体系的分析功能,以辅助作战决策。

2. 俄军目标选择理论

俄军在目标选择理论方面有着长期和广泛的研究。20世纪50年代,苏联军队集中了各军兵种的有关专家,在总参谋部作战总局设置了80~90人的战略目标局,专门负责战略目标工作,以推动目标选择理论快速发展。此外,海军、空军司令部和战略火箭军司令部作战局也都设有目标处,针对各军兵种自身特点开展目标选择业务,同时接受战略目标局的业务指导。俄军延续了原苏军的模式,现在战略目标局仍然是俄军的战略目标选择、规划、确定等工作的主管部门,其主要职责是制定战略目标工作规划,确定战略目标范围和等级,编绘战略目标数据、图表,指导协调全军的目标工作。总的来看,俄军的目标选择工作明确具体、操作性强,但其目标选择理论大多以条令、教材的形式分散于各军兵种中,各类目标分析、选择理论比较零乱,系统性不强。

3. 我军目标选择理论

我军目标选择理论的形成与发展,大致可以分为革命战争年代到20世纪60年代初期、20世纪60年代中期至20世纪90年代初期、20世纪90年代中期至现在三个阶段。这三个阶段的起始点分别是人民军队建立、我国核武器诞生、军事斗争准备基点转到打赢高技术条件下局部战争上。对第三个阶段进行进一步细化后,形成了我军目标选择理论发展的四个典型时期。

1) 初创产生时期

从革命战争年代到20世纪60年代初期,是我军目标选择理论的萌芽和产生时期。以毛泽东为代表的老一辈无产阶级革命家、军事家,深刻认识和准确把握这一历史时期军事斗争的特点,提出了一系列与战争特点相适应的作战思想和理论,其中就包含着许多关于目标选择方面的内容,为我军目标选择理论的创立奠定了基础。这一阶段我军目标选择理论的突出特点是,根据武器装备敌优我劣、部队数量敌众我寡、主要在陆战场作战的实际情况,正确处理歼灭有生力量与夺占控制地域的关系,提出并实践了选择与打击敌有生力量的基本原则。其主要观点和思想包括:以歼灭敌军有生力量为主要目标,不以一城一地论得失;先打弱敌、后打强敌,拣"弱敌""好打之敌"打;着眼全局,选择打"重点"和"关节点"。

2) 快速发展时期

20世纪60年代中期至20世纪90年代初期,是我军目标选择理论的重要发展阶段。随着国际形势的发展变化,核威胁条件下的局部战争成为战争的基本表现形态。20世纪80年代,我军提出了"结构破坏战"思想,强调肢解敌方宽正面、大纵深、高速度的进攻目标体系,并在统一我军战役理论体系的基础上提出了"重点打击、重点歼敌"思想,强调把我军有限的打击能力运用到要害目标上。此后,我军还在作战目标工作研究中,系统阐述了战略目标分类、目标整编和目标选择等相关理论。这一时期,我军常规打击力量相对较弱,目标工作的重心在于如何确保核武器的战略威慑能力,以及如何将有限的打击能力作用到敌方重要目标上。

3) 建设转型时期

20世纪90年代以来,核武器逐渐成为大国博弈的最后底牌,各类常规导弹武器的数量、质量发展迅速,这些武器也逐步成为我军实施信息化条件下联合作战的主要打击武器。我军目标工作的任务重点也由保障核武器作战使用逐步转变为保障战略决策、战略战役指挥和中远程常规打击兵器作战等内容。伴随着战争形态由机械化向信息化的加速演进，我军及时提出了与之相适应的作战思想和理论，推动目标理论逐步从核打击目标理论转到了核打击目标理论与常规打击目标理论并存的新阶段。1999年，我军以法规形式提出了"整体作战、重点打击"的作战指导思想，在之后的全军联合作战理论研究中，又进一步提出许多有关目标选择的建设性意见，如确定火力突击目标时，应当立足于打击关键目标和关键部位等。

4）目标中心时期

进入21世纪后，国际战略形势和我国安全环境也发生了新的变化，随着信息化建设的不断加快，我军将打赢信息化条件下局部战争作为军事斗争准备的重点。在这一背景下，我军确立了新的战略指导思想和基本作战思想：着眼体系作战要求，追求使用最合适的力量打击敌方体系中的要害目标，这也是我军信息化条件下目标选择和战法制定的基本准则。在此原则的指导下，我军提出了目标中心战思想。所谓目标中心战，就是"用目标牵引作战活动"，以歼灭或保卫目标为着眼点的作战方法，主要是通过综合分析目标价值来优选排序，根据不同阶段改变打击重点，根据不同类型的目标采取不同的行动，根据目标毁伤效果动态控制作战进程，为后续打击提供依据。目标中心战的基本内涵是把战争视为由一系列目标组成的大系统，根据战争要达成的政治目的和战略意图，科学确定要重点摧毁或保护的目标，紧紧围绕这些目标来使用力量、确定战法、组织行动。

可以看出，目标选择理论的主要思想在于找准敌方的要害目标，通过打击这些要害目标最大限度地破坏并削减敌方的综合实力，最终达到预期的战略目的。随着信息技术、武器装备和作战形态的不断发展，我军目标选择理论及应用也在不断深化中。

3.2.2 目标重要性评价指标

目标的重要性如何度量是目标选择理论的基础性问题，一般通过评估目标价值来实现。目标价值是指战场目标在战争体系中所具有的地位和效用，是用来描述和衡量在一定的作战条件下，对战场目标实施火力突击必要性的一种综合性评价。它一方面反映了目标本身的效用特性，另一方面反映了己方作战指挥员和指挥机构的价值观。目标价值不仅是合理分配目标的重要依据，同时也是有效使用打击兵器、确定目标打击顺序、进行火力运用的重要依据。

目标重要性分析的实质是将目标的价值细化、量化和优选排序的过程。目标价值排序，是把战场上性质、位置、状态等互不相同的各个目标统一到"火力打击必要性"这个单一尺度下进行比较，从而达到区分轻重缓急、合理安排各个目标的打击顺序和打击强度的目的。

影响目标重要性的因素主要包括目标物理价值、目标心理价值、目标打击效用、目标打击风险、目标与作战目的一致性等。

1. 目标物理价值

目标物理价值通过物理效果行动达成，物理效果行动可理解为改变目标物理特征的活动。目标物理价值主要包括目标特征、目标能力和目标信息。

1）目标特征

目标特征主要体现为体系性、易损性、恢复性、替代性和威胁性等方面。

（1）体系性：目标的结构特点和位置分布，是决定目标在其目标体系中地位与作用的关键因素。目标的位置与分布在体系中越重要，其价值越大。

（2）易损性：描述目标攻击的可行性。易损性越大，破坏对应目标的价值越大。

（3）恢复性：目标在受到一定程度的毁伤后，经过抢修恢复其主要功能的可能性。目标越易于恢复，对其打击的价值越小。

（4）替代性：目标被摧毁或功能瘫痪时，可以被其他目标替代的可能性。如果目标被打击后可以被其他目标取代，则其相应的价值较小。

（5）威胁性：该目标对进攻方的威胁程度。威胁性越大，打击的紧迫性越大，价值也就越大。

2）目标能力

目标能力是指目标参与作战的能力，包括指挥控制能力、预警探测能力、火力打击能力、服务保障能力、作战支援潜力等。目标参与作战的能力越强，其重要度越高。

3）目标信息

目标信息主要是指目标情报信息的可靠性，包括准确性、完整性和时效性等。准确性描述目标信息来源和信息内容的准确程度，衡量能否准确描述目标的真实情况，准确性越高，目标信息重要度越高；完整性描述目标信息的完整程度，衡量能否满足决策者所需的各种信息，目标信息越完整，其重要度越高；时效性表示目标信息在时间上的有效程度，衡量该信息能否适时用于决策，时效性越高，目标信息的重要度越高。

2. 目标心理价值

目标心理价值主要指目标在敌方领导决策层及其在部队、民众心中的地位与作用，以及对目标的心理内在依赖性。打击目标后对敌方军心、民心和士气的影响越大，该目标心理价值越高。目标心理价值主要通过心理效果行动达成，心理效果行动可理解为改变目标人员思维趋向的活动。心理价值是一种无形的力量，例如，运用精确制导弹药对敌方首脑人物和核心决策机构实施定点清除行动，分化和瓦解其战斗力量，造成敌方心理崩溃、丧失战争意志，从而产生巨大的有形效果。

3. 目标打击效用

目标打击效用主要指目标在一定的火力突击情况下的收益情况，主要通过功能效果行动和系统效果行动达成。其中，功能效果行动是改变目标有效运行能力的行动，系统效果行动是改变系统运行方式的行动。

目标打击效用主要体现在打击的效费比上，各类作战活动中，一方面要特别关注火力打击所获得的效用和价值，另一方面还应估算为获得该效用时需要付出的代价或费用。努力以较小的代价赢得重大的战果，迫使对手在意志上不愿或在资源上不能持久作战，以提高整体作战效能。

4. 目标打击风险

1）法规制约

国际法相关公约中明确指出，不能将平民及民用目标作为打击对象。依据战争法、战时国际法规定和战争实例，作战活动中可以打击传统的、特征明显的军事类目标，以及与对手军事相关的设施；而对于明显的民用目标，必须严格禁止军事打击。

2）打击后果

国际舆论对战争的影响和制约作用日益增大，如果战争的惨烈程度特别是附带伤亡超出了民众情绪接受的限度，势必遭到国际舆论的谴责，从而使战争发起者在政治和外交上陷入被动。因此，选择的攻击目标，既要保证能达成作战目的，又要最大限度地减少和避免造成灾难性后果。

3）强敌报复

综合考虑打击目标后可能介入的第三方作战力量或强敌的反应，避免战争升级和大规模报复、反制情况的发生。

5. 目标与作战目的一致性

目标与作战目的一致性反映了目标对主要作战行动的影响程度，及其与部队遂行火力打击任务的关系。与主要作战任务的契合度越一致，目标重要度就越高。

3.2.3 目标选择的特点及趋势

目标选择作为指挥活动的一项重要内容，通常在目标信息搜集、目标研究、目标整编的基础上展开，是目标工作的高级阶段。目标选择随着战争的出现而产生，并随着科学技术和战争形态的发展而发展，其经历了由低级向高级、由简单向复杂的发展过程。机械化战争之前，目标选择的空间相对有限，大多围绕某一重要地域或重兵集团展开，目标选择的方式和方法主要依靠指挥员对敌情的判断，以及以往的战争经验。随着飞机、坦克、导弹、潜艇的出现和广泛应用于战场，作战力量日趋多元，打击手段逐渐增多，在武器杀伤威力不断提高的同时，保障其作战使用的条件也更加苛刻。特别是随着信息技术的发展及其在军事领域的运用，信息成为作战的主导因素。

1. 目标选择的特点

网络化的指挥与业务信息系统将各种作战要素或单元融合为一体化作战体系，达成战争目的的途径已不仅仅是攻城略地，作战的制胜机理也由以大量杀伤敌人有生力量为主，转变为以瘫痪对方的作战体系和瓦解其抵抗意志为主。人们逐渐认识到，要打赢战争就必须合理选择所要打击的目标，力争用较短的时间、较低的风险、较小的代价获取最大的胜利。在这一变化过程中目标选择呈现出不同于以往的许多新特点，概括起来，主要有以下几个方面。

1）目的性

目标选择的目的性是指选出的打击目标必须有利于夺取作战的胜利。打什么目标、打多少目标以及使用什么手段打击这些目标，需要充分考虑作战目的，这就决定了目标选择必须站在作战全局的高度，与作战目的相一致，紧紧围绕特定的作战目的、特定的作战对手、特定的环境、特定的要求和特定的打击手段来展开。否则，所选择的目标以及据此形成的火力计划和打击行动，将难以达成作战目的。信息化条件下的局部战争，其军事打击行动与政治、经济、外交等领域的联系更加紧密，相互影响更为突出，目标选择的目的性将进一步增强。

2）科学性

在一次具体作战中，目标选择的主体涉及战略、战役指挥员及其指挥机关多个层次，目标选择的种类多、数量大，不仅有军事类目标，还有政治类目标和经济类目标。在具体选择的过程中，指挥员及其指挥机关必须具备科学严谨的思维方式和认真细致的工作作风，不仅要考虑打击目标对作战行动和作战目的的影响，还要考虑对政治、经济、法律等方面可能产生的影响；不仅要准确掌握目标的坐标位置和性质，还要分析目标在整个体系或者系统中的权重；不仅要了解目标的外部特征，还要掌握其电磁特性、结构材质等。这些情况客观上需要指挥员及其指挥机关在进行目标选择时，充分运用模拟评估、量化分析等现代研究方法，增强目标选择的科学性、可行性，力避主观盲目性和随意性。

3）风险性

在信息化条件下的局部战争中，目标选择已成为作战指挥活动的核心内容，而作战决策的核心是目标决策。所选择的目标合理与否，以及对其打击以后能取得什么样的效果直接关系到作战目的的实现。目标选择的风险性是指目标选择活动中可能出现的某些失误、差错对作战胜负的影响。之所以称为"风险"，是因为每种选择都有两种可能：一种是利于迅速达成作战企图，另一种则是没有顺利达成作战企图甚至带来较大的负面影响。因此，风险性主要表现在，错误选择目标有可能造成作战行动的被动甚至失利。例如，没有正确分析敌方民众的心理承受能力而选择打击一些民生类目标，反而会增强敌方民众的抵抗意志；又如，错误的目标选择将带来较大的附带损伤进而造成政治、外交上的被动等。目标选择的风险性主要源于目标资料信息的模糊性和战场情况的不确定性。为此，必须加强目标资料信息的搜集，综合运用各种手段尽可能翔实地获取目标信息。在具体的目标选择过程中，应按照体系作战的要求，深入分析敌目标体系、目标系统和重要目标在整个战争体系中的地位和作用，综合运用多种方法，全面考虑各种因素，最大限度地降低目标选择的风险。

4）动态性

战场环境的复杂易变性和作战行动的激烈对抗性，直接导致了目标选择的动态性。作战活动是运动着的事物，相互制约的因素很多，某一因素的变化可能引发连锁反应。在未来信息化条件下的局部战争中，作战进程将大大缩短，情况变化也会加剧，对于目标选择而言，虽然有既定的作战目的和任务作依据，但随着作战进程的发展，目标权益和打击手段的选择与使用都将随之发生变化。这种变化，客观上要求目标选择必须与作战行动和战场情况的不断变化相适应。指挥员及其指挥机关应当充分发挥主观能动性，针对作战行动和战场情况的变化，特别是对新出现的目标，能够快速做出反应，选择并确定新的打击目标，使作战指挥符合不断变化的战场实际。

2. 目标选择的新趋势

现代战争的目标选择，并不像想象中找到战争体系或作战体系的关节点、薄弱点和支撑点作为待打击目标那样简单。网络技术的飞速发展及其在军事领域中的广泛应用，极大地提高了作战体系的适应能力和抗毁性，网络中心战思想实现了要害目标的"去中心化"。网络节点的平等性以及网络的自适应、自组织特性，使得作战体系很难出现一击必杀、一触即溃的"死穴"。克劳塞维茨的"重心"理论和约米尼的"决定点"理论曾经对战争行动打击目标的选择起到了重要的指导作用，但在现代战争中，体系"重心"和"决定点"并不能被轻易辨别出来，也不可能在地理上形成中心。信息化局部战争的目标分析，将呈现出难度更大、范围更广的新趋势。

1）目标信息分析更加全面精确

传统战争中，对目标信息的收集、整编、存储等过程相对简单，目标信息的描述也相对单一，包括目标性质、数量、位置（主要是地理坐标）、特点等一般性内容。而在目前和未来的局部战争中，对目标信息的描述要求更加全面细致，目标整编的内容已不限于简单的目标地理坐标，而是包括其外部特征、结构材质、抗毁能力、修复特性、电磁特征等，以便为准确选择打击手段和打击方式提供全面依据。同时，对具体目标的分析更加深化、细化，可能具体到目标的某个特定部位，如机场跑道的相对位置、楼宇的某个通风口、导弹系统的某个功能单元等。

2）时敏目标成为打击重点

随着远程精确打击能力的提升，对位置固定的静态目标的打击，已能做到"百步穿杨"。但在现代战争中，战场情况瞬息万变，对己方部队造成危害、需要立即做出反应的目标，或者是高价值、瞬息即逝的临时目标（"时敏目标"）出现的概率极大增加。对这些目标进行打击，必须具备的能力就是探测目标的传感器和打击目标的武器系统必须实现信息数据的实时共享和行动上的无缝链接，也就是常说的具备"发现即摧毁"的能力。要形成这种能力，一是发现目标要快，即信息获取的速度快、准确性高、反应能力强；二是数据传输要快，即能够快速将获取的目标信息传递给执行打击任务的武器系统，这也是打击时敏目标最关键和最困难的一点；三是打击行动要快，能够迅速出手、准确命中，这一点无论什么时候都是整个"杀伤链"中最重要的环节。有关资料表明，2001年的阿富汗战争中，美军无人机对"基地"组织头目等时敏目标的打击已成常态；2003年的伊拉克战争中，美军执行了156次针对时敏目标的空袭任务。可见，在目标选择过程中，对动态时敏目标的选择已经成为重点。

3）目标选择范畴向无形领域扩展

传统战争中，交战双方打击的目标，无论是敌人的有生力量还是其他物体、建筑、设施等，基本上都是看得见的实体目标或有形目标。而在信息化战争中,对手的互联网、工业控制网、关键业务网以及各种作战网络等网络空间目标,都纳入了目标选择的视野,待选择的目标呈现多样化的特点。2011年的利比亚战争中,一家为北约服务的非营利全球性组织起草了名为"网络黎明"的网络战报告,通过大量收集和分析利比亚网络空间情报,对其主要网络空间目标,尤其是支撑其石油产业的工业控制网进行了详细的目标分析,开启了实战化网络空间目标分析的先河。此外,信息化战争的一个重要作战目标,就是击溃对手的战争意志。战争意志由战争领导者心理、参战官兵心理和民众心理三方面构成。有效的心理打击能迅速引起敌群体心理的急剧变化。因此,在目标选择过程中,应按照己方作战意图和各类目标在作战体系中的价值,精心选择心理打击目标,摧毁敌抵抗意志,使其群体心理按照己方预期的方向发生改变。要做到这一点,应当着重评估目标的心理价值,即目标对敌人个体、群体和社会心理的效用和意义,或者说一旦该目标被摧毁,引起的个体、群体和社会心理效应的刺激量有多大。近年来,局部战争的实践表明,与对物理目标的"硬"摧毁相比,对心理目标的"软"打击正变得越来越重要,而且与"硬"摧毁日趋同步。可以预见,在未来战争中,随着制网络权、制认知权、制心理权等新型战场制权重要性的日益凸显,对网络空间、舆论导向、心理意志类目标的选择和打击,也会大步迈入各级指挥员的视野。

3.3 目标选择的基本要求与辅助决策模型

作战目标有着极其丰富的内涵,其贯通了物质和意识两个世界,涵盖了战争行为各个层次、各个方面、各种性质的指向对象。"胜兵先胜而后求战",胜在确立的作战目标正确;"败兵先战而后求胜",败在缺乏正确的作战目标指引。"善攻者,动于九天之上",攻的是重点作战目标;"善守者,藏于九地之下",守的也是关键作战目标。因此,对于作战目标的选择与决策是在信息化军事较量中取得胜利的基础。

目标选择的关键在于通过正确选择突出目标及突击顺序,以对敌作战系统实施有效的打击。但联合作战条件下战场目标体系错综复杂,不可能也没有必要对其全部打击,必须根据我军作战意图和部队的实际作战能力,有针对性地进行选择。因此,需要科学的技术方法和定量分析手段辅助目标选择与决策。

3.3.1 目标选择的基本要求

在未来的联合作战中,面对敌方复杂而庞大的目标体系,目标选择必须根据上级的作战意图和部队的实际作战能力,针对敌目标体系的特点,选择敌作战体系中的紧要点、支撑点和易打点,以保证联合火力打击取得最大的效果和达到预期的目的。在选择目标时要从目标与系统关系的角度,把着眼点放在打乱敌方战争体系内部各子系统间联系以及相互作用方面,以瘫痪敌方战争系统、削弱敌方抵抗能力和战争潜力为目标,遵循"作战需要、着眼体系、效果主导、基于能力、综合选择"的指导原则,分析和选择打击目标。

从军事需求和体系对抗的角度考虑,确定"有效破击目标体系""依托我方作战能力""分析敌方威胁程度"三个方面为目标选择的基本要求。

1. 有效破击目标体系

"有效破击目标体系"主要针对目标在作战体系中的地位和作用而言,不同的目标对敌作战体系的影响不同,应选择目标体系中的关键点进行打击。体系是若干有关事物相互制约而构成的一个整体,是系统的高级形式。体系中有的要素处于中心地位,支配和决定着整个体系的性质,一旦这样的要素遭到破坏,整个体系的性能将发生较大的变化,甚至导致体系的崩溃。作战体系是由直接或间接参与作战行动的各种力量要素,通过相互作用而构成的具有特定整体功能的大系统。对敌目标进行打击,就是要通过切断敌作战体系各构成要素之间的相互联系,打乱其内部协调机制,从而破坏其作战体系的整体性,使敌作战体系的作战功能基本丧失。因此,选择打击目标时,应着重选择在敌作战体系内部联系中发挥重要现实作用的关键目标。例如,选择敌方指挥系统作为打击目标,可割断其指挥所与部队之间的联系,敌作战体系将由于缺少统一指挥和及时协调而陷于瘫痪;打击敌方后勤保障系统,可切断其作战部队的弹药、油料等军需品供应线;打击敌方重要交通枢纽,不但可使敌无法及时调整作战部署,还会造成其物资流通困难;打击敌方电力、石油工业等能源目标和供水、供气等基本设施,一方面可使敌丧失长期抵抗的基础,另一方面还会使敌社会生活陷入混乱,民众产生厌战情绪。

现代战争中"体系与体系对抗"的特征愈加明显,欲削弱和瘫痪敌作战体系,必须运用系统的观点对目标进行全面分析和优劣选择,准确把握各目标之间的内在动态联系,保证通过对预定目标系统的联合火力打击,达成破坏敌作战体系整体结构的目的。因此,在信息化联合作战中,要借助精确制导武器提供的火力保障,选择关键目标进行打击,这也是进行作战目标选择的基本要求。

2. 依托我方作战能力

"依托我方作战能力"是指打击目标的选择必须以我方火力作战和信息作战的能力为基础。选择多少目标、选择何种目标,在很大程度上取决于我方武器装备的数量、质量情况和武器装备的整体作战效能。打击需求与打击能力之间的矛盾是联合火力打击中面临的一个重要问题,在打击能力有限的情况下,打击目标的选择应与联合火力打击能力相协调。有些目标虽然在战略、战役全局中的地位和作用十分重要,但由于我方部队不具备有效的打击能力,作战中同样不能选择。而有些目标,虽然我方具备有效的打击能力,但目标数量过多,我方打击力量有限,仍然不能选择,这就要求我们应基于作战能力,确定打击规模,从武器装备自身的战术、技术性能出发,正确处理需求与能力的关系,科学决策、正确选择打击目标的种类和数量。

武器装备性能是基于我方作战能力进行目标选择的首要考虑因素,作为包括射程、精度、威力、突防能力、可靠性、发射准备时间、机动能力等因素的一个综合指标,其每一项指标都对目标的毁伤概率产生一定的影响。例如,突击武器的射程决定了武器的火力控制范围,不在该控制范围内的任何目标都不能成为其打击的对象,更谈不上毁伤。而在武器性能的诸多指标中,精度和威力是影响目标毁伤概率的两个最重要的指标。威力大从某种程度上可以弥补精度低的不足,而精度高又可以弥补威力小的缺陷。一般来说,点状和线状目标,如导弹发射阵地或发射井、雷达站、坑道口、桥梁、隧道、机场跑道等,以及某些与严禁毁伤的场所相邻近的目标,只能选用高精度的武器进行打击;而武器精度不太高时,只适宜打击那些范围较大的面状目标。

3. 分析敌方威胁程度

"分析敌方威胁程度"是指选择的打击目标应综合考虑敌对我方作战体系正常运转造成的影响,主要是指敌火力作战目标,如敌导弹发射基地、航母编队、空军基地等目标。这些目标本身可能并不是敌作战体系的关键点目标,这些目标遭到破坏后,对敌作战体系整体效能的发挥可能也不会造成太大的影响,但这些目标的存在对我方作战体系构成了极大的威胁,所以作为"有效破击目标体系""依托我方作战能力"要求的必要补充,"分析敌方威胁程度"也是我们进行目标选择的重要依据。

一般来说,目标威胁程度的大小,主要取决于目标类型、所处位置和武器系统的性能。从"保存自己,消灭敌人"的战争原则出发,古往今来的各国军队,无不将敌方对自己威胁最大的目标作为重点打击的对象。第二次世界大战期间，美、英军与德、日军都把对方的飞机视为对己方的最大威胁，因而都把对方的空军基地和作战飞机作为首要的打击目标。海湾战争中，美军认为伊拉克的核生化武器和"飞毛腿"导弹是伊军最重要的战略反击力量，对多国部队的作战行动构成了极大的威胁。为此，美空军将其列为重点打击对象，在整个战争过程中，反复进行搜寻和突击。

打击目标选择的决策过程是以目标选择的基本要求为准则进行的。首先，以"有效破击目标体系"为首要准则对敌方作战体系的关键目标进行选择排序，生成有效目标排序清单；其次，遵循"依托我方作战能力"这一基础支撑，对敌有效目标排序清单根据打击能力进行适应性调整，生成可打击的有效目标排序清单；再次，考虑敌方威胁程度的现实状态，对预先和作战过程中发现的敌威胁目标进行选择和排序，结合作战能力生成目标威胁排序清单；最后，综合可打击的有效目标排序清单和目标威胁排序清单，生成目标综合排序清单，确定打击目标和关注目标。

目前，国内对打击目标选择的研究较为广泛，但成体系的研究成果还不多，并且多数是理论研究的范畴，缺少可操作性的应用系统。虽然也有部分学者综合定性与定量进行目标分析，建立了一些决策模型，但大多是只分析了目标的局部特性，没有形成一个系统的分析框架。目标选择理论是军事战略思想、作战意图、战争艺术运用水平的综合体现，必须依据作战理论、人的经验和指挥艺术进行定性分析，而联合作战中目标数量巨大、体系结构复杂，所以也必须借助定量分析。因此，应运用定性分析和定量分析相结合的方法对打击目标选择的决策过程进行科学准确的描述。

3.3.2 目标选择辅助决策模型

计算机技术的发展和定量分析方法的不断成熟，为目标选择的决策过程提供了基础。基于信息系统的目标选择作为作战双方体系对抗的核心，直接影响着战争的进程以及最终的结果，而目标选择辅助决策模型则是作战目标选择的基础。在目标选择基本要求的指导下，通过在定性分析与定量分析相结合的方向上不断探索，建立与作战运用相适应的目标选择辅助决策模型，对推动我军信息化条件下军事斗争准备的深入发展具有重要的意义。

1. 基于有效破敌的目标选择辅助决策模型

现代战争是系统与系统、体系与体系的对抗，要求我们用系统的思维来看待战争，看待敌对双方的力量体系。现代战争的作战体系由多个分系统组成，主要包括指挥控制系统、预警探测系统、火力打击系统、通信网络系统、后勤装备保障系统、基础设施以及舆论宣传系统等。在打击目标选择的过程中，基于有效破敌的目标选择辅助决策模型，通常采用定性分析与定量分析相结合的方法来生成目标选择排序清单。

一方面，从体系整体功能出发，紧密结合作战目的和进程，全面分析目标各分系统间的相互关系及其对整个作战体系的影响，着力找出对整体而言具有"瓶颈"地位的分系统，并进行重点打击。现代作战体系将指挥控制系统与各作战平台、作战系统、作战单元等实体高度融合，来实现和提升整体作战能力的。各要素通过信息流与其他要素联系，信息流影响并控制着物质流和能量流，是作战体系中生成、聚合、释放战斗力的关键要素。所以，指挥控制系统已成为作战活动中的重点打击对象。

另一方面，通过对各分系统内目标节点之间连接关系所组成的网络拓扑结构进行分析，建立网络模型，得出各目标节点在整个拓扑网络中的重要程度。这种分析主要依据一定的数学模型，如可通过图论中网络图的理论建立数学模型，分析目标节点在整个系统中的关联度。目标节点按照重要程度可以分为关键节点、重要节点和普通节点。对于属于重点打击的指挥控制系统，选取关键节点和重要节点为目标选择排序对象；对于战场上的其他系统，可只选取关键节点为目标选择排序对象。每个目标或多或少都对整个作战体系产生影响，这里主要考虑目标精选的原则，只选取对体系影响较大的节点。

结合上述两点，依据节点本身的重要性和层次性，对选取的排序目标对象进行综合排序，生成目标选择排序清单。

2. 基于作战能力的目标选择辅助决策模型

现代战争的胜负取决于战场攻防双方的体系对抗能力。集成预警、指控和火力等要素的作战体系是夺取战场主动权的关键。众所周知，要素、结构和机制三者的相互作用，形成了作战体系不同的战斗力形态，体现出不同的体系作战能力。在分析敌方的作战体系时，应将其看作一个目标体系，是由预警探测系统、指挥控制系统和火力打击系统等作战要素，在通信网络的支持下构成的一个整体。要素的作战能力，是体系作战能力的基础。信息作为预警探测系统、指挥控制系统和火力打击系统有效链接所共有的纽带，发挥了核心的作用。在现代作战体系中，信息的流动带来了体系的赋能增效，体系的作战能力不仅与要素的能力有关，也与作战要素（指预警、指控、火力等要素）之间的关系有关。基于信息系统的作战具有信息依赖性、结构依赖性和流程依赖性等特点，其为目标体系破击、形成体系对抗优势带来契机。

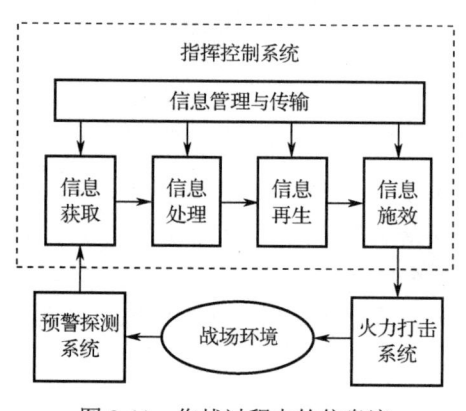

图 3-11　作战过程中的信息流

目标体系能力的形成来源于作战体系的单要素能力、组成结构以及运作机制，是各系统的协同运作、信息的有序流动以及对外界环境的自主适应共同作用的结果。目标体系能力的形成具有"能力集成""递进关联""动态适应"等特性。能力集成指目标体系中各类系统通过信息交互，基于区域集成、密度集成、频域集成、时间集成等模式，形成体系整体作战能力的过程；递进关联指作战体系能力能够根据信息的流动，使不同要素在结构和机制的约束下相互作用、相互影响（作战过程中的信息流如图 3-11 所示）；动态适应指作战体系能力具有动态适应内部和外部环境的变化、动态改变工作模式、维持体系能力的持续发挥的特性。

由于目标体系的"能力集成""递进关联""动态适应"等特性，可以确定基于"能力"的三种目标选择思想，即"能力优先""临界破击""因果链路"策略。

能力优先策略是指优先对完成作战使命贡献较大、对作战体系能力影响度较大的作战目标进行破击，它要求在目标选择过程中，要结合作战使命需求，基于敌作战体系的能力构成，有针对性地选择对使命完成贡献度大的节点进行破击。

临界破击策略是指考虑到目标体系能力具有重叠效应，分析作战体系能力失效的临界点，可为战役筹划、选择体系破击的兵力强度提供重要的决策参考。此策略高度重视多个节点能力的重叠效应，能充分认识敌作战体系能力的空间分布，从而寻找临界点。

任何一个环节的失效都会导致整个体系能力的丧失，"切断链路"是破击敌方的重要策略，因果链路策略就是利用体系能力形成过程中所展现的递进关联特性，寻找各链路间因果信息或者作战过程中的薄弱环节。

3. 基于威胁程度的目标选择辅助决策模型

威胁程度是指敌方目标对我方构成的威胁性大小，而威胁估计则是指根据当前战场态势对敌方杀伤能力及威胁程度的评估过程，是在态势评估的基础上，依据敌我兵力和武器、电子设备性能、敌作战企图、我方重点保卫目标和敌我双方的作战策略，以定量形式对敌方威胁程度做出估计和分析，进而确定敌方意图的征候与报警。

1）威胁估计的概念和方法

威胁估计是信息融合中高层次信息融合处理，处于数据融合处理模型的第三级，其与态势估计一样，都是在决策级上进行的融合。对于态势估计与威胁估计所应实现的功能，一直存在着争议。JDL 数据融合处理模型认为，态势估计建立了关于作战活动、事件、机动、位置和兵力要素等组织形式的一张视图，由此估计正在发生和将要发生的事情，是对敌方意图、目的的推理过程；而威胁估计的任务则是估计战场事件出现的程度和对我方威胁的严重性，是基于当前态势推理敌军目的、意图的过程，并对可能的交战后果予以说明。前者着重事件的出现，后者更着重事件和态势的效果。

实际上，确定敌方作战威胁的过程包含对其目的、意图的猜测，而对威胁程度的划分也是当前态势的一种描述，即对威胁的理解有助于对态势的估计，所以说态势估计与威胁估计这两个阶段是交互和并行的推理过程，两者的功能划分是不能分开的。态势估计通过识别敌军的行为模式来推断敌军意图，并对临近时刻的态势变化给予预测；而威胁估计根据态势估计所提供的信息，依据一定的知识和规则，以数值的形式指出态势中的威胁及威胁大小。威胁估计提出了量化威胁程度的要求，当前大多数威胁估计系统是采用影响因子加权的方法来划分威胁估计等级的。三级融合威胁估计的功能结构如图 3-12 所示，其中，威胁估计包含威胁要素提取、敌方企图估计（或敌方作战企图估计）、敌方打击目标估计、威胁等级确定等内容。

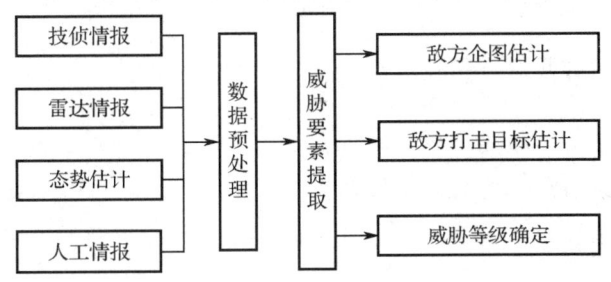

图 3-12　三级融合威胁估计的功能结构

（1）威胁要素提取。

对各类情报信息进行去伪存真、合并消冗、格式规整等数据预处理后，应对我方面临的主要威胁要素进行提取，以敌空中目标对我地面部队的威胁估计为例，需考虑的威胁要素包括保卫目标的位置、性质和防护能力，敌空中目标武器类型及威力，敌与保卫目标距离或我方地面火力单位的距离，敌目标速度，敌目标运动方向与轨迹，我方发现敌概率，敌方突防概率等。

（2）威胁估计的功能描述。

① 敌方企图估计。

在复杂战争活动中，从态势估计的结果得出敌方作战企图还存在很多困难，敌方作战企图和作战方案多数是从侦察情报或其他人工情报、上级通报等途径获得的。威胁估计则希望在没有这些情报时，从作战地域敌人配置、活动等情况得到敌方意图的一些有益的估计，一般可以从敌部队（作战平台）的运动状态、作战事件或活动模式、关键兵力元素的作战准备情况、敌作战条令等方面判断和估计敌方作战企图。

正确估计敌方作战企图需要兼顾多方面因素，在和平时期，一些简单高效的方法可以快速判断敌方作战企图，为我方后续决策奠定基础。以敌方战机来袭为例，可以采用敌意线法和航向距离判定法来判断敌空中目标对我防区的保卫目标进行侵袭的可能性。

（a）敌意线法：根据敌目标平时活动的规律，在我防空区域外围一定的距离上确定一条敌意线。当敌机越过该线时，视为有侵袭企图；否则，为无侵袭企图，如图3-13（a）所示。

（b）航向距离判定法：根据敌目标平时活动的规律，确定判定条件 D_{max}、D_{min}、α。如果敌目标与防空区域内保卫目标间的距离大于 D_{max}，或者离保卫目标的距离小于 D_{max} 而大于 D_{min}，并且敌机航向与保卫目标连线的夹角大于 α，则判该批目标无敌意；否则，为有敌意，如图3-13（b）所示。

 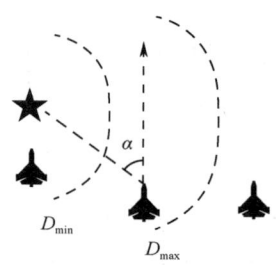

（a）敌意线法示意图　　　　　　　　（b）航向距离判定法示意图

图3-13　敌方作战企图估计示意图

② 敌方打击目标估计。

通过敌我兵力的配置、目标位置、敌我相对状态、敌方作战企图与任务等判定敌方可能攻击的目标，确立攻击与被攻击、威胁与被威胁关系，以便及早制定对策。

③ 威胁等级确定。

威胁等级确定就是对威胁进行量化分级，判断威胁程度的大小。一般来说，威胁等级确定的步骤为下述环节：

一是确定威胁评判所需考虑的因素，包括敌方因素、我方因素、环境因素等。

二是各因素威胁度量函数和权重系数的分析，根据所提供的各类因素，确定其威胁度量函数，然后根据各因素相互关系和对威胁的影响程度，确定相应因素的权重系数，综合评判对目标的威胁值或威胁程度。

三是威胁等级评判，根据威胁值一般可分为3～5级，1级威胁程度最高，依次递减。

下面以敌方飞机来袭、我方进行要地防空为例，讲解如何运用定量方法对敌方来袭目标进行威胁等级确定或者威胁程度的计算。

（a）相对距离判定法。

这种方法最为简单，一般根据敌方目标距离我方重要战略要地的远近来划分威胁等级。如图3-14所示，五角星表示我方保卫目标，飞机表示敌方来袭战机。

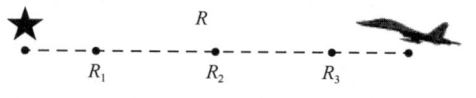

图3-14　相对距离判定法示意图

此情形条件下，威胁等级定义如下。

一级威胁：相对距离 $\leqslant R_1$；

二级威胁：$R_1<$相对距离$\leqslant R_2$；

三级威胁：$R_2<$相对距离$\leqslant R_3$。

上述定义中，一级威胁程度最大，三级威胁程度最小。注意，距离参数应根据敌方武器性能和我方防卫能力等实际情况进行具体分析并确定。

（b）相对方位判定法。

α 表示相对方位角，即敌方目标当前航向与它直飞我保卫目标航向之间的夹角。相对方位判定法根据相对方位角的大小来划分威胁等级，小于最小相对方位角时，即敌机朝向近似我方战略要地的方向飞来时威胁程度为一级，如图3-15所示。

此情形条件下，威胁等级定义如下。
一级威胁：$\alpha < \alpha_{\min}$；
二级威胁：$\alpha_{\min} \leq \alpha \leq \alpha_{\max}$；
三级威胁：$\alpha > \alpha_{\max}$。
上述定义中，根据敌我双方的相对方位角进行判断，一级威胁程度最大，三级威胁程度最小。
（c）到达时间判定法。
目标到达时间 t_D 为从发现敌机目标开始，至敌机到达其武器发射阵位这一时刻，敌机飞行这段距离所用的时间；t_z 为我方指挥机构指挥使用时间，t_x 为我方战斗单元执行消耗时间，两者相加可认为是我方指挥员反应时间。这种判定方法需要考虑我方发现及反击能力，以及敌方平台和武器的性能，如图 3-16 所示。

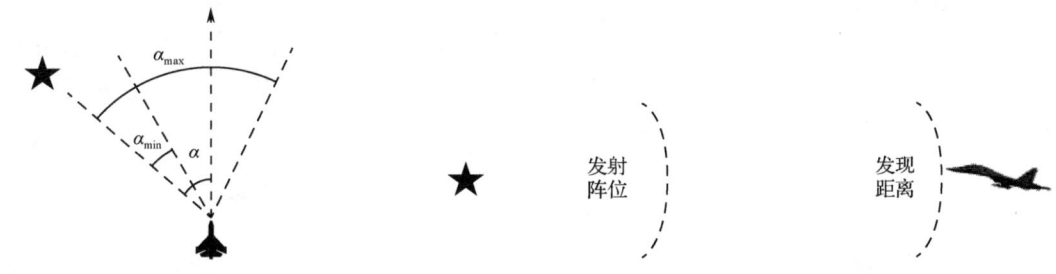

图 3-15　相对方位判定法示意图　　　　图 3-16　到达时间判定法示意图

此情形条件下，威胁等级定义如下。
一级威胁：$t_D < t_z + t_x$；
二级威胁：$t_D = t_z + t_x$；
三级威胁：$t_D > t_z + t_x$。
上述定义中，根据敌方到达时间与我方反应时间的关系判断，一级威胁程度最大，三级威胁程度最小。
（d）可能截击目标地段判定法。
这种方法考虑了我方防空力量的部署情况，通过判定敌方战机所处位置进行威胁等级的划分，如图 3-17 所示。

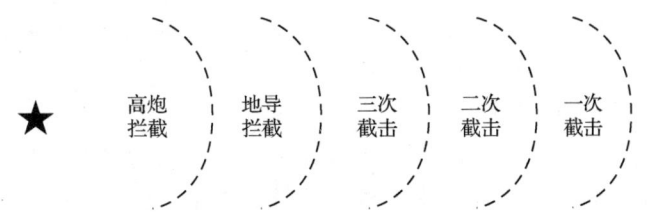

图 3-17　可能截击目标地段判定法示意图

此情形条件下，威胁等级定义如下。
三级威胁：截击地段长度≥我歼击机三次进入截击所需地段长度；
二级威胁：我歼击机一次进入截击所需地段长度≤截击地段长度<我歼击机三次进入截击所需地段长度；
一级威胁：我方只能用地空导弹（地导）或高炮拦截的距离。
上述定义中，一级威胁程度最大，三级威胁程度最小。
（e）突防概率指数法。
上述方法可根据相关威胁因素，离散地确定出敌方威胁等级；而突防概率指数法，是在知道我方各防空区域截击概率的前提下，通过计算敌方突防概率威胁指数，获得一个连续定量的威胁描述。以要地防空为例，我方的防空区域可分为航空兵一次截击区域、航空兵二次截击区域、航空兵三次截击区域、地导拦截区域、高炮拦截区域等，敌方在我方不同防空区域的威胁指数 W 的计算公式为

$$W = \frac{\prod_{j=1}^{m} A_j}{\prod_{i=1}^{n} A_i}, \quad m \leq n \tag{3-1}$$

式中：A_i 和 A_j 为敌方在不同防空区域的突防概率。式中的分母是敌机完全突破所有防空区域的概率（各个区域突防概率的乘积），分子是根据敌方所处位置突破剩余防空区域的概率，敌方威胁指数就是这两种突防概率乘积的比值。

假设我方航空兵一次截击、二次截击、三次截击、地导拦截、高炮拦截的概率分别为0.6、0.7、0.8、0.8、0.5，如图3-18所示，则敌机针对我方航空兵一次截击、二次截击、三次截击、地导拦截、高炮拦截的突防概率分别为0.4、0.3、0.2、0.2、0.5。

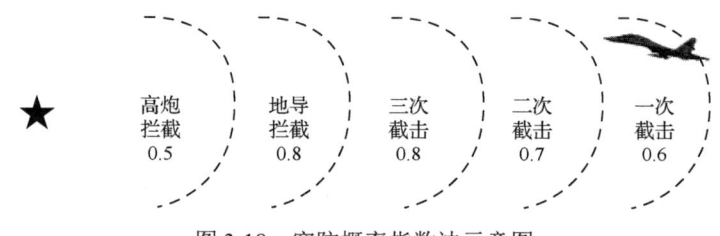

图3-18 突防概率指数法示意图

当敌机处于我方航空兵一次截击区域及其外侧时，威胁指数计算公式的分子分母相等，即此时威胁指数 W 为1。

当敌机依次进入我方航空兵二次截击、三次截击、地导拦截、高炮拦截时，根据威胁指数计算公式（3-1），各区域的威胁指数分别为2.5、8.3、41.6和208.3。其中，威胁指数越大，威胁程度越高，通过威胁指数的大小即可确定敌方的威胁等级。

利用上述这些定量的方法能够直观而快速地判定威胁等级，从而确定目标的威胁程度。此外，由于影响目标威胁的因素很多，采用线性加权法可以在综合考虑目标威胁中的多个因素后进行威胁估计，可全面地反映多因素对目标威胁程度的影响，进而选择合适的打击目标，这部分内容将在后续内容中详细叙述。

2）基于威胁程度的敌目标选择

基于威胁程度的敌目标主要是指敌火力作战目标，即敌火力打击力量。敌火力打击力量按照功能和作用可分为远程火力打击力量、中近程火力打击力量、防空力量、短程和单兵力量等。远程火力打击力量包括射程3000km以上的弹道导弹、巡航导弹、远程战略轰炸机和未来可能的天基力量；中近程火力打击力量包括10~3000km的各种弹道导弹、巡航导弹、火箭炮、火炮、空空导弹、空地导弹、航空炸弹、鱼雷等；防空力量主要是陆海基防空导弹、高炮、各种作战飞机等；短程和单兵力量主要指步枪、冲锋枪、手榴弹等。一般来讲，敌火力作战目标射程越远，威力也越大。基于威胁程度的敌目标选择，主要采用定性分析与定量分析相结合的方法来生成目标威胁排序清单。

远程火力打击力量主要在战争之初用于打击对方远程火力平台，以夺取火力优势；摧毁指挥当局级别最高、最要害的指挥机构，以达到斩首效果；摧毁对方主要战争潜力目标，以粉碎其意志和持续作战能力，对方主要战争潜力目标也是对我构成威胁最大的目标。因此，作战双方在战

争之初都把远程火力平台作为火力打击的首选目标。防空力量主要负责国土、要地、人民、军队的防空任务，与敌火力打击力量形成了鲜明的对抗作用，是一种打击与反打击、控制与反控制的较量。因此，敌防空火力单元也是我方打击的重点目标，对敌防空力量进行打击是保证我方夺取制空权、进行地面攻击的前提和保障。中近程火力打击力量作为常规战争的主要打击力量，它承担着最大份额的打击目标和持续交战任务，拥有强大的毁伤效力，对战争态势的发展影响较大。因此，应该有选择地对中近程火力平台进行打击。短程和单兵力量主要用于地面进攻中的控制和占领任务，一般不作为火力打击目标进行选择。由以上定性分析可以得出打击敌方目标的顺序为：远程火力打击力量、防空力量、中近程火力打击力量。

定性分析只是对不同类型的打击力量进行了抽象笼统的分析概括，对某一类型内各种目标选择和排序的具体描述，还需要通过定量分析建立排序模型来解决。可针对敌火力打击力量的特点和对我方构成的威胁特性，选取射程、射速、火力反应速度、命中精度、弹药效力等多个指标来建立排序模型，各指标值均为目标固有参数，较容易得到。指标权重的确定是由人来决定的，权重的确定在某种程度上反映了决策者的经验和偏好，可由指挥员直接确定，也可借助相关方法计算确定。依据选取的排序模型对敌各种类型的火力目标进行分析排序，按照排序结果生成目标威胁排序清单，即可完成基于威胁程度的敌目标选择。

3.4 目标选择决策方法

在对目标体系和目标选择辅助决策过程建模后，选择科学有效并且可行的目标选择决策方法是关键。系统方案的选择取决于多个目标的满足程度，这类决策问题称为多目标决策，或称为多目标最优化。反之，系统方案的选择若仅取决于单个目标，则称这类决策问题为单目标决策，或称单目标最优化。伴随着信息化战争所涉及的各类因素日趋复杂，多目标决策的应用也越来越广泛。

多目标决策依据决策背景，综合考虑多个相互间可能存在分歧甚至矛盾的评价指标，利用统计学原理、运筹学方法、管理学理念以及最优化理论，对多个备选方案进行选优和排序。简单来说，多目标决策是对多个相互关联甚至矛盾的目标进行科学、合理的选优，然后做出决策的理论和方法，它是20世纪70年代后迅速发展起来的管理科学的一个新的分支。多目标决策与只为了达到一个目标而从许多可行方案中选出最佳方案的一般决策有所不同，在多目标决策中要同时考虑多种目标，而这些目标往往是难以比较的，甚至是彼此矛盾的；一般很难使每个目标都达到最优，做出各方面都很满意的决策。因此多目标决策实质上是在各种目标之间和各种限制之间求得一种合理的妥协，这就是多目标最优化的过程。

从人们在多目标条件下合理进行决策的过程和机制分析，多目标决策的理论主要有多目标决策过程的分析和描述、冲突性的分解和理想点转移的理论、多属性效用理论、需求的多重性和层次性理论等，它们是构成多目标决策分析方法的理论基础。在多目标决策中，有一部分方案经比较后可以淘汰，称为"劣解"；但还有一批方案既不能淘汰，又不能互相比较，从多目标上考虑又都不是最优解，称为"非劣解"。处理多目标决策问题，第一步就是找出非劣解，如果非劣解只有一个，就为最优方案；如果不止一个，且无最优解，则应按一定的法则从它们之中选出一个比较好的作为答案，这个解称为"较好解"。

在使用多目标决策方法评估实际问题时，通常需要从以下五个方面进行分析：目标问题的明确、决策者的选定、评价指标体系的建立、决策判断矩阵的构建和属性权重的确定。其中，对于给定的目标问题，评价结果的准确性在很大程度上取决于属性权重的确定。

多目标决策原则是在多目标决策实践中应遵循的行为准则，主要包括以下几点。

一是在满足决策需要的前提下,尽量减少目标个数。可采用剔除从属性目标,并把类似的目标合并为一个目标,或者把那些只要求达到起码标准而不要求达到最优的次要目标降为约束条件;或通过同度量求和、求平均值或构成综合函数的方法,或用综合指标来代替单项指标的办法来达到目的。

二是按照目标的轻重缓急,决定目标的取舍。为此,要将目标按重要程度排序,并规定重要性系数,以便在选优决策时有所遵循。

三是对相互矛盾的目标,应以总目标为基准进行协调,力求对各目标全面考虑,统筹兼顾。

基于多目标决策的目标选择方法种类较多,其中典型的定量方法包括线性加权法、逼近理想解排序法、偏好顺序结构评估法、多准则妥协解排序法、灰色关联分析法、价值工程分析法、模糊综合评判法等,下面对部分方法进行详细介绍。

3.4.1 线性加权法

线性加权法(Weighted Sum Method,WSM)容易理解,且其计算简单、运用方便。使用线性加权法进行评估的步骤:首先,获得目标方案的属性值 a_{ij}(可以是收益值或者损失值);其次,确定评价准则的权重信息 w_j;最后,通过加权求和得到各方案的评估值 A_i,按照评估值大小对目标方案进行排序,并根据需要选择合适的方案。上述步骤的具体公式为

$$A_i = \sum_{j=1}^{k} w_j a_{ij}, \quad 1 \leq i \leq m, 1 \leq j \leq n \tag{3-2}$$

线性加权法广泛应用于基于威胁程度的目标选择中,该方法综合考虑了目标威胁中的多个因素,全面反映了多因素对目标威胁程度的影响。在防空作战过程中,针对敌方的来袭目标进行威胁估计,是进行打击目标选择的关键依据,通过确定敌方来袭目标的威胁等级或者计算得出其威胁值,比较并建立各来袭目标的威胁程度列表,从而生成打击目标的选择方案。

在式(3-2)中,用 A_i 表示 i 目标的综合威胁值,a_{ij} 是用根据不同威胁因素判定计算出的 i 目标的威胁值,w_j 表示各威胁因素的加权系数。例如,敌机来袭时,综合考虑相对距离、目标高度、相对方位、目标速度四种威胁因素,可采用下列威胁度量函数确定各威胁因素的威胁值,再赋予各威胁因素的影响权重,即可使用线性加权法计算得出敌方目标的综合威胁值。

相对距离:
$$f(r) = \begin{cases} 0, & r \geq r_{\max} \\ \left(\dfrac{r_{\max} - r}{r_{\max} - r_{\min}}\right)^2, & r_{\min} < r < r_{\max} \\ 1, & r \leq r_{\min} \end{cases} \tag{3-3}$$

目标高度:
$$f(h) = \begin{cases} 0, & h \geq h_{\max} \\ \left(\dfrac{h_{\max} - h}{h_{\max} - h_{\min}}\right)^2, & h_{\min} < h < h_{\max} \\ 1, & h \leq h_{\min} \end{cases} \tag{3-4}$$

相对方位:
$$f(|\alpha|) = \begin{cases} 1 - \dfrac{4\alpha^2}{\pi^2}, & 0 < |\alpha| < \dfrac{\pi}{2} \\ 0, & |\alpha| \geq \dfrac{\pi}{2} \end{cases} \tag{3-5}$$

目标速度:
$$f(v) = \dfrac{0.7v + 0.3v_{\max} - v_{\min}}{v_{\max} - v_{\min}} \tag{3-6}$$

在获得敌方目标的综合威胁值后,我们可以根据敌方目标的威胁程度进行排序,确定打击目标列表,选择优先进行打击的目标。

3.4.2 逼近理想解排序法

逼近理想解排序法（Technique for Order Preference by Similarity to an Ideal Solution，TOPSIS）最早由 Hwang 和 Yoon 在 1981 年提出，是一种根据距离函数进行目标搜寻的方法。

TOPSIS 的基本原理是利用多目标决策问题中正理想解和负理想解的距离，来对评判对象进行排序。正理想解的各个指标均达到最优，可以理解为一个虚拟的最优解；负理想解则与之相反，为虚拟最差解。TOPSIS 根据评判对象与理想化目标的接近程度进行排序，对现有对象进行相对优劣程度的评价，若评判对象最靠近正理想解，则为最优值，反之则为最差值。该方法首先计算出评估方案中的正理想解和负理想解，其次根据备选方案到正理想解、负理想解的相对距离（一般采用欧氏距离）来计算其相对贴近度，从而对备选方案进行排序和优选。具体步骤如下：

（1）计算规范化决策矩阵 A。标准化决策矩阵，得出规范化决策矩阵 A：

$$A = \begin{bmatrix} a_{11} & a_{12} & \cdots & a_{1n} \\ a_{21} & a_{22} & \cdots & a_{2n} \\ \vdots & \vdots & \cdots & \vdots \\ a_{m1} & a_{m2} & \cdots & a_{mn} \end{bmatrix}, \quad a_{ij} = \frac{x_{ij}}{\sqrt{\sum_{i=1}^{m}(x_{ij})^2}}, \quad 1 \leqslant i \leqslant m, 1 \leqslant j \leqslant n \quad (3\text{-}7)$$

（2）计算加权标准化决策矩阵：

$$D = (a_{ij} \times w_j), \quad 1 \leqslant i \leqslant m, 1 \leqslant j \leqslant n \quad (3\text{-}8)$$

式中：w_j 是第 j 个指标的权重，并且 $\sum_{i=1}^{n} w_j = 1$。

（3）计算正理想解 V^+ 和负理想解 V^-：

$$V^+ = (v_1^+, v_2^+, \cdots, v_n^+) = \{(\max_i v_{ij} | j \in J), (\min_i v_{ij} | j \in J')\} \quad (3\text{-}9)$$

$$V^- = (v_1^-, v_2^-, \cdots, v_n^-) = \{(\min_i v_{ij} | j \in J), (\max_i v_{ij} | j \in J')\} \quad (3\text{-}10)$$

（4）计算备选方案到正理想解、负理想解的相对距离，按欧氏距离计算：

$$S_i^+ = \sqrt{\sum_{j=1}^{n}(V_{ij} - V_j^+)^2}, \quad 1 \leqslant i \leqslant m, 1 \leqslant j \leqslant n \quad (3\text{-}11)$$

$$S_i^- = \sqrt{\sum_{j=1}^{n}(V_{ij} - V_j^-)^2}, \quad 1 \leqslant i \leqslant m, 1 \leqslant j \leqslant n \quad (3\text{-}12)$$

（5）计算各备选方案的相对贴近度：

$$Y_i = \frac{S_i^-}{S_i^+ + S_i^-}, \quad 1 \leqslant i \leqslant m \quad (3\text{-}13)$$

式中：$Y_i \in (0,1)$，Y_i 越接近 1，备选方案就越接近理想解。

（6）根据相对贴近度的大小对备选方案排序。相对贴近度的值越大，备选方案越好。

3.4.3 灰色关联分析法

灰色关联分析法（Grey Relational Analysis，GRA）由 Deng 在 1988 年提出，是用灰色关联度来描述方案之间发展趋势的关系或相异程度的多因素统计分析方法。

对于两个系统之间的因素，其随时间或不同对象而变化的关联性大小的量度，称为关联度。在系统发展过程中，若两个因素变化的趋势具有一致性，即同步变化程度较高，表明二者关联程度较高；反之，则较低。因此，灰色关联分析法是根据因素之间发展趋势的相似或相异程度（"灰色关联度"），意图透过一定的途径，去寻求系统中各子系统之间的数值关系，作为衡量因素间关联程度的分析方法。

通过分析因素之间发展趋势的相似或者相异程度，可以更加准确地评估目标体系中各评估指标因素对于目标选择的影响，从而有助于选择出重点目标。也就是说，灰色关联分析法能够通过分析数据发现我们主观建立的目标评估指标体系中各评价指标之间的关系，因而可以在进一步对多个目标考虑的时候更客观地指导目标选择过程。

灰色关联分析法的主要步骤：一是确定最优指标集合。在理想的情况下，各评价对象所能达到的最优状态组成最优指标集合。如用灰色关联分析法评价不同的打击方案对于打击效果的影响，并且评价对象包括消耗的资源、打击程度等，那么这个最优指标集合应该是资源消耗最少、打击效果最好的。二是指标规范量化处理。评价指标通常有不同的量纲和数量级，故不能直接进行比较，为了保证结果的可靠性，需要对原始指标进行规范量化处理。三是计算综合评判结果。用灰色关联分析法分别求得被评价对象的每个指标与最优指标的关联系数，关联系数越大，说明对应的方案和最优指标越接近。据此可以排出各被评价对象的优劣次序，如图3-19所示。

使用灰色关联分析法进行决策时，首先需要对目标方案建立可比性序列，并从中确定一个理想的目标序列；其次，计算备选方案与理想目标序列间的灰色关联系数；最后，计算灰色关联度，并据此对备选方案进行排序。具体方法如下：

图3-19　灰色关联分析法的主要步骤

假设初始的判断决策矩阵为 R。

（1）构建标准化决策矩阵 R'：

$$R' = \begin{bmatrix} x'_{11} & x'_{12} & \cdots & x'_{1n} \\ x'_{21} & x'_{22} & \cdots & x'_{2n} \\ \vdots & \vdots & \cdots & \vdots \\ x'_{m1} & x'_{m2} & \cdots & x'_{mn} \end{bmatrix}, \quad x'_{ij} = \frac{x_{ij}}{\sqrt{\sum_{i=1}^{m}(x_{ij})^2}}, \quad 1 \leq i \leq m, 1 \leq j \leq n \tag{3-14}$$

（2）生成参考序列 x'_0

$$x'_0 = (x'_0(1), x'_0(2), \cdots, x'_0(n)) \tag{3-15}$$

式中：$x'_0(j)$ 是标准化后第 j 个指标的最大值。

（3）计算标准化后的序列与参考序列的差异度：

$$\Delta_{0i}(j) = |x'_0(j) - x'_{ij}| \tag{3-16}$$

并构建差异度矩阵：

$$\Delta = \begin{bmatrix} \Delta_{01}(1) & \Delta_{01}(2) & \cdots & \Delta_{01}(n) \\ \Delta_{02}(1) & \Delta_{02}(2) & \cdots & \Delta_{02}(n) \\ \vdots & \vdots & \cdots & \vdots \\ \Delta_{0m}(1) & \Delta_{0m}(2) & \cdots & \Delta_{0m}(n) \end{bmatrix} \tag{3-17}$$

（4）计算灰色关联系数 $r_{0i}(j)$：

$$r_{0i}(j) = \frac{\min_i \min_j \Delta_{0i}(j) + \delta \max_i \max_j \Delta_{0i}(j)}{\Delta_{0i}(j) + \delta \max_i \max_j \Delta_{0i}(j)} \tag{3-18}$$

式中：δ 是一个分辨系数，其值通常设置为0.5。

（5）计算灰色关联度 b_i：

$$b_i = \frac{1}{n} \sum_{j=1}^{n} r_{0i}(j) \tag{3-19}$$

（6）根据灰色关联度对备选方案排序，值越大越好。

3.4.4 偏好顺序结构评估法

偏好顺序结构评估法（PROMETHEE）是由 Brans 和 Landry 在 1982 年提出的，其计算备选方案效用的流入量、流出量及净流量，再根据净流量的大小对评估方案进行排序。目前，PROMETHEE 已有多种扩展方法，如 PROMETHEE I、PROMETHEE II、PROMETHEE III、PROMETHEE TRI、PROMETHEE IV、PROMETHEE V。PROMETHEE I/II 是决策者根据自己的偏好为每一准则选择偏好函数，再利用偏好函数和准则权系数，定义两个方案的偏好优序指数，进而求出备选方案效用的流入量、流出量及净流量，最后根据净流量的大小对评估方案的部分或整体排序。其评估步骤如下：

假设有 n 个备选方案，m 个评价准则，g 为在评价准则下的评估函数，令两个备选方案 A 和 B 在同一个评价准则下比较，结果有：

$$F_j(A,B) \to [0,1], j \in [1,m] \quad (3\text{-}20)$$

Brans 和 Landry 给出了 6 种偏好函数，并且定义如下参数：q 为无差异阈值，p 为绝对偏好阈值，s 是介于 p 和 q 之间的一个值，则：

若 $F_j(A,B)=0$，则 $g_j(A)-g_j(B) \leq q_j$，说明 A 和 B 之间无优劣之分；

若 $F_j(A,B)=1$，则 $g_j(A)-g_j(B) \leq p_j$，说明 A 相对于 B 有绝对的偏好；

若 $0<F_j(A,B)<1$，则 $q_j \leq g_j(A)-g_j(B) \leq p_j$，说明 A 相对于 B 有较强的偏好。

然后，定义多准则偏好指标：

$$\pi(A,B) = \frac{\sum_{j=1}^{m} w_j F_j(A,B)}{\sum_{j=1}^{m} w_j} \quad (3\text{-}21)$$

式中：w_j 为评价准则的权重；$\pi(A,B)$ 是决策者在评估准则下，对方案 A 优于方案 B 的偏好程度。

确定备选方案的流出量、流入量和净流量：

流出量：$\phi^+(A) = \sum_{B \in K} \pi(A,B)$，$A \in n$ 用来描述方案 A 优于其他方案的程度；

流入量：$\phi^-(A) = \sum_{B \in K} \pi(B,A)$，$A \in n$ 用来描述其他方案优于方案 A 的程度。

净流量：$\phi(A) = \phi^+(A) - \phi^-(A)$。

根据净流量的大小进行方案排序，净流量越大的方案越好。

3.4.5 多准则妥协解排序法

多准则妥协解排序法（VIKOR）是 Opricovic 于 1998 年提出的一种探索和寻找折中方案的多目标决策方法。VIKOR 通过引入妥协解对存在矛盾或冲突的评价指标进行评估，选择距离理想解最为接近的折中妥协解为最佳的决策方案。

首先界定正理想解与负理想解。所谓正理想解是备选方案中最好的解，它的各属性、目标值都达到每个候选方案中的最好的值；负理想解是备选方案中最差的解，它的各属性、目标值都达到每个候选方案中的最差的值。其次引入妥协解，并据此比较各备选方案的评估值。具体步骤如下：

（1）找出各备选方案的正理想解和负理想解：

$$V^+ = \{v_1^+, v_2^+, \cdots, v_n^+\} = \{(\max_i v_{ij} | j \in J), (\min_i v_{ij} | j \in J')\} \quad (3\text{-}22)$$

$$V^- = \{v_1^-, v_2^-, \cdots, v_n^-\} = \{(\min_i v_{ij} | j \in J), (\max_i v_{ij} | j \in J')\} \quad (3\text{-}23)$$

（2）计算各备选方案的加权效用值 S_i 和最大准则损失值 R_i：

$$S_i = \frac{\sum_{j=1}^{n} w_j(V_i^+ - v_{ij})}{(V_i^+ - V_i^-)} \tag{3-24}$$

$$R_i = \frac{\max[w_j(V_i^+ - v_{ij})]}{(V_i^+ - V_i^-)} \tag{3-25}$$

（3）根据决策者的偏好参数 v，计算各方案的综合效用值 Q_i：

$$Q_i = v(S_i - S_i^+)/(S_i^- - S_i^+) - (1-v)(R_i - R_i^+)/(R_i^- - R_i^+) \tag{3-26}$$

$$S^+ = \min_i S_i, S^- = \max_i S_i \tag{3-27}$$

$$R^+ = \min_i R_i, R^- = \max_i R_i \tag{3-28}$$

式中：v 为决策机制系数，一般取值为 0.5。

（4）根据各备选方案的 S_i，R_i，Q_i 的关系进行方案排序：

① 如果 $Q(a'') - Q(a') \geq 1/(m-1)$ 且对应的 S_i 或 R_i 值也最小，则 a' 为最优方案。

② 如果 $Q(a'') - Q(a') \geq 1/(m-1)$ 且对应的 S_i 或 R_i 值均不为最小，则最优方案为 a' 和 a'' 的组合。

③ 如果 $Q(a'') - Q(a') < 1/(m-1)$，则输出前 M 个满足 $Q(a_M) - Q(a') < 1/(m-1)$ 的备选方案，同时也说明这些方案比较接近。

3.4.6 价值工程分析法

价值工程分析法指通过集体智慧和有组织的活动对产品或服务进行功能分析，使目标以最低的总成本，可靠地实现产品或服务的必要功能，从而提高产品或服务的价值。

价值工程分析法的主要思想是通过分析选定研究对象的功能及费用，提高对象的价值。这里的价值，指的是反映费用支出与获得之间的比例，用数学比例式可表达为

$$价值=功能/成本$$

如果把目标体系中的目标实体看作价值工程分析法中的研究对象，将研究对象的功能和成本分别对应目标的功能和资源消耗情况，那么研究对象的价值就是目标实体的价值，价值工程分析和计算的过程就可以用来求解目标选择问题。基于价值的目标选择方法，是建立在目标价值评估基础上的决策方法。这种选择方法以价值为出发点，评估目标在目标体系中的重要程度，是一种比较符合指挥员思维习惯的目标选择方法。

1. 价值工程分析法的特点

价值工程分析法不是单纯地强调功能提高，也不是片面地要求降低成本，而是致力于研究功能与成本之间的关系，找出二者共同决定产品价值的结合点，克服只顾功能而不计成本或只考虑成本而不顾功能的盲目做法。价值工程分析法在用于目标选择过程中时，通过分析目标的功能和打击成本进而确定目标选择清单。

2. 价值工程分析法的原则

在长期实践过程中，人们总结了一套开展价值工程分析法的原则，用于指导价值工程活动各步骤的工作。这些原则也同样能够给目标选择过程提供指导，主要包括下述方面：

（1）分析问题应避免一般化、概念化，应进行具体分析。

（2）收集一切可用的资源消耗资料。

（3）使用最好、最可靠的情报。

（4）打破现有框架，进行创新和提高。

（5）发挥真正的独创性。
（6）找出障碍，克服障碍。
（7）充分利用有关专家，扩大专业知识面。
（8）对于重要的功能，应合理设置价值指标来认真考虑。
（9）尽量采用行业标准。

这9条原则中，（1）～（5）属于思想方法和精神状态的要求，提出要实事求是，要有创新精神；（6）～（9）是组织方法和技术方法的要求，提出要重专家、重专业化、重标准化。

3．价值工程分析法的程序

价值工程分析法已发展成为一项比较完善的管理技术，在实践中也形成了一套科学的实施程序，这套实施程序实际上是发现矛盾、分析矛盾和解决矛盾的过程，通常围绕以下7个合乎逻辑程序的问题展开：

（1）这是什么？
（2）这是干什么用的？
（3）它的成本是多少？
（4）它的价值是多少？
（5）有其他方法能实现这个功能吗？
（6）新方案的成本是多少？功能如何？
（7）新方案能满足要求吗？

按照顺序回答和解决这7个问题的过程，就是价值工程分析法的工作程序。

在目标选择问题中可以借鉴这些成熟的工作程序，再结合实际的军事背景解决实际问题，即选定对象、搜集情报资料、进行功能分析、提出改进方案、分析和评价方案、实施方案、评价活动成果，如图3-20所示。

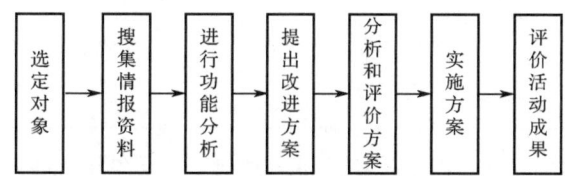

图3-20 价值工程分析法的工作程序

在上述工作程序中，核心内容主要有两点：一是建立完整的目标价值指标体系及指标权重，典型的敌方目标价值指标体系如图3-21所示；二是选择合适的目标价值排序模型及方法，可选取逼近理想解排序法、灰色关联分析法等方法进行建模。

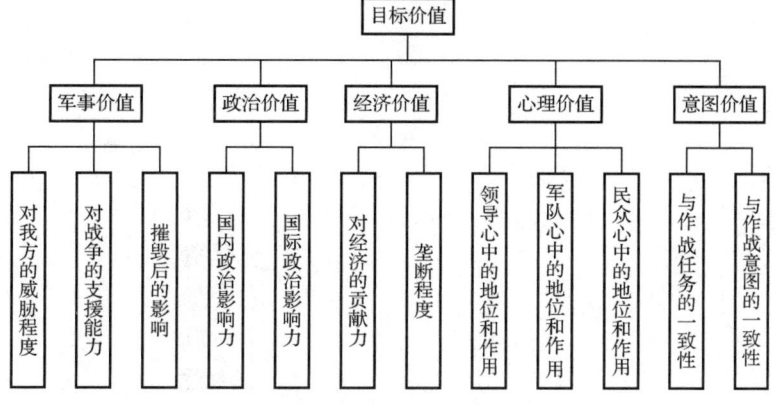

图3-21 典型的敌方目标价值指标体系

3.5 目标选择决策案例

在信息化条件下的局部战争中，目标选择的实践案例频频出现，这些案例在作战行动过程中发挥着越来越重要的作用。如在海湾战争中，美军把伊拉克军事目标情报输入决策支持系统，对目标逐个分析、筛选、排序，按照指挥员的命令，制定并输出详细的空袭计划。美军起初准备突击伊拉克的 5 类 12 种共 600 多个目标，在计算机的辅助下对目标体系进行了认真分析，并最后确定主要打击其中的 50 个重要目标。通过对这些重要目标的打击，美军在短时间内达成了瘫痪伊军整体防御的作战意图。

为了更好地理解目标选择的具体实施过程，本节以空降作战突破点的选择为例说明逼近理想解排序法（TOPSIS）的具体处理流程。对空降作战的指挥员来讲，突破点的选择至关重要，假设经过前期周密的侦察，发现影响突破点的选择主要有三个因素，分别是所需兵力、机动距离、突破点的火力控制范围。其中，所需兵力和机动距离均为成本型属性，也就是说拿下突破点所需的兵力越少、机动距离越短，这个突破点越应该选择；而突破点的火力控制范围是一个效益型属性，取值越大越好，因为取值越大，意味着该突破点可以为后续部队进入战场提供更大的安全区。

现在指挥员面临的问题是，若在该空降作战过程中，存在 5 个可选择的突破点，每个突破点的所需兵力、机动距离、突破点的火力控制范围的需求不一，如何才能选出最优的一个？影响突破点选择的因素如表 3-1 所示。

表 3-1 影响突破点选择的因素

突 破 点	所 需 兵 力	机动距离/km	突破点的火力控制范围/km
突破点 1	4 个空降兵连	1500	2.5
突破点 2	5 个空降兵连	1000	3.2
突破点 3	3 个空降兵连	1250	1.5
突破点 4	4 个空降兵连	800	1.0
突破点 5	2 个空降兵连	1000	1.5

本案例利用 TOPSIS 求解空降作战突破点的选择问题，针对该案例的目标选择过程如下：

（1）对决策矩阵进行规范化处理。通过对决策矩阵的列向量进行规范化处理，将每个属性向量转化为单位向量，转化后各列的平方和为 1。这种规范化的方法在处理的时候，将决策矩阵的每一列求平方和开根号之后作为分母，用每一列的每一个属性值作为分子。决策矩阵 A 经过规范化处理，得到规范化决策矩阵 B。

$$A = \begin{bmatrix} 4 & 1500 & 2.5 \\ 5 & 1000 & 3.2 \\ 3 & 1250 & 1.5 \\ 4 & 800 & 1.0 \\ 2 & 1000 & 1.5 \end{bmatrix} \quad (3\text{-}29)$$

$$B = \begin{bmatrix} 0.4781 & 0.5905 & 0.5331 \\ 0.5976 & 0.3927 & 0.6824 \\ 0.3586 & 0.4921 & 0.3199 \\ 0.4781 & 0.3149 & 0.2132 \\ 0.2390 & 0.3937 & 0.3199 \end{bmatrix} \quad (3\text{-}30)$$

(2)属性加权。一个作战经验丰富的指挥员在选择突破点的时候,对于突破点各属性的重要性有自己独到而准确的思考,这意味着在用 TOPSIS 确定方案优劣性之前,还需要对属性值进行加权,越重要的属性权重越大,越不重要的属性权重越小。可以通过专家赋值、层次分析法或者熵权法得到权重向量。假设我们已经取得权重向量 W,用权重向量 W=[0.374 0.337 0.289]逐列乘以各突破方案的每个属性值,得到一个加权规范化决策矩阵,这种运算在数学上称为哈达玛积。例如,以第一个方案的第一个属性值 0.4781 乘以权重向量的第一个元素 0.374,就得到了加权规范化决策矩阵中第一行第一列的元素 0.1788,依次类推。规范化决策矩阵 B 经过属性加权计算后,得到加权规范化决策矩阵 X。

$$X = \begin{bmatrix} 0.1788 & 0.1990 & 0.1541 \\ 0.2235 & 0.1327 & 0.1972 \\ 0.1341 & 0.1658 & 0.0924 \\ 0.1788 & 0.1061 & 0.0616 \\ 0.0894 & 0.1327 & 0.0924 \end{bmatrix} \quad (3-31)$$

(3)计算正理想解和负理想解。对于效益型属性,正理想解取最大值,负理想解取最小值;对于成本型属性,正理想解取最小值,负理想解取最大值。在加权规范化决策矩阵 X 中,第一个属性所需兵力和第二个属性机动距离是成本型的,因此选取第一列和第二列的最小值 0.0894、0.1061 作为正理想解的前两个元素的取值,而第三个属性突破点的火力控制范围是效益型的,所以选取第三列的最大值 0.1972 作为正理想解的第三个元素的取值。反之,求取负理想解的时候,选取第一列、第二列的最大值、第三列的最小值作为负理想解的取值。由此得到了正理想解和负理想解,其中,正理想解为(0.0894 0.1061 0.1972),负理想解为(0.2235 0.1990 0.0616)。

(4)计算备选方案到正理想解、负理想解的距离,按欧氏距离计算。第一个方案到正理想解的欧氏距离是 0.1359,可以依次求出各方案到正负理想解的距离。最终求得各方案到正理想解的距离为(0.1359 0.1367 0.1286 0.1624 0.1081),各方案到负理想解的距离为(0.1027 0.1509 0.1002 0.1031 0.1528)。

(5)计算各方案的相对贴近度。得到各方案与正负理想解的距离后,需要定义一个指标来对各方案的优劣性进行衡量,这个指标就是相对贴近度。如何定义相对贴近度,才能准确对方案的优劣进行排序呢?TOPSIS 是这样做的:以方案到正负理想解的距离之和为分母,以方案到负理想解的距离为分子,来计算相对贴近度。按照这种定义,可以求出突破点 1 的相对贴近度为 0.4303,并依次可以求出其他突破点的相对贴近度。分析可知,显然这种相对贴近度的取值在[0,1]闭区间上,方案与正理想解的距离越小,与负理想解的距离越大时,相对贴近度越大,方案越优。也就是说,这种相对贴近度的定义方式实现了对方案优劣的客观反映。最终求得各方案的相对贴近度为(0.4303 0.5247 0.4380 0.3882 0.5856)。

(6)根据各方案相对贴近度的大小对方案进行排序。相对贴近度的值越大,方案越好。通过计算可以得到突破点 5 的相对贴近度最大,接下来按照相对贴近度数值选择的突破点依次是 2、3、1、4,即为各突破点的优劣顺序。

需要说明的是,实际在使用 TOPSIS 时还要了解它自身的局限性。在前面例子的 5 个突破点中,突破点 1 优于突破点 4,假设现在新加入一个突破点 6,所需兵力为 3 个空降兵连、机动距离为 600km、突破点的火力控制范围为 4km,再次使用 TOPSIS 对各个突破点的优劣性进行排序,结果发现突破点 4 的相对贴近度大于突破点 1 的,即突破点 4 优于突破点 1,它们的优劣顺序发生了翻转。这种现象称为逆序,其产生的原因是当引进新的决策方案后,理想解发生了变化,也就是说参照物或评价标准发生了变化,而评价标准的变化必然导致评价结果的不同,即引起方案优劣顺序的变化。

小　结

　　本章主要对作战目标选择的相关概念、目标选择理论及特点、目标选择决策方法等内容进行了详细的介绍。首先从作战目标选择的概念内涵入手，阐述目标与目标体系的基本概念、描述方法及运行机制；其次介绍了目标选择理论、目标重要性评价指标以及目标选择的特点和趋势；再次根据目标选择的基本要求，详细讲解了典型目标选择辅助决策模型和具体决策方法；最后以空降作战突破点的选择为例，说明了应用逼近理想解排序法进行目标选择的处理流程。通过本章内容的学习，可帮助读者建立起作战目标选择过程的知识体系和应用基础，为后续章节的学习提供支撑。

习　题

1. 简述目标、目标体系的概念及内涵。
2. 什么是军事目标？列举常用军事目标分类中军事目标包括的类型。
3. 分析目标实体描述涉及的主要要素及各要素描述的主要内容。
4. 目标体系结构描述中的两类结构关系和四种业务关系分别是什么？
5. 绘图说明目标体系的运行机制有哪些？
6. 分析"五环"目标选择理论的基本思想。
7. 分析信息化作战中目标选择的特点。
8. 分析威胁估计的功能结构，说明要地防空中有哪些常用的威胁估计方法。
9. 简述常用的目标选择决策方法。
10. 简述使用价值工程分析法进行目标选择的工作流程。

第4章 作战计划制定

作战计划制定作为指挥控制的重要环节，其成败会直接影响指挥控制的效果，进而影响整体作战的进程和结局。作战计划制定是指挥员及其指挥机关为指导部队作战准备和作战实施所进行的一系列预先设计和安排，是将指挥员的意图物化为具体行动计划的复杂决策过程，它涉及作战行动过程生成、资源调度方案生成、指控（指挥控制）组织结构设计等诸多问题。先进的信息技术和网络技术在军事领域的广泛应用，使得信息化战场环境变化更加激烈、战争节奏更快、战争体系更加复杂。在激烈变化和日益复杂的战场环境下，如何快速、高效地生成与战场环境和作战使命相适应的作战计划，并能够根据战场环境和作战使命的变化进行适时的调整及优化，是目前军事指挥控制的重难点问题。

4.1 作战计划制定概述

作战计划制定的本质是把有限的资源在正确的时间部署到正确的地点去执行正确的任务，并在这一过程中实现对作战目标过程的优化。在信息化作战条件下，战场空间不断扩大，作战资源日益复杂，作战计划呈现出前所未有的复杂性特征。

4.1.1 作战计划的基本概念

在军事上，计划这个概念自古有之。管仲在《管子·七法第六》中强调，"故凡攻伐之为道也，计必先定于内，然后兵出乎境，计未定于内而兵出乎境，是则战之自胜，攻之自毁也"。孙武在《孙子兵法》中，将"计"作为开篇，进行了专门的论述，认为"夫未战而庙算胜者，得算多也，未战而庙算不胜者，得算少也。多算胜，少算不胜，而况无算乎"。宋代《册府元龟》卷"任篇"说，"运筹于帷幄之中"。克劳塞维茨在《战争论》中给出了战争计划的定义，"战争计划总括全部军事行动，并且使它成为具有一个最终目的的统一行动"。

《中国人民解放军军语》关于作战计划的描述是"军队为遂行作战任务而对作战准备和实施制定的计划，包括作战行动计划和保障计划。作战行动计划包括作战行动总体计划、作战协同计划和火力、防空、信息战斗、后方防卫等分支计划，保障计划包括作战保障、后勤保障、装备保障等计划。作战计划是指挥员决心的具体体现，也是组织与实施作战行动的依据。"

随着现代战争的日益复杂，军事上对计划过程的重视程度与日俱增，计划过程也不是简单划分为作战和保障，而是以多军种联合作战中的计划过程为主要发展趋势。为了满足作战指挥的需要，计划过程的结果也以多种形式表现，不仅只有文书的方式。

根据作战的指挥层次，作战计划可分为战略级、战役级和战术级三类；根据作战计划的时间特点，可分为周密作战计划和应急作战计划两类。作战计划制定过程是支持作战方针、规划、决策、实施、控制、反馈和评估的连续的、可循环的过程。

4.1.2 作战计划系统

作战计划越复杂，就越需要高效的计划方法。随着联合作战在我军作战训练和实战中比重的不断增加，传统的运筹学方法已不再适应信息化条件下作战计划制定的需求。伴随计算机技术、信息技术、网络技术、人工智能理论、管理理论和系统工程理论的发展与结合，国内外涌现了大量支持作战计划制定的方法和技术，使得作战计划制定过程呈现出多样化、系统化的趋势，具体体现为作战计划系统的研究、开发、实现和应用。

作战计划系统是以先进的军事指挥理论和方法为指导，以新兴的军事运筹、系统工程、人工智能等技术为基础，进行计划的拟制、管理、分析与执行监控，并辅助指挥员进行作战筹划和决策的计算机软硬件系统。

信息化作战条件下，由于作战具有高度复杂性、时间紧迫性等特点，使得作战计划系统成为作战指挥中不可缺少的组成部分。利用计算机进行作战计划的辅助生成，是提高指挥员的谋略水平与指挥能力，促进决策更加科学化的重要手段。

信息化作战条件下作战计划制定是一个计划演进求精的过程。作战计划制定过程是将基于粗略数据的决心方案自动生成基于精细数据的作战计划，并通过评估可行性对其进行进一步修正，从而形成最终的作战计划。研制作战计划系统是为了在复杂战争环境中，基于不完整、不精确、多变化的战场信息，快速、准确地生成作战计划，从而提高作战计划制定的质量和效率，进而提升指挥的准确性、及时性和稳定性。

随着作战节奏的加快，作战计划面临的时间压力日益增加。在海湾战争中，美军在空袭行动中从发现目标到攻击目标需要 3 天；在科索沃战争中，这一时间缩短到 2h；在阿富汗战争中，这一时间进一步缩短到 19min，攻击的实时性大大提高；而在伊拉克战争中，这一时间已控制在 10min 内。这种效率的提高一方面得益于作战组织形式的改革，另一方面也得益于作战计划系统的实现及应用。作战计划系统主要有以下两个方面的地位和作用：一是为作战指挥控制提供智能化的决策支持和分析工具，提高了作战决策的效率；二是提供了分析联合作战编成、样式、效果的有效手段。

当前美军比较典型的作战计划系统，如用于生成空中任务指令（Air Task Order，ATO）的"应急战区自动计划系统"（Contingency Theater Automated Planning Systems，CTAPS）、生成危机行动计划的"危机行动作战计划系统"（System for Operations Crisis Action Planning，SOCAP），这些系统都是智能的作战计划系统。一个成功的作战计划系统往往需要综合集成多种技术，如产生式计划技术，基于案例的规划、时序逻辑规划技术，调度技术等。

4.1.3 作战计划表示模型

作战任务描述规范
公共环境描述规范
作战实体描述规范
作战行动描述规范
协同关系描述规范

图 4-1 作战计划表示模型的组成要素

作战计划表示模型定义了作战计划的组成及其表示方法，为作战单元之间共享作战计划信息提供了便利。对于一个基本的作战计划而言，其表示模型需要包括以下五个组成部分：作战任务描述规范、公共环境描述规范、作战实体描述规范、作战行动描述规范、协同关系描述规范，如图4-1所示。

其中，作战任务描述规范包括对目标和任务的描述，如作战目标体系及其关系、任务集合及其关系，是整个作战计划制定的起点，也是作战计划表示模型中最核心的组成部分。对目标的描述包括目标信息、评价标准和评价内容等。对任务的描述体现了使命的过程视图，其描述了完成一个军事行动或军事使命的过程需求。

公共环境描述规范是通过对战场空间范围内的自然环境进行分析和抽象而建立数据表示模型，并依据此模型以数据的形式描述和表示自然环境中各种对象的方法和过程，如作战区域内的气象、水文、地理以及电磁等环境。公共环境主要是指战场态势图中的白色视图。

作战实体描述规范包括对作战双方的作战单位类型、属性、方法、结构、交互等内容的描述。实体包含战场空间中的人、组织、设备、特点、材料等，具体可分为作战编成、作战部署以及武器配置。

作战行动描述规范是对作战实体完成任务的描述，包括作战阶段、行动序列以及武器作战使用。作战行动是指在军事任务空间中能够对目标或者任务的状态产生间接或直接影响的军事行动。

协同关系描述规范包括对作战实体之间的联合情报、火力协同、后勤保障、频率协同等内容的描述。联合情报描述了各作战实体之间的情报支援和共享关系，火力协同描述了各作战实体之间的火力打击和防卫保护协同，后勤保障描述了其他非作战力量对作战力量的支持，频率协同是作战实体之间为了避免电磁干扰而进行的有效电子对抗保障措施。

而作战计划的具体表示方法最初是从形式化语言的计划表示研究开始的。形式化语言采用精确的数学表达对行动过程、计划进行刻画，力求说明事物的本质。因此，无论是过去还是现在，形式化语言的计划表示研究一直都在持续发展。尽管出于知识共享的需要，计划表示更多采用了本体的方法，但其知识基础还是形式化语言所表达的计划内容。作战计划具体的表示方法包括核心计划表示概念模型、战场管理语言本体、作战视图表示法等。

4.1.4 作战计划生成结构

信息化条件下的作战计划制定是一个多种作战计划系统相互协同、不断迭代的过程。作战计划系统根据整体作战意图以及当前敌我双方的态势协调、确定各军兵种的作战子计划，并传达给相应的各军兵种的作战计划系统。各军兵种的作战计划系统将对接收到的计划进行进一步细化，并传送到所属的各作战单元的计划系统。各作战单元确定的作战计划将最终汇总到联合作战计划系统中进行确认和进一步的整合。而在支撑作战计划生成的整体过程中，作战计划生成结构是核心要素。

作战计划生成结构，也称为作战计划的协同模型。在整个作战计划生成结构中，各军兵种的各级作战决策部门被视为具有一定自治性和独立性的计划生成实体，各实体在不同的指控模式下存在隶属、协商、竞争等关系。对应从完全集中的指控结构发展到网络中心战自同步的指控关系和模式，有三种不同形式的作战计划生成结构，即集中式作战计划生成结构、层次式作战计划生成结构和对等式作战计划生成结构。

（1）集中式作战计划生成结构：在整个结构中只存在唯一的作战计划生成实体，用于制定和生成所有的作战计划，调度各种作战资源。这种结构比较适用于作战计划实体规模较小的情况，在此情况下，这种集中式的作战计划生成方式易于实现和管理，并具有较高的效率。而当作战计划实体规模变大时，集中式作战计划生成结构将需要协调和调度更多的来自各军兵种、各部门的资源，计划生成难度加大，并且唯一的作战计划生成实体会成为整体结构的潜在瓶颈。

（2）层次式作战计划生成结构：在整个结构中作战计划生成实体按隶属关系形成树状的层次结构。处于根节点的实体负责协调、安排处于叶节点的实体的作战计划，而其余节点则根据父节点的协调安排生成各自的作战计划，并将其进一步分解到各自的叶节点。层次式作战计划生成结构的优势是通过逐级分解工作，可适应大规模的作战计划生成任务，但是严格层次式的结构依赖上级节点的协调、控制，对于可能影响全局的情况变化需要逐级上报，并由高层节点统一协调，大量底层节点之间缺乏直接的沟通途径，很难适应快速变化的战场环境。

（3）对等式作战计划生成结构：也称分布式作战计划生成结构，在整个结构中各作战计划生成实体之间是一种对等、协商的关系，不严格区分层次和隶属关系，各实体根据自身的情况以及全局任务目标经过协商确定、优化各自的作战计划，以保证全局任务目标的实现。对等式作战计划生成结构强调各计划生成实体间更充分有序的交流和协作，体现了网络中心战环境下各作战实体自同步的特点，在快速变化的战场环境中具有高适应性。在对等式作战计划生成结构上，可以进一步支持混合式协同计划的生成，即在保证节点间对等交流、资源共享的基础上，于局部体现出一定的集中或层次的计划生成模式，以充分满足联合作战中计划生成的需要。

4.1.5 作战计划制定的过程模型

完整的作战计划制定过程主要包括任务分析、行动规划、资源调度、组织设计、方案评估以及执行驱动等阶段。任务分析阶段，搜集并整理敌情、我情，明确作战方案的任务目标；行动规划阶段，对该次作战中应该采取的行动进行规划和设计，确定合理的行动过程；资源调度阶段，根据行动规划结果、当前可用作战资源及其状态，对作战资源进行调度，明确其在联合作战中的角色和任务；组织设计阶段，针对任务目标和资源调度方案对该次作战任务的组织结构进行设计和优化，确定合理的编成方式；方案评估阶段，对前四个阶段确定的作战计划方案进行评估，并根据评估结果对行动规划、资源调度、组织设计进行优化调整；执行驱动阶段，驱动作战计划的执行，并对作战计划的执行过程进行监控和管理。

作战计划制定过程的核心步骤包括行动规划、资源调度和组织设计。其中，行动规划就是生成作战行动过程，资源调度就是生成资源调度方案，组织设计就是设计指控（指挥控制）组织结构。因此，典型的作战计划制定问题可这样描述：给定作战环境、作战企图和可获取的资源集合，获取作战行动过程、资源调度方案和组织结构方案的过程，如图4-2所示。

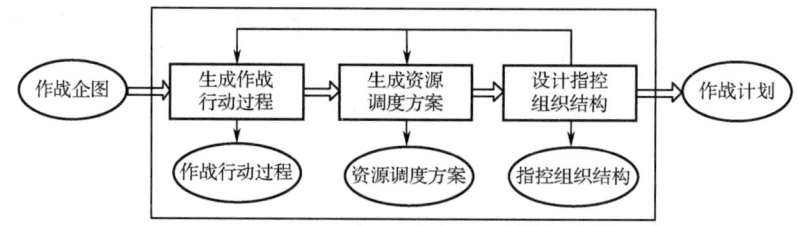

图4-2 作战计划制定过程的核心步骤

生成作战行动过程，主要是确定需要处理的所有作战任务，以及作战任务之间的执行顺序（包括任务的串行、并行以及交叉关系），同时明确作战任务处理的时间需求、资源需求等基本特征，即该过程需要明确"做什么"的问题。

生成资源调度方案，主要是完成平台资源到作战任务的分配，形成平台资源到作战任务的资源调度方案，即明确"由谁来做"的问题。该步骤通常以整个任务流程最短完成时间或者以资源的最高利用率为优化目标，而整个分配过程的约束条件包括同一资源能同时处理的任务数量、任务需求的满足程度以及整个任务流程的时限等。

设计指控组织结构，主要是确定完成作战企图所需要的指控组织结构关系，即明确"由谁来指挥"的问题。该步骤通常以最小化指控组织结构中决策实体之间的协作负载为优化目标，而整个设计过程的约束条件包括每一个平台资源只隶属于一个决策实体以及决策实体的指挥跨度、协同上限、任务上限等。

作战计划制定过程的核心步骤图示如图4-3所示。

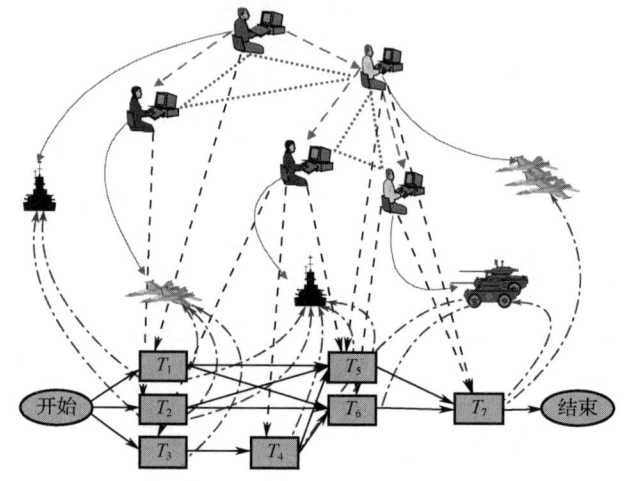

图4-3 作战计划制定过程的核心步骤图示

4.2 作战行动过程的生成

4.2.1 作战行动过程的基本概念

作战行动过程（Course Of Actions，COA）的生成是作战计划制定的基本步骤，无论多么复杂的作战计划，都需要首先确定作战行动过程，即需要确定做什么，合理、有效的作战行动过程是作战计划制定的基础和关键。作战行动过程的生成涉及作战行动过程的表示、生成与检验等诸多关键环节，是一个复杂的系统工程。

从认知论的角度来看，作战过程可以抽象为"认知"和"行动"两大活动。"认知"就是认清战场态势和敌我双方力量对比，目的是在知己知彼的基础上形成决策；而"行动"就是根据认知采取适当的策略，目的是达成己方的目标。因此，如何正确地"认知"和如何采取合适的"行动"便成为整个作战过程的关键所在。目前，在网络中心化的条件下，由于战场态势的动态性、战场目标的复杂性、作战资源的有限性、外部事件的不确定性、己方行动的关联性（战场资源的有限性导致了不同阶段的己方行动的关联）、环境演化过程的随机性等特点，使得战场态势信息的来源是变化的、分布的，从而导致了信息分析的复杂性和决策过程的高时效性。因此，如何在网络化条件下构建战场态势的认知模型并在模型的基础上获取最佳的 COA 显得更为迫切，同时也使得 COA 问题的研究成为国内外军事领域研究的一个热点。

COA 是整个作战组织为保证其使命整体有序而采取的行为，是执行使命的任务流程，其结果一般以任务序列图的形式来展现。最常见的任务序列图为有向非循环图（Direct Acyclic Graph，DAG）。在任务序列图中，没有前导节点的节点称为入口节点，没有后续节点的节点称为出口节点，如果一个任务序列图中有多个入口节点或多个出口节点，则可以将它们连接到一个假定的入口节点或出口节点上。任务序列图描述了任务之间的定性关系，图中的每一个节点对应任务集 T 中的一个任务 $T_i(i=1,2,\cdots,N)$，有向边表示任务之间的先后关系。图 4-4 所示为任务序列图的一个示例。

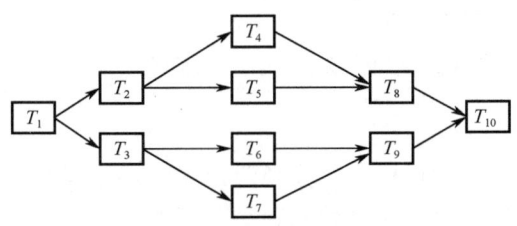

图 4-4 任务序列图的一个示例

4.2.2 作战行动过程要素

COA 的相关要素主要包括作战目的、作战阶段、作战资源和作战行动。下面结合某海上登陆作战想定，分别描述 COA 的相关要素。假设该海上登陆作战想定的战场态势图如图 4-5 所示（DDG：驱逐舰；SMC：特种舰；LPD：两栖运输船；FFG：护卫舰；CG：巡洋舰；LHA：两栖攻击舰；CV：航空母舰），假设最后得到的作战行动过程如图 4-6 所示，也就是任务序列图（COA 结果），在图 4-6 中对应的作战任务名称分别为北区防御 T_1、南区防御 T_2、北区补给 T_3、南区补给 T_4、清除海区障碍 T_5、压制高地 T_6、抢占北滩 T_7、抢占南滩 T_8、北滩防御 T_9、南滩防御 T_{10}、北路行进 T_{11}、南路行进 T_{12}、清除北路威胁 T_{13}、清除南路威胁 T_{14}、占领港口 T_{15}、占领机场 T_{16}、桥头遭遇 T_{17}、炸桥阻援 T_{18}。

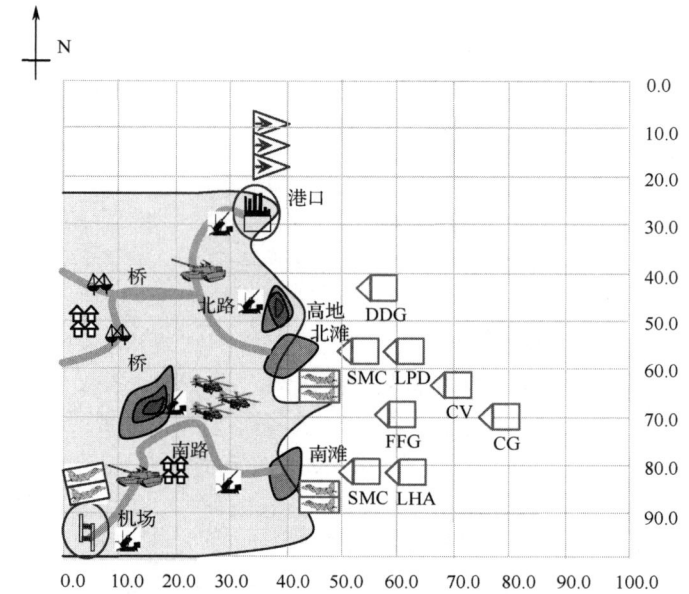

图 4-5 海上登陆作战想定的战场态势图

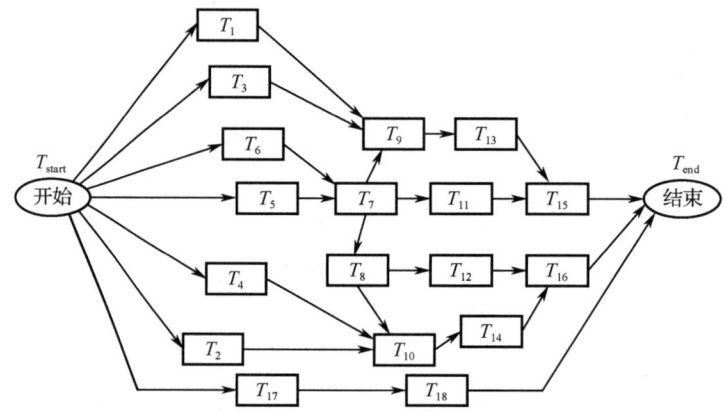

图 4-6 海上登陆作战想定对应的任务序列图

1. 作战目的

作战目的是实施整体作战行动过程所要实现的企图或要达成的预期结果，如歼灭某部分敌人或者攻占某个区域，一般根据上级的作战意图制定。作战行动过程生成中应在准确领会上级作战意图的基础上，明确本部队的任务和作战目的。作战目的从根本上决定了达到目的所需要的方法和途径，并确定了需要的作战力量及其使用方式。当然，达到目的的途径和方案并不唯一，需要根据每一次作战行动的具体情况确定。

在本案例中，海上登陆作战想定的作战目标是占领港口 T_{15}、占领机场 T_{16} 和炸桥阻援 T_{18}。

2. 作战阶段

一般需要通过多个阶段具体目的的实现才能达成最终的作战目的，因此在作战计划中会人为地将整个作战行动过程划分为多个阶段。一般情况下，前一个阶段作战目的的实现是后序阶段作战行动得以执行的前提。作战行动过程生成中一般需要从最终作战目的出发来倒推各个阶段需要实现的具体目的，但是进攻作战和防御作战中对作战阶段的划分方法有一定的区别。在以进攻为主的作战行动中，一般以达成我方最终作战目的所需的子目的来进行阶段的划分；而在以防御为主的作战行动中，一般应以敌方的作战目的为划分作战阶段的依据。

· 114 ·

在本案例中，为了保证海上登陆作战想定最终目标的实现，主体分为两个大的作战阶段，第一阶段是海区的作战（包括南区和北区），第二阶段是岛滩的作战（包括南滩和北滩）。

3．作战资源

作战资源是执行所有作战行动的条件，凡是能用于执行作战行动的资源都可以称为作战资源。一般情况下，作战行动过程生成前，作战资源是一个已知条件，作为作战行动过程生成的一个重要的约束条件。按照能力的不同，作战资源可以划分为对空防御资源、对海防御（反舰）资源、反潜资源、炮火压制资源等；按照是否可消耗，可分为消耗型资源和非消耗型资源。

本案例中，生成海上登陆作战想定的作战行动过程必然需要相应的作战资源，如驱逐舰、护卫舰、巡洋舰、两栖工兵分队、步兵分队、近距离空中支援作战飞机等。

4．作战行动

作战行动是作战行动过程生成的核心，只有通过作战行动的执行才能实现战场态势的转换，即由初始的作战态势通过作战行动的执行可以实现最终的作战目的。执行作战行动需要满足一定的前提条件与资源约束，前提条件是指作战行动之间存在着逻辑约束（包括顺序关系、并行关系以及互斥关系），资源约束是指前文在作战资源描述中提到的作战行动执行的约束。

对作战任务的执行过程就是作战行动，本案例中，任务 T_1、T_2、…、T_{17}、T_{18} 就是作战行动，T_9 的前提条件是 T_1、T_3 和 T_7。一个任务的执行过程可以是一个单独的行动，也可以由领域专家划分为更多的子行动。

4.2.3 经典作战行动过程建模与生成方法

1．作战行动过程建模与生成方法描述

作战行动过程建模与生成方法以结构化模型和语义模型为基础，以图为表示语言，对作战行动过程的结构、协同关系和因果关系进行直观表示。关于作战行动过程建模与生成方法，最著名的是经典作战行动过程建模与生成方法，而美国的斯坦福系统是基于该方法开发的行动过程生成系统。

经典作战行动过程建模与生成方法将每一个作战行动建模为行动名称、行动的前提条件和行动的执行结果，如表 4-1 所示。而整个作战行动过程生成过程是：给定整个战场空间的初始状态和目标状态，结合待选的作战行动的集合，搜索出能够实现目标的作战行动过程。关于作战行动过程搜索的方法，常见的有前向状态空间搜索和目标导向规划方法。其中，前向状态空间搜索的主要思想是从当前战场空间的状态出发，分析在当前状态下能执行的行动，以及行动执行的结果（下一阶段的战场空间状态），并从该状态出发重复第一阶段的搜索，直到达到目标状态。前向状态空间搜索的主要缺点是整个搜索空间会随着行动数量的增加呈几何级数增长，使得搜索的效率比较低。目标导向规划方法又称为逆向规划方法，其核心思想是从目标状态出发搜索能实现目标状态的行动，并将该行动的执行前提作为子目标，以此类推，直到所有子目标加入初始状态的子集中。

表 4-1 行动过程建模示例

行动序列	行动名称	行动的前提条件	行动的执行结果
行动 1	两栖攻击	（1）拥有局部制空权。 （2）拥有局部海上控制权。 （3）拥有局部海下控制权。 （4）行进路线海雷已清除。 （5）拥有港口控制权	拥有目标岛屿控制权
行动 2	利用潜艇反潜	无	拥有局部海下控制权

从以上描述可以得出：经典作战行动过程建模与生成方法本质上是处理作战行动效果确定的规划问题，即作战计划制定人员需要确知每项作战行动执行需要满足的前提条件以及执行后整个战场状态的改变。

2．案例及分析

以一次多军兵种联合海上登陆作战战役为例，对经典作战行动过程建模与生成方法进行分析。

假设该战役的初始状态为空，目标状态为拥有目标岛屿控制权，待选的行动过程如表 4-2 所示。

表4-2 多军兵种联合海上登陆作战战役待选的行动过程

行动序列	行动名称	行动的前提条件	行动的执行结果
行动 1	两栖攻击	（1）拥有局部制空权。 （2）拥有局部海上控制权。 （3）拥有局部海下控制权。 （4）行进路线海雷已清除。 （5）拥有港口控制权	拥有目标岛屿控制权
行动 2	利用空战夺取制空权	（1）前线作战基地已建立。 （2）战斗机已部署到作战海域。 （3）可以提供中途加油	拥有局部制空权
行动 3	利用海上巡逻机进行反潜	（1）前线作战基地已建立。 （2）海上巡逻机已部署到太平洋。 （3）拥有局部制空权	拥有局部海下控制权
行动 4	利用护卫舰进行反潜	拥有局部制空权	拥有局部海下控制权
行动 5	利用潜艇进行反潜	无	拥有局部海下控制权
行动 6	利用空降攻占港口	（1）拥有局部制空权。 （2）前线作战基地已建立。 （3）中途加油点已建立	拥有港口控制权
行动 7	海上护航	拥有局部制空权	拥有局部海上控制权
行动 8	使用猎雷舰艇进行排雷	（1）拥有局部制空权。 （2）拥有局部海上控制权。 （3）拥有局部海下控制权	行进路线海雷已清除
行动 9	空中力量预打击	（1）敌军防空火力被压制。 （2）前线作战基地已建立。 （3）战斗机已部署到作战海域。 （4）获取最新的情报	（1）空中优势已建立。 （2）拥有局部制空权。 （3）敌方机场被摧毁
行动 10	利用战斗机攻击力量破坏敌方空中力量	无	（1）空中优势已建立。 （2）拥有局部制空权
行动 11	利用战斗机进行监视行动	无	获取最新的情报
行动 12	建立前线作战基地	无	前线作战基地已建立
行动 13	建立中途加油点	无	中途加油点已建立
行动 14	提供空中加油	（1）前线作战基地已建立。 （2）空中加油机已部署到作战海域	可以提供中途加油
行动 15	压制敌军防空火力	（1）前线作战基地已建立。 （2）战斗机已部署到作战海域。 （3）可以提供中途加油	敌军防空火力被压制

续表

行动序列	行动名称	行动的前提条件	行动的执行结果
行动16	部署空中加油机到作战海域	无	空中加油机已部署到作战海域
行动17	部署战斗机到作战海域	无	战斗机已部署到作战海域
行动18	部署攻击机到作战海域	无	攻击机已部署到作战海域
行动19	利用战斗机和直升机攻占港口	中途加油点已建立	拥有港口控制权
行动20	利用战斗机和潜艇攻占港口	无	拥有港口控制权
行动21	利用海上巡逻机进行监视活动	(1) 前线作战基地已建立。 (2) 海上巡逻机已被部署到作战海域	获取最新的情报
行动22	部署海上巡逻机到作战海域	无	海上巡逻机已部署到作战海域
行动23	利用潜鸟扫雷	无	行进路线海雷已清除
行动24	利用空降攻占目标岛屿	(1) 拥有局部制空权。 (2) 前线作战基地已建立。 (3) 中途加油点已建立	拥有目标岛屿控制权

（1）如果采用前向状态空间搜索，通过不断迭代穷举搜索，可以得到47 056种可行的作战行动过程，其中数量最少的作战行动过程包含4个行动，具体为{10 12 13 24}。

（2）如果采用目标导向规划方法（逆向规划方法）搜索，具体步骤如下：

① 找到所有的目标前置。

根据目标导向规划方法，首先需要找到给定案例目标的前置。由目标环境状态（拥有目标岛屿控制权）和待选行动描述可知，行动1和行动24都是目标的前置。

② 选择一个目标的前置，迭代找到所有的前置。

假设选择行动24作为迭代寻找前置路径的目标前置，根据目标导向规划方法，可以迭代找到所有的前置路径，其中一条可行的前置路径为{24}，{10 12 13}。其中，每个集合表示一个前置，集合中的标号为行动的序号。

③ 给出前置路径的行动数量和总的行动集合数量的对比。

从上述前置路径可知，其中存在一个可行行动方案，而由该前置路径中行动组成的集合为{10 12 13 24}，其仅有4个行动，而原行动集合中有24个行动。可见，大大减少了搜索范围，从而能够极大地提高求解效率。当然，也可以给出其他行动的前置路径与总的行动集合中行动数量的对比。

4.3 资源调度方案的生成

"调度"一词，有两层意思。一是作为名称，指方案，如《三国演义》中"……当夜调度已定……"；二是作为动词，指方案调动和安排，如吴曾《能改斋漫录·事始一》中"宰相杨收议罢屯军，以江西为镇南军，募彊弩二万，建节度，且地便近，易调度，诏可。"

资源调度方案的生成是指在已形成的作战行动过程（任务序列图）的基础上，实现将有限的作战资源分配用于执行具体的作战任务，从而获取完成任务序列图的最佳效益。这里的作战资源即各类武器平台资源，如飞机、坦克、舰船等，完成任务序列图的最佳效益一般可以是执行任务总体用时最短、完成所有任务所使用的资源满足度最高、所有平台资源在执行任务过程中总体移动距离最短等。

因此，资源调度即平台资源调度，指平台资源与任务间匹配（分配），其实质是根据资源的能力属性、任务间的逻辑关系和任务对资源能力的需求进行规划，以产生最佳的调度方案。

由以上概念可以得出，资源调度方案的生成问题可以这样描述：给定任务序列图和可获取的平台资源集合，作战任务和平台资源之间通过任务的资源能力需求和平台自身的资源能力进行关联，并在一定的目标函数和约束条件下进行平台到任务的分配。因此，该问题的输入信息包括作战使命的任务序列图（由作战行动过程确定）和可获取的平台资源集合。其中，作战使命的任务序列图明确了需要处理的所有作战任务、任务之间的执行关系、信息和数据流向，同时明确了作战任务的基本属性；可获取的平台资源集合明确了作战平台的基本属性。该问题的输出信息包括平台资源什么时候去执行什么作战任务。

在未来复杂多变、激烈对抗的战场环境中，作战任务类型多样、关系复杂，同时高科技的发展带来武器装备的进步，使得可调用的平台资源数量庞大、功能各异、能力多样，将可使用的平台资源在作战使命的任务流程上进行科学的配置和部署，做到任务–平台的合理匹配，从而实现在合适的时间和地点运用最适合的平台执行合适的任务。

作战资源调度方案生成问题具有计算复杂性、多目标优化与冲突、随机性、调度方法的解析性差等特点。其中，计算复杂性指调度问题是在等式或不等式约束下的性能优化，当问题规模及解的搜索空间增大时，调度算法所需的计算时间将快速增长，这会使某些智能优化算法失去实际应用价值；多目标优化与冲突指很难找到某种单一的性能指标来评价调度方案的优劣，多个优化目标对资源调度方案都很重要，如全部任务的完成时间最短、所有任务的资源满足度最大、所有平台的移动距离最短等，它们之间很多往往还存在冲突或依赖关系；随机性指每个任务进入整个系统的时间及在系统中的处理时间都是不确定的；调度方法的解析性差指难以直接采用现有的解析方法进行验证与分析，一般验证一个调度方法的优劣只能通过仿真的方法。

4.3.1 作战资源调度方案生成问题的相关概念和实体模型

由以上描述可知，作战资源调度方案生成问题本质上是平台资源与作战任务的匹配问题，如图 4-7 所示。作战资源调度方案生成所涉及的相关概念包括资源能力、平台资源、作战任务和资源调度结果。

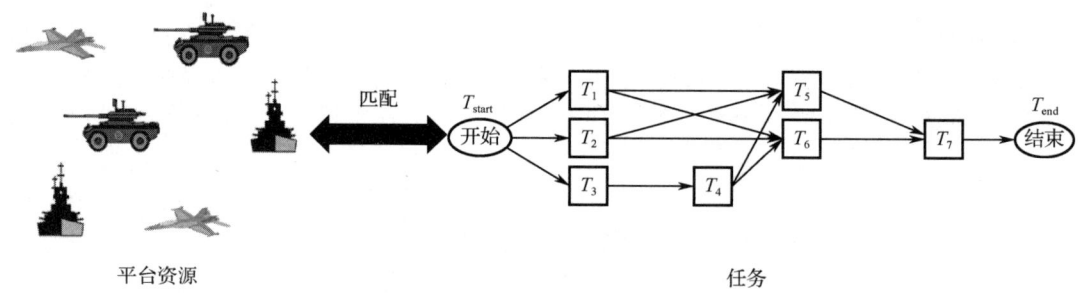

图 4-7 平台资源与作战任务的匹配

（1）资源能力（Resource Function）：作战资源调度方案生成过程中不可再分割的基本能力，如对空防御、对海防御、反潜等，以 F 表示。通常，一个平台具有一项或多项资源能力，而一个任务的执行需要一项或多项资源能力。记描述作战资源调度方案生成过程中基本的资源能力矢量为 $F=(f_1,f_2,\cdots,f_l,\cdots,f_{L-1},f_L)$，$L$ 为资源能力类型的数量。

美军在 1995—2003 年间每年举行的适应性指挥控制结构（Adaptive Architecture for Command and Control, A2C2）系列传统实验中，将资源能力划分为 8 维，即 $F=(f_1,f_2,\ldots,f_7,f_8)$，$f_1 \sim f_8$ 分别表示对空能力、对海（反舰）能力、反潜能力、炮火压制能力、地面部队进攻能力、装甲兵进攻能力、排雷能力、侦察能力。

（2）平台资源（Platform Resource）：平台，是资源能力的载体，是物理资源实体，是执行作战任务的凭借，为执行作战任务提供武器装备、通信设施、侦察监视设备等资源；平台不仅包括火力单元和探测单元，如飞机、坦克、舰艇、卫星等，还包括成建制的作战部队，如步兵营、导弹营、工兵营等，以 P 表示。对平台进行建模就是建立平台的数据属性，平台的数据属性包括平台集 P 和每个平台的自身属性。

其中：$P=\{P_1,P_2,\cdots,P_j,\cdots,P_{K-1},P_K\}$，$K$ 表示资源调度过程中所拥有的平台资源的数量。

平台 P_m 的自身属性包括：

① 平台 P_m 的初始地理位置坐标 $La_m=(X_m,Y_m)$。

② 平台 P_m 的最大移动速度 v_m。

③ 平台 P_m 初始所拥有的资源能力向量 $PO_m=(r_{m1},r_{m2},\cdots,r_{ml},\cdots,r_{mL-1},r_{mL})$，$r_{ml}$ 指平台 P_m 初始所具备的第 l 种类型的资源能力的数量。

平台 P_m 的建模示意如表 4-3 所示。

表 4-3 平台 P_m 的建模示意

平台	平台初始拥有的资源能力向量（PO）								速度	初始位置	
	r_1	r_2	r_3	r_4	r_5	r_6	r_7	r_8			
P_1（驱逐舰）	10	10	1	0	9	5	0	0	2	95	5

在平台 P_m 执行任务的过程中，有些类型的资源能力会损耗（如对空能力），有些则不会损耗（如侦察能力）。因此，构建的资源能力损耗模型的表达式为

$$r_{ml}^{\text{renewed}} = r_{ml} \cdot \left(1 - w_l \cdot \frac{\tilde{r}_{ml}}{r_{ml}}\right) \quad l=1,2,\cdots,L \tag{4-1}$$

式中：r_{ml}^{renewed} 表示更新后的资源能力；w_l 表示 l 类型资源能力的损耗系数；$\tilde{r}_{ml}$ 表示实际使用的资源能力；r_{ml} 表示原有的资源能力。

（3）作战任务（Operation Task）：任务，是为完成整体使命而实施的行动，由行动过程对应而来，是某一种资源能力或几种资源能力协同执行的行动，以 T 表示。对任务进行定义就是建立任务的数据属性，任务的数据属性包括任务集 T 和每个任务的自身属性。

其中：$T=\{T_1,T_2,\cdots,T_i,\cdots,T_{N-1},T_N\}$，$N$ 表示资源调度过程所需要执行的作战任务的数量。

任务 T_i 的自身属性包括：

① 任务 T_i 的地理位置坐标 $LA_i=(x_i,y_i)$。

② 任务 T_i 的执行时间 t_i。

③ 任务 T_i 的资源能力需求向量 $RE_i=(R_{i1},R_{i2},\cdots,R_{il},\cdots R_{iL-1},R_{iL})$，$R_{il}$ 指成功处理任务 T_i 所需第 l 种类型的资源能力的数量。

任务 T_i 的建模示意如表 4-4 所示。

表 4-4 任务 T_i 的建模示意

任务	资源能力需求向量（RE）								处理时间	位置	
	R_1	R_2	R_3	R_4	R_5	R_6	R_7	R_8		x	y
T_1（北区防御）	5	3	10	0	0	8	0	6	30	70	15

关于任务还有一个重要的概念就是任务之间的关联关系，任务之间的关联关系本质上是一个有向无环图，可以采用矩阵来表示，图 4-7 中的任务序列图可以采用如下矩阵来表示：

$$\begin{bmatrix} \infty & \infty & \infty & \infty & 1 & 1 & \infty \\ \infty & \infty & \infty & \infty & 1 & 1 & \infty \\ \infty & \infty & \infty & 1 & \infty & \infty & \infty \\ \infty & \infty & \infty & \infty & 1 & 1 & \infty \\ \infty & \infty & \infty & \infty & \infty & \infty & 1 \\ \infty & \infty & \infty & \infty & \infty & \infty & 1 \\ \infty & \infty & \infty & \infty & \infty & \infty & \infty \end{bmatrix} \quad (4\text{-}2)$$

式中：∞ 表示任务之间没有连接关系；1 表示任务之间具有单向连接关系。

（4）资源调度结果：资源调度方案。一般而言，确定了任务-平台的分配关系 $R_{\text{T-P}}$ 以及各作战任务执行的开始时间，就可以确定完整的资源调度结果。资源调度结果通常以甘特图（Gantt Chart）的形式给出，如图 4-8 所示。

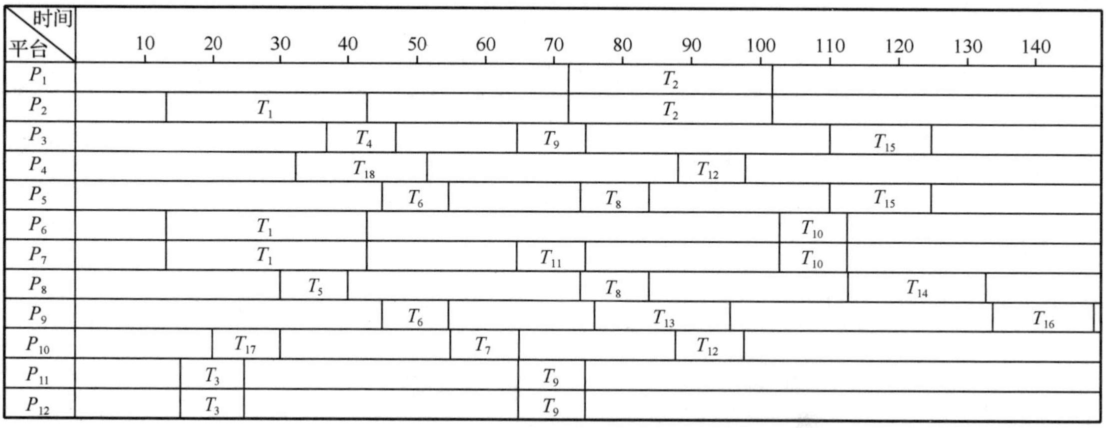

图 4-8 甘特图示意

在图 4-8 中，可以得出任务-平台的分配关系 $R_{\text{T-P}}$ 以及各作战任务执行的开始时间，如任务 T_1 是由平台 P_2、P_6 和 P_7 在时间阶段 13～43 内执行。

4.3.2 单任务的作战资源调度方案生成方法

单任务的作战资源调度，本质上就是明确单个任务的地理位置坐标、持续时间、资源能力需求等属性信息，也需要明确可以调度的平台集合，以及所有平台的初始位置、最大移动速度、初始的资源能力等属性信息，并寻找分配给该任务的最优平台（组）。

给选定的单任务分配最优的平台（组），首先需要计算相对于该任务所有平台的优先级，其次按照平台优先级的顺序，依次添加平台，直到满足任务的资源需求，最后可得到最优的平台分配方案。因此，单任务的作战资源调度方案生成方法可以分为两个核心步骤：一是平台优先级计算，二是平台分配。

1．平台优先级计算

平台的优先级主要有两个指标：一是时间优先，即平台移动到任务的执行地理位置的时间越短越优先；二是资源优先，即平台资源能力利用量越大越优先。依据这两个指标，可以衍生出以下几种平台优先级的计算方法。

1）基于时间优先的平台优先级计算方法

平台移动到任务的执行地理位置的时间就是平台到达任务的时间，也就是平台与任务的欧氏距离与平台的最大移动速度之比，即

$$P\_P(m) = \frac{d_{m,i}}{v_m} \tag{4-3}$$

式中：$P\_P(m)$ 表示平台 P_m 的优先级；$d_{m,i}$ 表示平台 P_m 和任务 T_i 的欧氏距离；v_m 表示平台 P_m 的最大移动速度。

如果存在多个任务，则平台到达任务的时间不仅仅取决于它到达选定任务的时间，还取决于它执行上一个任务的完成时间，也就是它开始移动的时间。因此，多任务情况下基于时间优先的平台优先级计算方法的表达式为

$$P\_P(m) = s_{l(m)} + t_{l(m)} + \frac{d_{l(m),i}}{v_m} \tag{4-4}$$

式中：$l(m)$ 表示当前时间平台 P_m 最后执行的任务；$s_{l(m)}$ 表示当前时间平台 P_m 最后执行的任务的开始时间；$t_{l(m)}$ 表示当前时间平台 P_m 最后执行的任务的持续时间。

2）基于资源优先的平台优先级计算方法

一个平台分配给选定任务时，资源能力的实际使用量越多，该平台的优先级就越高。因此，资源优先级就是资源能力的实际使用量，其计算方法为

$$P\_P(m) = \sum_{l=1}^{L} \min(r_{ml}, R_{il}) \tag{4-5}$$

式中：$P\_P(m)$ 表示平台 P_m 的优先级；r_{ml} 指平台 P_m 所具备的第 l 种类型的资源能力的数量；R_{il} 指成功处理任务 T_i 所需第 l 种类型的资源能力的数量；L 表示资源能力的数量。

同样，如果存在多个任务，则资源优先不仅需要考虑平台对选定任务的资源能力使用量，也需要考虑该平台对于其他可以分配的任务的资源能力使用量。因此，多任务情况下基于资源优先的平台优先级计算方法的表达式为

$$P\_P(m) = \frac{\sum_{l=1}^{L} \min(r_{ml}, R_{il})}{\sum_{j \in T_{\text{ready}} - i} \sum_{l=1}^{L} \min(r_{ml}, R_{jl})} \tag{4-6}$$

式中：T_{ready} 为当前时间下可以处理的任务集合。

3）基于综合优先的平台优先级计算方法

综合优先是综合考虑平台到选定任务的时间以及资源能力的利用量这两个指标，也就是综合时间优先和资源优先。由于时间优先是优先级的值越小越优先，而资源优先是优先级的值越大越优先，因此基于综合优先的平台优先级计算方法的表达式为

$$P\_P(m) = \frac{\left(s_{l(m)} + t_{l(m)} + \dfrac{d_{l(m),i}}{v_m}\right) \sum_{j \in T_{\text{ready}} - i} \sum_{l=1}^{L} \min(r_{ml}, R_{jl})}{\sum_{l=1}^{L} \min(r_{ml}, R_{il})} \tag{4-7}$$

当然，在实际操作过程中，需要将时间优先和资源优先的优先级进行归一化无量纲处理。

2. 平台分配

平台分配的思路是：顺序添加，反向裁剪。首先，按照任务的优先级顺序依次添加平台，直到任务所有维度的资源能力都满足需求，也就是分配给任务的平台（组）的每一维度的资源能力都大于或等于该任务的资源能力需求；其次，由于按照优先级添加平台可能会产生冗余平台，因此，需要进行反向裁剪，按照平台组中平台添加的顺序，反向逐个尝试裁剪已经添加的平台，将平台组中冗余的平台裁剪出该任务的平台组，从而形成选定任务的最优平台（组）分配方案。

3．算例分析

假设 1 个任务 T_1，6 个可待选的平台，它们的属性如表 4-5 和表 4-6 所示。本算例只是为了说明单任务的作战资源调度方案生成方法的可行性，任务和所有的平台没有具体的对象。

表 4-5　任务 T_1 的属性

任　　务	资源能力需求向量（RE）								处理时间	位　　置	
	R_1	R_2	R_3	R_4	R_5	R_6	R_7	R_8		x	y
T_1	5	3	10	1	0	0	0	0	15	15	40

表 4-6　平台 $P_1 \sim P_6$ 的属性

平　台	平台初始拥有的资源能力向量（PO）								速度	初始位置	
	r_1	r_2	r_3	r_4	r_5	r_6	r_7	r_8			
P_1	10	10	1	3	0	0	0	0	2.5	0	10
P_2	1	4	10	0	0	0	0	0	2	10	5
P_3	10	10	1	0	0	0	0	0	1.5	0	0
P_4	2	0	3	2	0	0	0	0	4	0	3
P_5	1	0	0	10	0	0	0	0	1.35	2	0
P_6	10	10	1	0	0	0	0	0	2	5	0

1）平台优先级计算

如果采用基于时间优先的平台优先级计算方法，平台 P_1、P_2、P_3、P_4、P_5、P_6 的优先级值分别为：13.4164、17.6777、28.4800、9.9812、31.1552 和 20.6155，由此平台优先级的排序为 $P_4 \succ P_1 \succ P_2 \succ P_6 \succ P_3 \succ P_5$。

2）平台分配

按照任务的优先级顺序依次添加平台，即依次添加 P_4、P_1、P_2，就能满足任务 T_1 的资源能力需求，即添加的平台组 $\{P_4, P_1, P_2\}$ 的每一维度的资源能力都大于或等于任务的资源能力需求；之后在添加的平台组中，按照优先级顺序反向尝试裁剪，依次尝试裁剪 P_1 和 P_4，最后确定裁剪掉 P_4，得出分配给任务 T_1 的平台组是 P_2 和 P_1。

4.3.3　多任务的作战资源调度方案生成方法

1．任务优先级的计算

对于多任务的作战资源调度方案的生成问题，由于多个任务具有序列关系，任务执行和资源调度具有先后顺序，即任务是依次进行资源调度的。因此，在按照先后顺序进行任务调度时，单任务的资源调度方案可以采用单任务的作战资源调度方案生成方法；而对于任务的资源调度顺序，则需要根据任务的优先级进行明确，任务优先级越高，越需要优先被选择分配平台资源。当前主要有四种任务优先级的计算方法。

1）关键路径（Critical Path，CP）算法

许多早期和经典的任务分配方案都是采用基于 CP 的启发式方法的，CP 算法的思想就是 CP 上的任务决定了使命最小可能的完成时间，任务的 CP 的长度就是该任务的优先级系数。任务序列图中任务的 CP 以及 CP 的长度由任务序列图中任务的序列关系以及任务的预计执行时间决定，具体可以采用 Dijkstra 算法来计算。

CP 算法的不足之处：没有考虑一个任务的后续任务的数量对该任务优先级的影响，一个成功

的任务-平台调度依赖于有效地平衡平台资源在处理任务过程中的负载。很显然，如果越早把后续任务多的任务处理完，那么对于平衡平台的负载越有利，如果一个任务具有更多的直接后续任务，那么这个任务就具有更高的任务处理优先级。

算例分析：

对于有五个任务$\{T_1,T_2,T_3,T_4,T_5\}$的算例，假设各任务的预计执行时间分别为$\{14,15,12,14,10\}$。算例的任务序列图如图 4-9 所示。为了防止任务序列图中有多个起点和多个终点的情况出现，统一设置一个虚拟的起点和虚拟的终点。

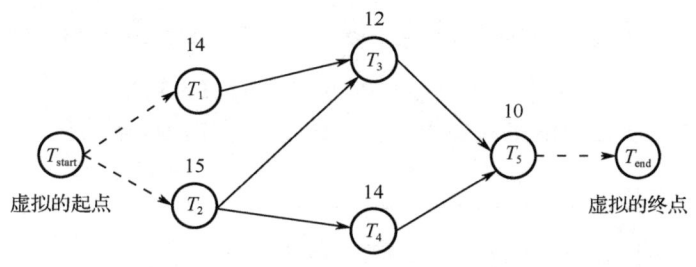

图 4-9 算例的任务序列图

按照 CP 算法来计算任务优先级，$T_1 \sim T_5$ 的任务优先级值为 36、39、22、24 和 10。

2) 加权长度（Weighted Length，WL）算法

WL 算法考虑了一个任务的后续任务对该任务优先级的影响，是 CP 算法的一种扩展。使用 WL 算法计算任务的优先级系数 P_T 取决于该任务的预计执行时间、该任务的直接后续任务的数量和直接后续任务的优先级系数。使用 WL 算法计算任务优先级系数 P_T 的公式为

$$\text{P\_T}(i) = t_i + \max_{j \in \text{OUT}(i)} \text{P\_T}(j) + \frac{\sum\limits_{j \in \text{OUT}(i)} \text{P\_T}(j)}{\max\limits_{j \in \text{OUT}(i)} \text{P\_T}(j)} \tag{4-8}$$

式中：t_i 表示任务 T_i 的执行时间；OUT(i)表示任务 T_i 的直接后续任务的集合。

算例分析：

在以上算例中，按照 WL 算法来计算任务优先级，$T_1 \sim T_5$ 的任务优先级值为 38、41.92、23、25 和 10。

在计算时应注意，首先需要计算没有后续任务的任务的优先级，依次从后往前进行计算。在这个算例中，首先需要计算任务 T_5，其次计算任务 T_3 和任务 T_4，再次计算任务 T_1 和任务 T_2。

3) 加权关键路径（Weighted CP，WCP）算法

如果将 CP 算法和 WL 算法相结合，就产生了另外一种任务优先级的计算方法——WCP 算法，其计算公式为

$$\text{P\_T}(i) = \text{CP}_i + \max_{j \in \text{OUT}(i)} \text{CP}(j) + \frac{\sum\limits_{j \in \text{OUT}(i)} \text{CP}(j)}{\max\limits_{j \in \text{OUT}(i)} \text{CP}(j)} \tag{4-9}$$

式中：CP_i 表示任务 T_i 的关键路径长度；OUT(i)表示任务 T_i 的直接后续任务的集合。

算例分析：

在以上算例中，按照 WCP 算法来计算任务优先级，$T_1 \sim T_5$ 的任务优先级值为 59、64.92、33、35 和 10。与 WL 算法有所不同的是，该算法能够并行计算所有任务的任务优先级。

4) 层次分配（Level Assignment，LA）算法

任务序列图中每一个任务的层次是由这个任务序列图中任务之间的关系决定的，一个任务的所有前导任务和所有后续任务都不能和这个任务在同一层次上。LA 算法是一层一层地给任务分配

平台资源的，处于同一层次的任务，它们之间分配平台资源先后顺序的依据是它们的预计执行时间。

算例分析：

在以上算例中，按照 LA 算法来计算任务优先级，$T_1 \sim T_5$ 的任务优先级值为 1、1、2、2 和 3，处于同一层次的任务优先级比较依据的是它们的执行时间，执行时间数值大的优先级更高。

由 CP、LA、WL 和 WCP 四种算法的描述可以得出，只要任务的预计执行时间和任务之间的序列关系确定，每个任务的优先级系数 P_T 就确定了，并且该任务的优先级系数 P_T 在整个多任务资源调度方案的生成过程中是保持不变的。

2. 多维动态规划列表资源调度（Multi-dimensional Dynamic List Scheduling，MDLS）算法

多任务的作战资源调度方案生成的一般求解方法是 MDLS 算法。以全部任务的最短完成时间为优化目标，使用 MDLS 算法求解多任务作战资源调度方案生成问题的整体过程如图 4-10 所示（虚线框表示关键步骤）。

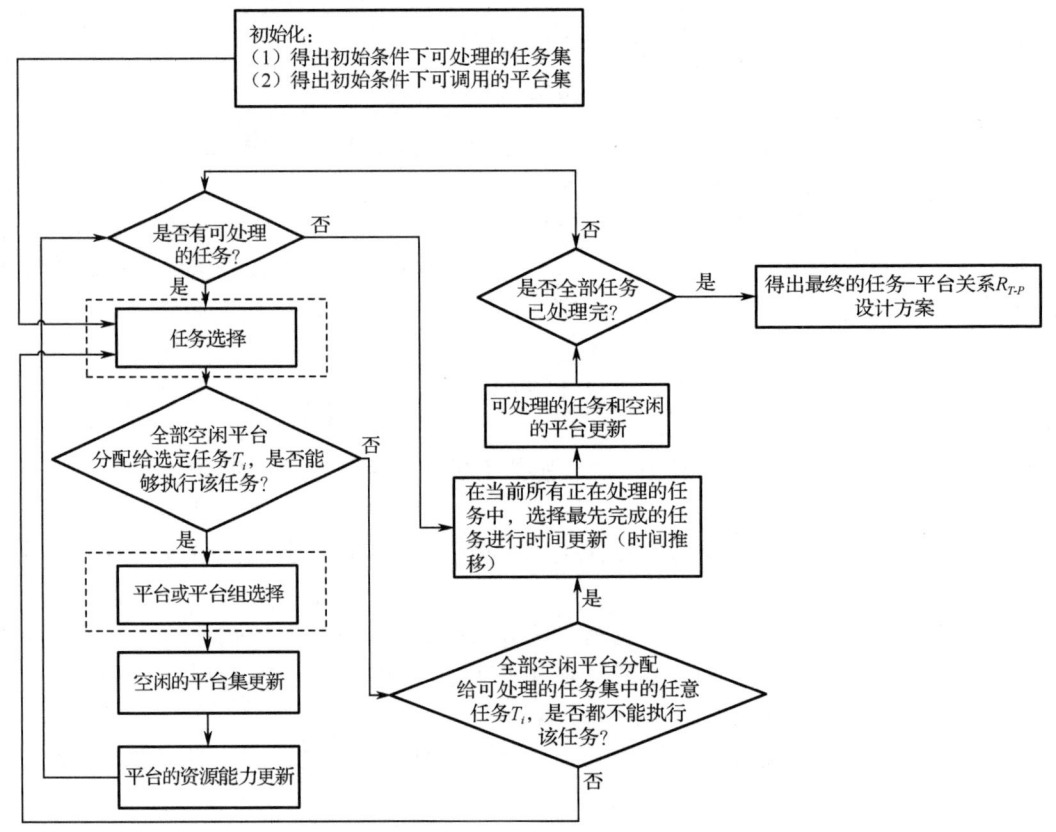

图 4-10　MDLS 算法整体流程图

使用 MDLS 算法计算任务最短完成时间 Y 的详细过程如下。

过程中的变量定义：

T_{ready} 为当前时间可以处理的任务集合；

P_{free} 为当前时间空闲的平台集合（当前时间可以调用的平台集合）；

OUT(i) 为任务 T_i 的直接后续任务集；

nOUT(i)=|OUT(i)|，表示任务 T_i 直接后续任务集的数量；

IN(i) 为任务 T_i 的直接前导任务集；

nIN(i)=|IN(i)|，表示任务 T_i 直接前导任务集的数量；

M 为当前时间已经处理完的任务集合；
$G(i)$ 为分配给任务 T_i 的平台或平台组；
$P\_T(i)$ 为任务 T_i 的优先级系数；
$P\_P(m)$ 为平台 P_m 的优先级系数；
$l(m)$ 为当前时间平台 P_m 最后处理的任务（如果平台 P_m 还未处理任何任务，则 $l(m)=0$）；
初始化：
$T_{\text{ready}}=\{j|n\text{IN}(j)=0\}$，$P_{\text{free}}=\{1,2,\cdots,K\}$，$M=\varnothing$，令 $\text{FT}=\varnothing$，$f=0$，$\text{num}=0$。

Step1 更新 M 中任务的完成时间（在初始阶段跳过这一步）。
$$f=\min_{f_t\in\text{FT}}\{f_t\}$$
$\text{FT}\leftarrow\text{FT}\setminus\{f\}$
设 F_G 为在 f 时刻完成的任务集合
$M\leftarrow M\cup F_G$
$P_{\text{free}}\leftarrow P_{\text{free}}\cup G(F_G)$

for each $\ i\in F_G$
    for each $\ j\in\text{OUT}(i)$
        $n\text{IN}(j)\leftarrow n\text{IN}(j)-1;$
        if $\ n\text{In}(j)=0$
            $T_{\text{ready}}=T_{\text{ready}}\cup\{j\}$
        end if
    end for
end for

Step2 分配可行性检查。
if $\ T_{\text{ready}}=\varnothing$
    go to **Step1**
end if
if $\ \forall\ i\in T_{\text{ready}}$ s.t. P_{free} 中全部的平台分配给 T_i，都不能执行该任务
    go to **Step1**
else go to **Step3**
end if

Step3 任务选择。
$T'_{\text{ready}}=\{i\in T_{\text{ready}}|\ P_{\text{free}}$ 中全部的平台分配给 T_i，能够执行该任务$\}$
select $\ i=\arg\max_{j\in T'_{\text{ready}}}\{P\_T(j)\}$

$T_{\text{ready}}\leftarrow T_{\text{ready}}\setminus\{i\}$

Step4 平台或平台组选择。
$P'_{\text{free}}=\{m\in P_{\text{free}}|\sum_{l=1}^{L}\min(r'_{ml},R_{il})\neq 0\}$

$\text{TG}=\varnothing$
do until $\ \text{TG}$ 中全部的平台分配给 T_i，能够执行任务 T_i
    $n=\arg\min_{m\in P'_{\text{free}}}\{P\_P(m)\}$

    $P'_{\text{free}}\leftarrow P'_{\text{free}}\setminus\{n\}$

　　　　　TG←TG∪{n}
　　end do
Step5 平台的裁剪。
TG′=TG
while TG′≠∅
　　　　$n = \arg\max_{m \in TG'}\{P\_P(m)\}$
　　　　TG′←TG′\{n}
　　if TG\n 中全部的平台分配给 T_i，能够执行任务 T_i
　　　　TG←TG\{n}
　　end if
end while
Step6 平台分配和平台资源能力更新。
$G(i)$=TG
$P_{\text{free}} \leftarrow P_{\text{free}} \backslash G(i)$
if $l(m)$=0
　　　　$s_i = \max_{m \in G(i)}\{\sqrt{(x_i - X_m)^2 + (y_i - Y_m)^2}\big/v_m\}$
else
　　　　$s_i = \max(f, \max_{m \in G(i)}\{s_{l(m)} + t_{l(m)} + d_{l(m),i}\big/v_m\})$
end if
$f = s_i + t_i$
if $f \notin$ FT
　　FT←FT∪{f}
end if
for each $P_m \in G(i)$
　　　$r'_{ml} \leftarrow r'_{ml}\left(1 - W_l \cdot \dfrac{\tilde{r}_{ml}}{r'_{ml}}\right)$　l=1,2,⋯,L
end for
num=num+1
if num=N
　　　$Y = \max_{f_i \in \text{FT}}\{f_i\}$
　　end if
else　go to **Step2**
end if

输出：最终的任务-平台分配方案 $R_{\text{T-P}}$。上述伪代码中，P_{free} 表示空闲平台集合。

通过 Step1~Step6 可以得出任务分配平台的先后顺序（以下简称任务分配顺序）和任务的完成时间 Y。

3. 算例分析

算例的任务序列图如图 4-6 所示，作战任务的数据属性和平台资源的数据属性如表 4-7 和表 4-8 所示。

表 4-7 作战任务的数据属性

任务	资源能力需求向量（RE）								处理时间	位置	
	R_1	R_2	R_3	R_4	R_5	R_6	R_7	R_8		x	y
T_1	5	3	10	0	0	8	0	6	30	70	15
T_2	5	3	10	0	0	8	0	6	30	64	75
T_3	0	3	0	0	0	0	0	0	10	15	40
T_4	0	3	0	0	0	0	0	0	10	30	95
T_5	0	3	0	0	0	0	10	0	10	28	73
T_6	0	0	0	10	14	12	0	0	10	24	60
T_7	0	0	0	10	14	12	0	0	10	28	73
T_8	0	0	0	10	14	12	0	0	10	28	83
T_9	5	0	0	0	0	5	0	0	10	28	73
T_{10}	5	0	0	0	0	5	0	0	10	28	83
T_{11}	0	0	0	0	0	10	5	0	10	25	45
T_{12}	0	0	0	0	0	10	5	0	10	5	95
T_{13}	0	0	0	0	0	8	0	6	20	25	45
T_{14}	0	0	0	0	0	8	0	6	20	5	95
T_{15}	0	0	0	20	10	4	0	0	15	25	45
T_{16}	0	0	0	20	10	4	0	0	15	5	95
T_{17}	0	0	0	0	0	8	0	4	10	5	60
T_{18}	0	0	0	8	6	0	4	10	20	5	60

表 4-8 平台资源的数据属性

平台	平台初始拥有的资源能力向量（PO）								速度
	r_1	r_2	r_3	r_4	r_5	r_6	r_7	r_8	
P_1	10	10	1	0	9	5	0	0	2
P_2	1	4	10	0	4	3	0	0	2
P_3	10	10	1	0	9	2	0	0	2
P_4	0	0	0	2	0	0	5	0	4
P_5	1	0	0	10	2	2	1	0	1.35
P_6	5	0	0	0	0	0	0	0	4
P_7	3	4	0	0	6	10	1	0	4
P_8	1	3	0	0	10	8	1	0	4
P_9	1	3	0	0	10	8	1	0	4
P_{10}	1	3	0	0	10	8	1	0	4
P_{11}	6	1	0	0	1	1	0	0	4.5
P_{12}	6	1	0	0	1	1	0	0	4.5
P_{13}	6	1	0	0	1	1	0	0	4.5
P_{14}	0	0	0	0	0	0	10	0	2
P_{15}	0	0	0	0	0	0	0	6	5

续表

平台	平台初始拥有的资源能力向量（PO）								速度
	r_1	r_2	r_3	r_4	r_5	r_6	r_7	r_8	
P_{16}	0	0	0	0	0	0	0	6	7
P_{17}	0	0	0	6	6	0	1	10	2.5
P_{18}	1	0	0	10	2	2	1	0	1.35
P_{19}	1	0	0	10	2	2	1	0	1.35
P_{20}	1	0	0	10	2	2	1	0	1.35

在表 4-7 和表 4-8 中，任务资源能力需求和平台资源能力分别为：R_1,r_1 表示对空防御能力；R_2,r_2 表示对海防御（反舰）能力；R_3,r_3 表示反潜能力；R_4,r_4 表示炮火压制能力；R_5,r_5 表示地面部队进攻能力；R_6,r_6 表示装甲兵进攻能力；R_7,r_7 表示排雷能力；R_8,r_8 表示侦察能力。

假设所有平台资源的初始位置为 $\text{La}_m=(85,40)(m=1,2,\cdots,20)$，各种资源能力的损耗系数为向量 $W=[0.1,0.1,0.1,0.05,0.05,0.05,0.1,0]$。仿真实验中任务优先级系数的计算方法选择 WL 算法，平台优先级系数的计算方法选择 P_P(m)。

假设终止虚拟任务 T_0 的任务优先级系数为 0，使用 WL 算法计算得出的任务优先级系数如表 4-9 所示，任务优先级系数越大，表示该任务的优先级越高。

表 4-9 使用 WL 算法得出的任务优先级系数

任务	P_T	任务	P_T	任务	P_T	任务	P_T	任务	P_T	任务	P_T
T_1	78	T_2	78	T_3	58	T_4	58	T_5	81.8	T_6	81.8
T_7	70.8	T_8	58.5	T_9	47	T_{10}	47	T_{11}	26	T_{12}	26
T_{13}	36	T_{14}	36	T_{15}	15	T_{16}	15	T_{17}	31	T_{18}	20

针对以上仿真实验的设置条件，使用 MDLS 算法求解以上算例，得到的任务-平台关系 $R_{\text{T-P}}$ 设计方案如图 4-11 所示，最短完成时间 $Y=165.8734$，相应任务的分配顺序为 {5,6,1,3,4,17,18,2,7,9,8,11,13,12,15,10,14,16}。

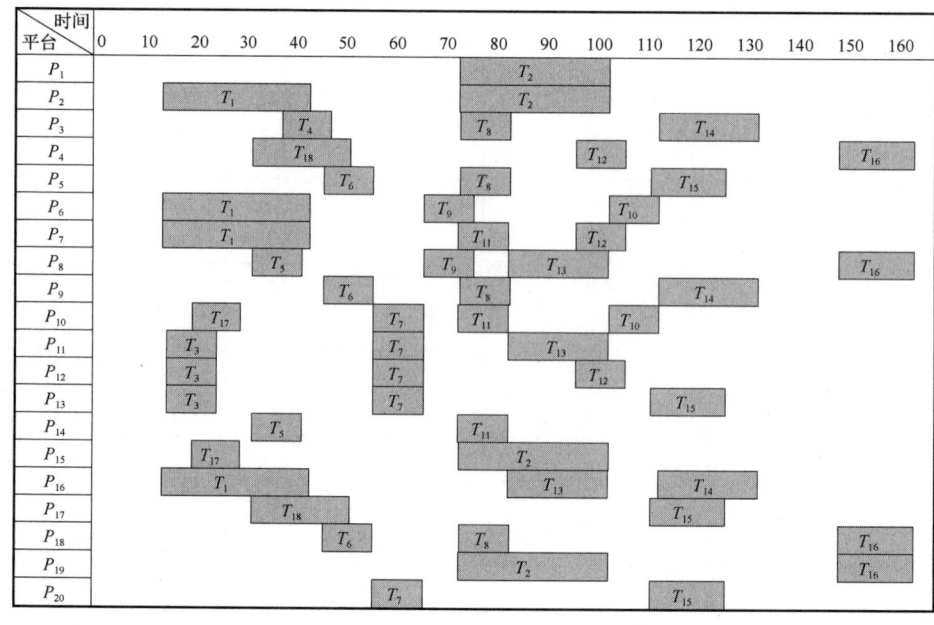

图 4-11 MDLS 算法得到的任务-平台关系设计方案（最短完成时间：165.8734）

4.4 指挥控制组织结构的设计

4.4.1 组织概述

从广义上说,组织是指诸多要素按照一定的方式相互联系起来的系统,如生命组织、细胞组织、肌肉组织、社会团体、工厂、公司等。狭义上说,组织是人们为了实现一定的目标,相互协作结合而成的集体或团队,本质上是人群的集合,具有相关的目标、权责和分工。

而管理学上的定义是:组织是一个社会实体,是具有明确的目标导向和精心设计的特定结构,同时又是和外部环境保持密切联系的动态系统。其中,社会实体指组织是实实在在存在的,是人的集合;目标导向指组织使命,也是一个组织存在的意义,组织存在的目的是完成组织使命,如一个单位成立清房办这个组织,它的成立就带有很强的目标导向;特定结构指组织特征的尺度,决定了组织的能力特征,是比较组织之间异同和测度组织运作效能的基础,除了内部的个体,一个组织与另一个组织最大的不同就是其结构不同;动态系统指整个组织并不是一成不变的,而是动态变化的,组织因使命任务的存在而生成,随着使命任务的变化而演变,最后随着使命任务的完成而消失。

1. 组织的分类

按照社会职能划分,组织可以分为文化性组织、经济性组织和政治性组织。其中,文化性组织指人们之间相互沟通思想、联络感情、传递知识和文化的社会组织,如学校、艺术团体、专业学会(指挥控制学会、通信学会、计算机学会)等;经济性组织指专门追求社会财富的社会组织,如企业、银行、保险公司等;政治性组织指为了某个阶级的利益而服务的社会组织,如政党、政府、监狱、军队等。

按照形成方式划分,组织可以分为正式组织和非正式组织。其中,正式组织是为了实现组织目标、经过人为设计,具有明确具体的规范、规则和制度的组织,其一般具有专业分工、科层结构、法定权威、统一规范、相对稳定、职位可替代等特点,如政府组织;而非正式组织指满足特定心理或情感需要且在实际活动和共同相处过程中自发和自然形成的团体,一般具有共同的文化理念、内聚力较强、关系不固定、无章可循等特点,如美食协会。

2. 组织结构的分类

结构是组织最重要的属性,一般可以分为直线型、职能型、事业部型、矩阵型和网络型。

(1)直线型组织结构:职位按照垂直系统直线排列,各级主管对自己的下级拥有直接的一切职权,职权和命令从上而下直线贯穿于组织中,如图4-12所示。

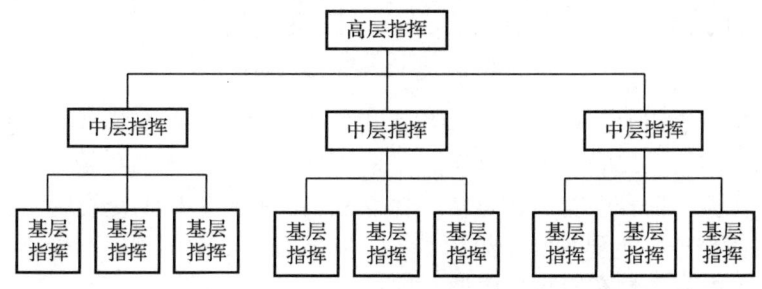

图4-12 直线型组织结构

该组织结构的优点:结构简单,沟通迅速,职权集中,指挥统一,垂直领导,责任分明;缺点：由于没有职能部门，高层领导要事必躬亲，且要求领导是多面手，能通晓各项管理业务；适用场合：规模较小或技术装备和业务简单的组织，如营以下部队、研究机构、车间等。

（2）职能型组织结构：根据不同类型的任务，设立针对不同任务的职能部门，各部门具有自己的业务范围。在组织内部设立若干个职能部门，各职能部门在自己的业务范围内拥有向低层下达工作任务和专业指令的权力，即下级负责人除了要服从直接行政上级领导的指挥，还要接受多个职能部门的领导，如图 4-13 所示。

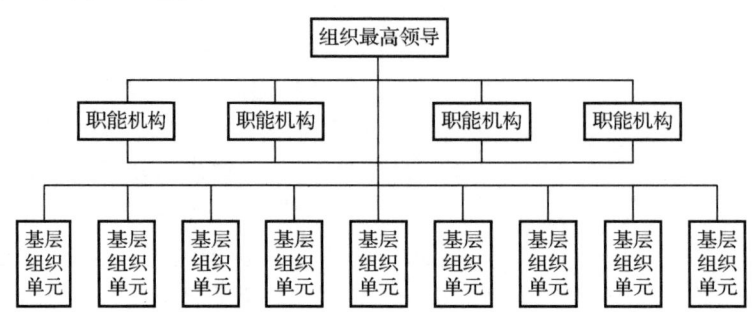

图 4-13 职能型组织结构

该组织结构产生于 19 世纪末 20 世纪初，适用于环境相对稳定、采用常规技术的组织，在中小企业非常普遍。其优点：有利于各部门的专业化，强化纵向控制；缺点：管理链条长、各自为政，横向沟通困难，适应性、创新性差。

（3）事业部型组织结构：也称为产品部组织结构，是一种高度集权下的分权管理体制。事业部型组织结构是在组织的总部下增设一层"半独立"的"事业部"，并设有相应的职能部门，事业部长直接负责具体的组织工作；每个事业部都有独立的生产、研发、销售等职能，在事业部内部跨职能的协调得到加强；一般是以产品、地域和服务对象为基础，把组织划分为若干个事业部，如图 4-14 所示。

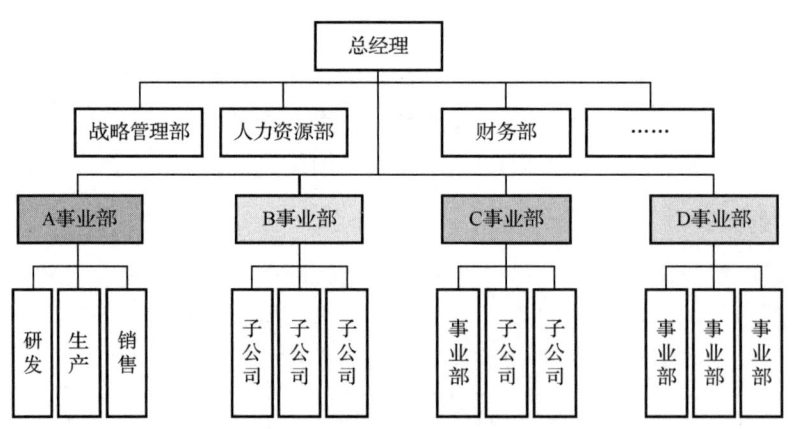

图 4-14 事业部型组织结构

该组织结构产生于 20 世纪 50 年代，适用于规模大、产品（业务）线多、技术复杂的大型组织。其优点：灵活性较强，支持多样化业务，有利于发挥各事业部的积极性、主动性；缺点：职能部门可能有业务重叠，跨业务整合困难，整体性减弱，职能机构重复设置，管理人员增多。

（4）矩阵型组织结构：也称为复合组织结构，其结合了事业部型组织结构和职能型组织结构的特点，在纵横两个维度都具有较高的协调和信息处理能力。矩阵是一种规划-目标的结构，该结构由横纵两套管理系统构成，纵向上是按照职能划分的指挥系统，横向上是按照产品、项目进行划分的管理系统，作业人员受到两个方向上的双重领导和指挥，如图 4-15 所示。

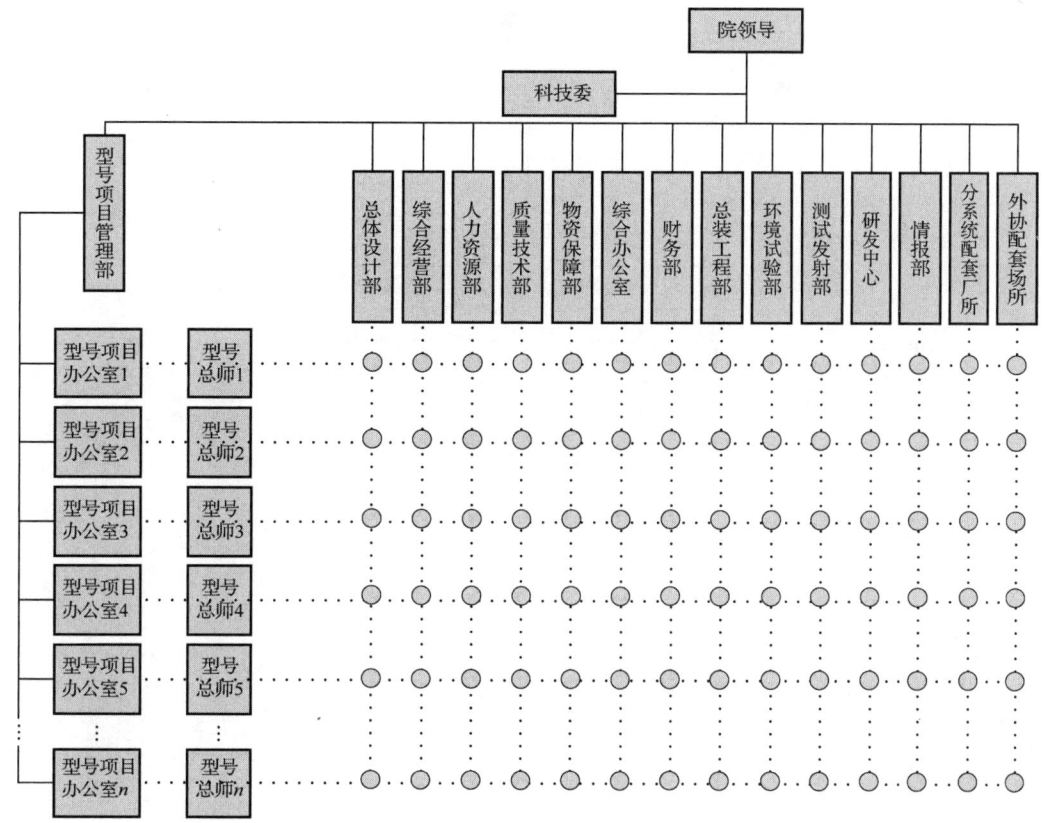

图 4-15 矩阵型组织结构

该组织结构产生于 20 世纪 70 年代，适用于技术复杂、需求多样、环境复杂的企业。其优点：灵活机动，可按需动态配置资源，能适应环境的变化，加强了各职能部门的配合；缺点：纵向、横向平衡困难，对协调能力要求高。

（5）网络型组织结构：指在信息技术特别是网络技术的发展中催生的一类新型的、基于网络的、完全扁平化的虚拟组织，如开源软件社区。与传统软件生成方式的等级组织结构、紧耦合方式相比，开源软件社区网络化结构最大的特点在于扁平、开放的网络化协同生产和柔性组织结构，如图 4-16 和图 4-17 所示。

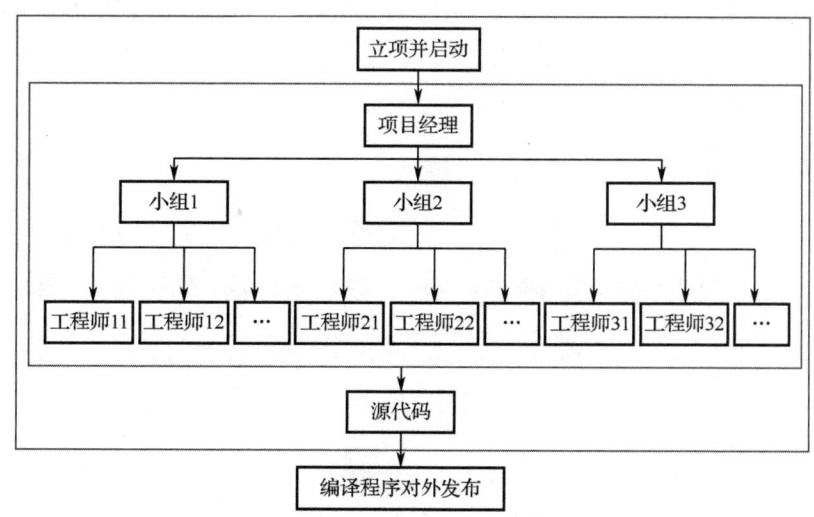

图 4-16 传统软件等级组织结构协同生产方式

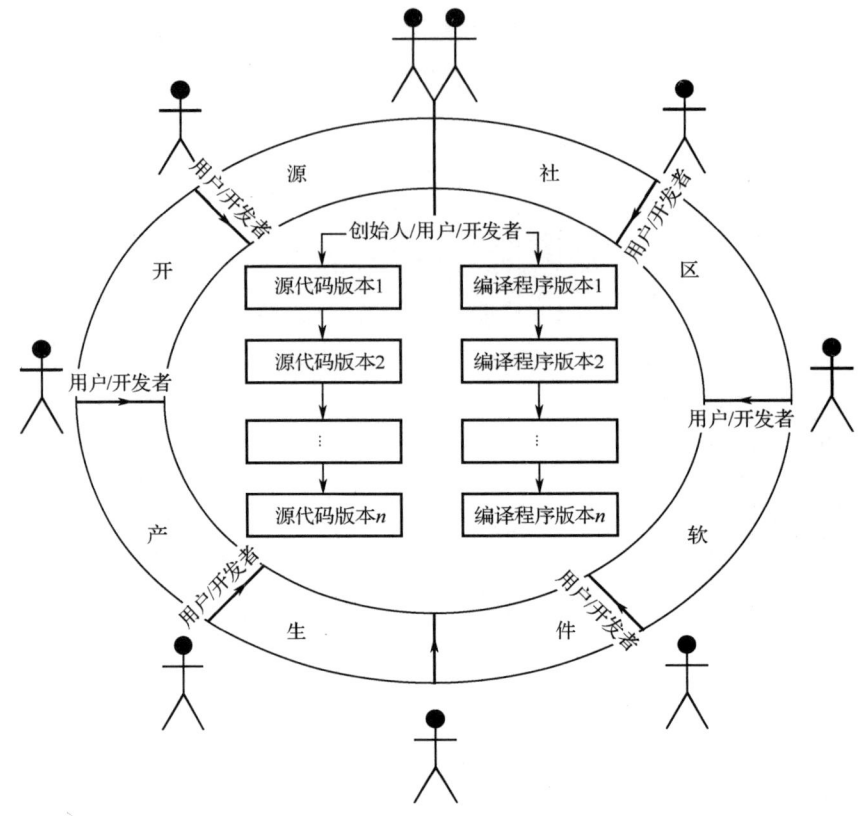

图 4-17 开源软件社区网络柔性组织结构

网络型组织结构中，不存在一个处于核心地位的决策中心事先确定未来的发展方向。基于该结构的组织本质上是一种分散组织，其采用自下而上的任务分配模式，具有组织行为敏捷这个突出的特点。经济社会生产领域中，使用该结构的组织将使用者纳入生产过程中，其个体既是生产者又是消费者，生产者自主选择最适合的工作，如 UU 跑腿、滴滴出行采用的都是网络型组织结构。

当前美军反恐作战中也在积极借鉴这种组织结构，使得美军"聚则能战，散则不见"。一方面将传统的管理和控制型结构变成团队嵌套型结构，一线部门可以在一定的授权下，在充分掌握信息的基础上，及时实施决策；另一方面，加深跨部门的信任和互联互通，包括人员嵌入制度、关键联络官制度。美军经过学习与变革之后，相比于 2003 年，2007 年在相同条件下执行任务的速度比 2003 年提高了 17 倍。美军 2003 年和 2007 年组织结构的变化示意如图 4-18 所示。

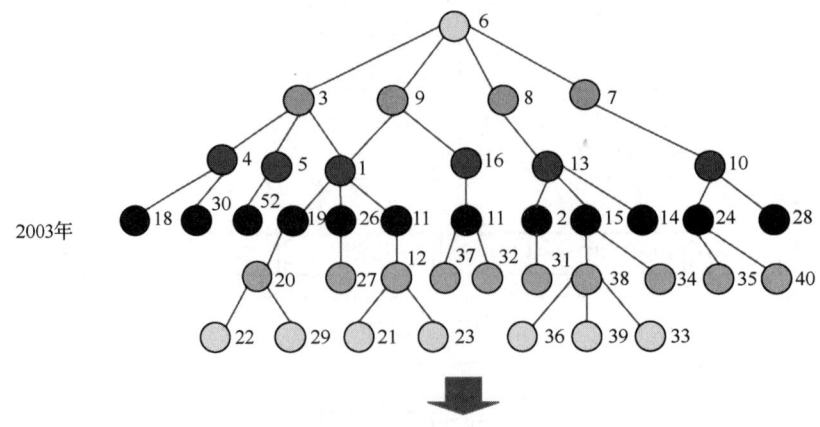

图 4-18 美军 2003 年和 2007 年组织结构的变化示意

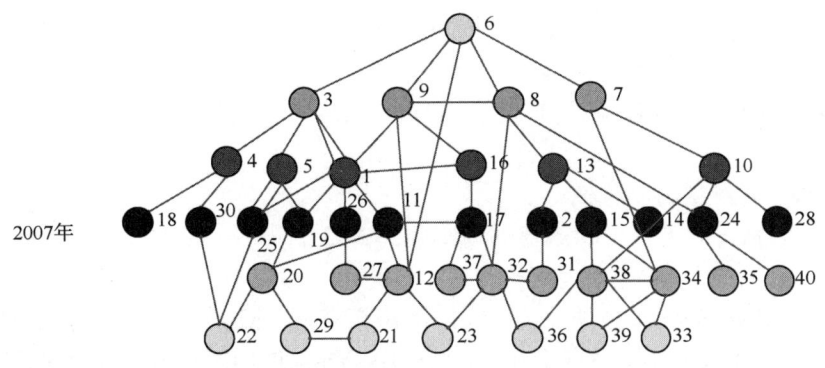

图 4-18 美军 2003 年和 2007 年组织结构的变化示意（续）

4.4.2 指挥控制组织描述

指挥控制组织（C2 组织）是一个军事作战组织，是围绕一定的作战目的，由各作战单元进行有机组合而形成的作战整体。其中，作战目的指 C2 组织需要执行的具有时间和空间约束的系列任务，即任务序列图；作战单元指 C2 组织中的功能实体，包括平台和决策实体；有机组合指协调有序地实现组织功能实体之间以及功能实体与任务之间的关联关系，其中功能实体之间的关联关系包括决策实体与平台之间的关系、决策实体与决策实体之间的关系和平台与平台之间的关系。

1. 决策实体模型

从以上描述可以得出，C2 组织除了前面资源调度方案生成中涉及的作战任务和平台资源两个实体，还有决策实体。决策实体（Decision-Maker, DM）即指挥资源，是一个处理信息并进行决策的个体，其主要功能是控制必要的平台来执行任务。从指挥与控制关系上来看，决策实体是战场的指挥官，负责管理平台、协作交流、信息处理、指挥决策等工作。决策实体的职责主要包括两个部分：一是对所控制的平台资源和执行的作战任务进行管理，如作战任务的进一步分解、分派平台资源、拟定作战计划、协调行动等；二是与其他决策实体进行信息交互，并对接收的信息进行处理，其所接收的信息包括所控制的平台资源的战场态势感知信息、上级的命令和同级的共享信息。决策实体的职责模型如图 4-19 所示。

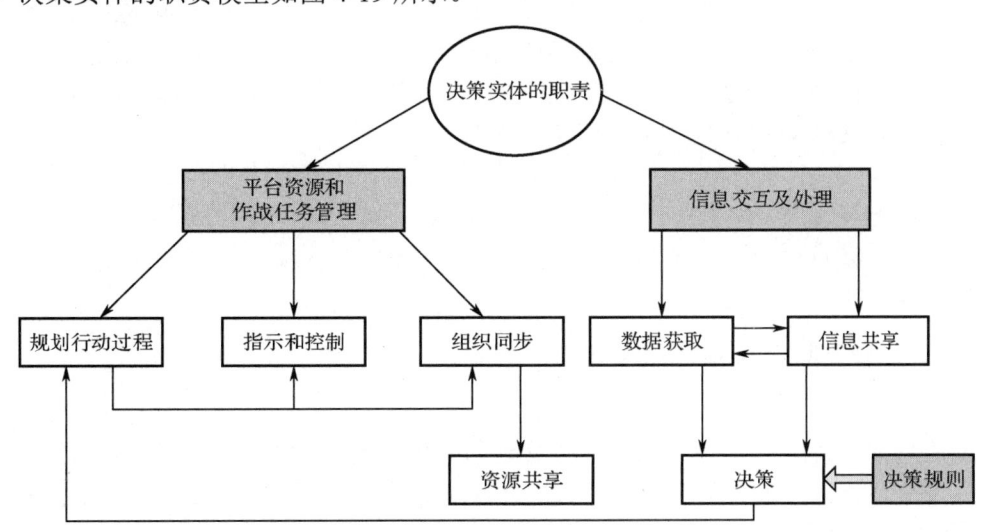

图 4-19 决策实体的职责模型

对决策实体进行定义就是建立决策实体的数据属性,决策实体的数据属性包括决策实体集 DM 和每个决策实体的自身属性。

决策实体集:DM={$DM_1,DM_2,\cdots,DM_m,\cdots,DM_{D-1},DM_D$},$D$ 表示 C2 组织所拥有的决策实体的数量。

决策实体 DM_m 的自身属性包括:

(1)决策实体 DM_m 对平台资源的管理控制能力 MC_m,即决策实体 DM_m 能同时控制多少平台资源。

(2)决策实体 DM_m 的任务处理能力 TP_m,即决策实体 DM_m 能同时执行多少任务。

(3)决策实体 DM_m 的协作能力 CO_m,即决策实体 DM_m 能同时与多少其他决策实体进行协作。

(4)决策实体 DM_m 的决策知识属性 KE_m,即决策实体 DM_m 具有某一类型指挥决策的经验、知识和能力。只有具备相关知识的决策实体才能够指挥控制相关类型的平台来执行任务,如具备对空指挥控制知识的决策实体才能控制战机平台并执行相关的对空任务,具备对海指挥控制知识的决策实体才能控制舰艇平台并执行相关的对海任务。$KE_m \subseteq \Omega_{kn}$,$\Omega_{kn}$ 为决策知识属性的集合,如 Ω_{kn}={对空,对海(潜),对地,……}。

2. C2 组织结构

从以上描述还可以得出,C2 组织结构中的关系就是功能实体之间的关联关系,包括决策实体与平台之间的关系、决策实体与决策实体之间的关系和平台与平台之间的关系。

其中,平台与平台之间的关系(R_{P-P})可以由资源调度方案中任务与平台之间的关系(R_{T-P})直接获取,R_{P-P} 本质上是协作关系,如果两个平台协作完成同一个任务,那么它们之间就有关系;决策实体与决策实体之间的关系(R_{DM-DM})一般情况下受编制体制的限制,可以事先予以明确,不需要设计,但是在特定情况下,也可以灵活设计;而决策实体与平台之间的关系(R_{DM-P}),一般情况下,科学合理的组织结构需要对该类关系进行专门的设计。因此,C2 组织结构设计的核心就是决策实体与平台之间的关系(R_{DM-P})的优化设计。

4.4.3 指挥控制组织结构优化设计方法

本节在对决策实体-平台关系 R_{DM-P} 的设计问题进行描述时,假设在设计决策实体-平台关系 R_{DM-P} 之前,根据领域专家的经验,可以得出设计的 C2 组织需要 D 个决策实体,即平台分组的数量为 D 个;假设这 D 个决策实体的能力都是综合集成的,可以不对决策实体设置知识约束(知识约束是指决策实体控制不同的平台和执行不同的任务所需要具备不同的经验、知识和能力),也就是说 D 个决策实体都可以控制各类平台和执行各类任务。

基于以上假设,决策实体-平台关系 R_{DM-P} 设计问题实质上是一个平台的聚类问题,即只要确定了平台的分组方案,由于决策实体都是相同的,那么决策实体-平台关系 R_{DM-P} 也就确定了。

它的优化设计涉及两个核心问题:怎么评判、比较不同的 R_{DM-P} 方案的性能?怎么得到最合理的 R_{DM-P} 方案?

1. 评判、比较不同的 R_{DM-P} 方案的性能

1)决策实体工作负载

在比较不同的 R_{DM-P} 方案的性能时,涉及一个重要的概念,就是决策实体的工作负载。决策实体的工作负载包括内部工作负载和外部工作负载,一般情况下,其测度方法的定义如下。

(1)决策实体 DM_m 内部工作负载 $I(m)$ 的测度方法。

决策实体 DM_m 的内部工作负载 $I(m)$ 为 C2 组织中的决策实体所管理操作的平台的数量(隶属

于决策实体的平台的数量)。$I(m)$数值上为决策实体DM_m所控制的平台的数量，其表达式为

$$I(m)=\sum_{j=1}^{K}x_{mj} \quad m=1,2,\cdots,D \tag{4-10}$$

式中：$x_{mj}(m=1,2,\cdots,D;j=1,2,\cdots,K)$表示平台到决策实体隶属关系的变量，其值为

$$x_{mj}=\begin{cases}1 & \text{平台}P_j\text{隶属于决策实体}\text{DM}_m\\0 & \text{否则}\end{cases} \tag{4-11}$$

x_{mj}是决策实体-平台关系$R_{\text{DM-P}}$设计问题需要求解的核心变量。

（2）决策实体DM_m外部工作负载$E(m)$的测度方法。

决策实体DM_m的外部工作负载$E(m)$是一种协作负载，是决策实体在某一任务执行时可能需要与其他决策实体进行协作而承担的工作负载。$E(m)$数值上为决策实体DM_m与其他所有决策实体的协作负载之和，其表达式为

$$E(m)=\sum_{n=1,n\neq m}^{D}R(m,n) \quad m=1,2,\cdots,D \tag{4-12}$$

式中：$R(m,n)$表示决策实体DM_m与决策实体$\text{DM}_n(m\neq n)$的直接协作工作负载。定义$R(m,n)$为决策实体DM_m与决策实体$\text{DM}_n(m\neq n)$直接共同协作处理的作战任务的数量，其表达式为

$$R(m,n)=\sum_{i=1}^{N}(u_{mi}\cdot u_{ni}) \quad m,n=1,2,\cdots,D\text{ 且 }m\neq n \tag{4-13}$$

式中：u_{mi}、u_{ni}表示决策实体与任务的指挥关系的变量，其表达式为

$$u_{mi}=\begin{cases}1 & \text{任务}T_i\text{分配给决策实体}\text{DM}_m\\0 & \text{否则}\end{cases} \tag{4-14}$$

综合可以得出，$E(m)$的表达式为

$$E(m)=\sum_{n=1,n\neq m}^{D}\sum_{i=1}^{N}(u_{mi}\cdot u_{ni}) \quad m=1,2,\cdots,D \tag{4-15}$$

（3）决策实体DM_m总的工作负载$\text{CW}(m)$的测度方法。

决策实体DM_m总的工作负载$\text{CW}(m)$为该决策实体内部工作负载$I(m)$和外部工作负载$E(m)$的加权和，其表达式为

$$\text{CW}(m)=W^I\cdot I(m)+W^E\cdot E(m) \quad m=1,2,\cdots,D \tag{4-16}$$

式中：W^I和W^E分别为决策实体内部工作负载和外部工作负载的权值，表示对应的工作负载对总的工作负载的影响。

通过以上关于决策实体工作负载测度方法的描述可知，对于某一任务-平台关系$R_{\text{T-P}}$的设计方案（任务-平台调度方案），无论采用怎样的平台聚类方案（决策实体-平台关系$R_{\text{DM-P}}$设计方案），所有决策实体的内部工作负载之和是保持不变的，而所有决策实体的外部工作负载之和是依赖于平台资源的聚类方案的。因此，可以通过合理有效的平台分组来减小所有决策实体的外部工作负载之和。

（4）算例分析。

以下为描述决策实体工作负载的一个算例，基本条件为：2个决策实体、5个平台资源、2个作战任务，各类实体之间的关系如图4-20所示。

决策实体的内部工作负载为$I(1)=3$，$I(2)=2$；决策实体之间的协作负载$d(1,2)=2$，因此，决策实体的外部工作负载为$E(1)=2$，$E(2)=2$；当$W^I=W^E=1$时，决策实体总的工作负载为$W(1)=5$，$W(2)=4$。

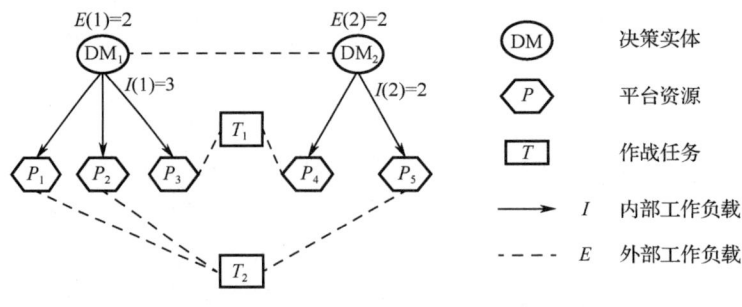

图 4-20 各类实体之间的关系

2)R_{DM-P} 方案性能测度

R_{DM-P} 方案性能测度可以从以下两个目标来考虑。

目标 1：整个 C2 组织总的工作负载（全部决策实体的工作负载之和）最小，即 D 个决策实体的平均工作负载最小。这一目标可以用 D 个决策实体总的工作负载的均值来表示：

$$\mu = \frac{1}{D} \cdot \sum_{m=1}^{D} CW(m) \qquad (4\text{-}17)$$

对于 R_{DM-P} 方案性能测度而言，目标 1 的测度值越小越好。

目标 2：C2 组织中 D 个决策实体之间工作负载的差异度最小，即所有决策实体的工作负载尽可能均衡。这一目标可以用 D 个决策实体总的工作负载的方差来表示：

$$\sigma^2 = \frac{1}{D} \cdot \sum_{m=1}^{D} [CW(m) - \mu]^2 \qquad (4\text{-}18)$$

对于 R_{DM-P} 方案性能测度而言，目标 2 的测度值也是越小越好。

由于均值和方差这两者与均方根（Root Mean Square，RMS）之间存在以下关系：

$$\begin{aligned} RMS &= \sqrt{\frac{1}{D} \cdot \sum_{m=1}^{D} CW^2(m)} = \sqrt{\frac{1}{D} \cdot \sum_{m=1}^{D} CW^2(m) + \mu^2 + \mu^2 - 2\mu \cdot \mu} \\ &= \sqrt{\mu^2 + \frac{1}{D} \cdot \sum_{m=1}^{D} CW^2(m) + \frac{\mu^2}{D} \cdot D - 2 \cdot \mu \cdot \frac{1}{D} \cdot \sum_{m=1}^{D} CW(m)} \\ &= \sqrt{\mu^2 + \frac{1}{D} \cdot \sum_{m=1}^{D} [CW(m) - \mu]^2} = \sqrt{\mu^2 + \sigma^2} \end{aligned} \qquad (4\text{-}19)$$

因此，可以用 D 个决策实体总的工作负载的 RMS 值来综合目标 1 和目标 2。

综合式 4-19 可得，R_{DM-P} 方案性能测度就是 D 个决策实体总的工作负载的 RMS 值，目标是 RMS 值越小越好。

以图 4-20 的 2 个决策实体 5 个平台为例，计算该方案下的 RMS=4.5277，如果将 P_3 和 P_5 更换一下位置，则 RMS=2.7386。通过这个例子可以得出，不同的平台资源聚类方案其 RMS 是不同的，也就是通过比较 RMS 值，就可以进行不同方案的性能比较。

2. 得到最合理的 R_{DM-P} 方案

决策实体-平台关系 R_{DM-P} 优化设计问题实质上是一个平台的聚类问题，近似最优的启发式层次聚类方法是求解该问题较为有效的方法。由上述的决策实体工作负载的描述可知，决策实体-平台关系 R_{DM-P} 优化设计问题是在 C2 组织决策实体自身工作负载限制和满足问题约束的条件下进行的决策实体内部工作负载和外部工作负载的权衡，这种权衡实质上是平台资源的选择与合并。有两个极端情况：一是当所有平台合并为一个聚类时，整个 C2 组织就只有一个决策实体，此时该决策实体只有内部工作负载而没有外部工作负载，并且该决策实体的工作负载很有可能会超出其所能承受的最大工作负载；二是当所有平台都具有不同的决策实体时，整个 C2 组织拥有的决策实体的数量与平台的数量相等，此时 C2 组织中决策实体的外部工作负载之和最大，并且在一次任务规划中整个 C2 组织不可能拥有这么多的决策实体，也没有必要拥有这么多的决策实体。

可以采用层次聚类方法来得到最合理的 R_{DM-P} 方案，其流程如图 4-21 所示，D_{now} 表示平台聚类过程中当前平台分组的数量，D 是决策实体的数量。

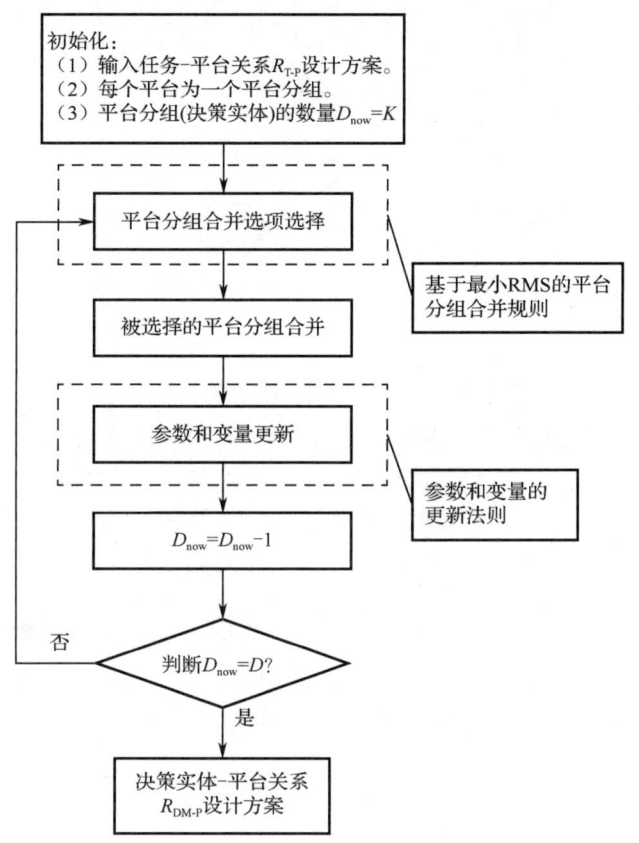

图 4-21　层次聚类方法的流程

使用层次聚类方法进行决策实体-平台关系 R_{DM-P} 优化设计的基本思想为：初始条件下，设置每个平台为一个平台分组，此时，平台分组的数量与平台的数量相等，即 $D_{now}=K$；使用基于最小 RMS 的合并规则选择此次需要合并的两个平台分组进行合并，对合并后的每个平台分组进行参数和变量的更新，合并后的平台分组的数量变为 $D_{now}=D_{now}-1$；按照基于最小 RMS 的合并规则选择两个平台分组进行合并，依次循环，直到平台分组的数量 $D_{now}=D$，输出此时的平台资源的聚类方案（平台分组方案）；最后为每个平台分组配置一个决策实体，完成决策实体-平台关系 R_{DM-P} 的设计。

由图 4-21 可知，使用层次聚类方法进行决策实体-平台关系 R_{DM-P} 优化设计的关键步骤就是平台分组的合并规则和平台分组合并后新的平台分组方案下各种参数变量的更新法则。

1）基于最小 RMS 的平台分组合并规则

在使用层次聚类方法进行决策实体-平台关系 R_{DM-P} 优化设计的过程中，如何选择平台分组进行合并是该方法的关键。平台分组（决策实体）合并过程可以解释为删除一个平台分组（决策实体），将该平台分组（决策实体）合并到另一个平台分组（决策实体）中。平台分组的合并过程如图 4-22 所示，图示为平台分组 4 与平台分组 5（或者说决策实体 DM_4 与决策实体 DM_5）的合并，合并后得到新的平台分组（决策实体 DM_G）。从图 4-22 可知，平台分组合不仅是两个平台分组中平台的合并，同时也是两个平台分组中平台所对应的作战任务的合并。图中左右省略号指其他的决策实体及其包括的平台和任务。

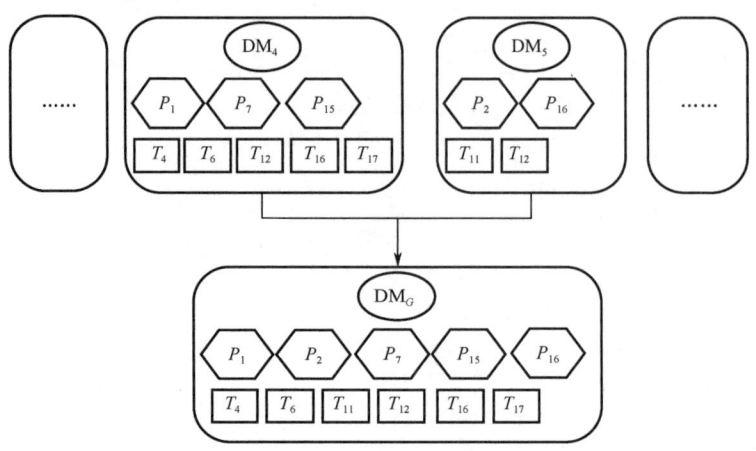

图 4-22 平台分组（决策实体）的合并过程

根据上文描述的决策实体-平台关系 R_{DM-P} 设计问题的目标函数，可以通过对平台分组直接进行任意合并，计算合并后形成的新的协作关系网中全部平台分组（决策实体）总的工作负载的 RMS 值，选择 RMS 最小的合并方案进行平台分组的合并，本节将这一合并规则称为基于最小 RMS 的平台分组合并规则。显然，这一平台分组合并规则决定了决策实体-平台关系 R_{DM-P} 方案的测度目标。基于最小 RMS 的平台分组合并规则的具体操作流程如下。

（1）任意选择两个平台分组进行合并。

在进行平台分组合并前，假设存在的平台分组（决策实体）的数量为 D_{now}，任意取出两个平台分组（决策实体）DM_h 和 $DM_k(h,k=1,2,\cdots,D_{now}$ 且 $h \neq k)$，合并 DM_h 和 DM_k 为新的平台分组（决策实体）DM_G，则新的平台分组（决策实体）DM_G 总的工作负载 $CW(G)$ 为

$$CW(G) \leftarrow CW(h)+CW(k) - W^E \cdot (2 \cdot R(h,k) + \sum_{m=1,m\neq h,k}^{D_{now}} \Delta(m,h,k)) \tag{4-20}$$

式中：$\Delta(m,h,k) = \sum_{i=1}^{N}(u_{hi} \cdot u_{ki} \cdot u_{mi})$，表示平台分组（决策实体）$DM_m$、$DM_h$ 和 DM_k 三者共同协作处理的作战任务的数量之和，N 表示任务的数量。

合并平台分组（决策实体）DM_h 和 DM_k 后，新的协作关系网中其他平台分组（决策实体）$DM_m(m=1,2,\cdots,D_{now}$ 且 $m \neq h,k)$ 总的工作负载 $CW(m)$ 更新，即

$$CW(m) \leftarrow CW(m) - W^E \cdot \Delta(m,h,k) \tag{4-21}$$

（2）平台分组合并后，计算合并后的 $D_{now}-1$ 个平台分组（决策实体）总的工作负载的 RMS 值，其表达式为

$$RMS_{h,k} = \sqrt{\frac{1}{D_{now}-1}(CW^2(G) + \sum_{m=1,m\neq h,k}^{D_{now}} CW^2(m))} \tag{4-22}$$

（3）选择最佳的合并选项。

在平台分组（决策实体）的数量为 D_{now} 的情况下，所有的平台分组合并方案的数量为 $D_{now} \cdot (D_{now}-1)/2$ 个，假设其中最佳的合并选项为 (r,s)，则 (r,s) 为所有合并方案中 RMS 值最小的合并选项，这样就能够保证每一次聚类得到的合并方案的 RMS 值最小：

$$(r,s) = \arg\min_{h,k}(RMS_{h,k}) \tag{4-23}$$

2）过程中参数和变量的更新法则

将平台分组（决策实体）DM_r 和 DM_s 合并为新的平台分组（决策实体）DM_G 后，形成了新的组织协作关系，以下变量和参数需要进行更新：

（1）平台到决策实体的隶属关系，其表达式为

$$x_{Gj} \leftarrow \max(x_{rj}, x_{sj}) \tag{4-24}$$

（2）任务到决策实体的分配关系，其表达式为

$$u_{Gj} \leftarrow \max(u_{rj}, u_{sj}) \tag{4-25}$$

（3）其他平台分组（决策实体）和 DM_G 之间的直接协作工作负载，其表达式为

$$R(m,G) \leftarrow R(m,r) + R(m,s) - \Delta(m,r,s) \quad m \neq r,s \tag{4-26}$$

（4）平台分组（决策实体）DM_G 总的工作负载，其表达式为

$$CW(G) \leftarrow CW(r) + CW(s) - W^E \cdot \left(2 \cdot R(r,s) + \sum_{m=1, m \neq r,s}^{D_{now}} \Delta(m,r,s) \right) \tag{4-27}$$

（5）其他平台分组（决策实体）$DM_m (m=1,2,\cdots,D$ 且 $m \neq r,s)$ 总的工作负载 $CW(m)$，其表达式为

$$CW(m) \leftarrow CW(m) - W^E \cdot \Delta(m,r,s) \quad m \neq r,s \tag{4-28}$$

3）算例分析

假设算例中有 2 个决策实体、5 个平台、4 个任务，其中任务与平台的关系如图 4-23 所示。

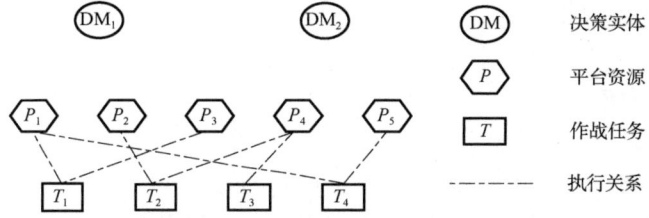

图 4-23 任务与平台的关系

当内部工作负载权重和外部工作负载权重为 $W^I = W^E = 1$，决策实体的数量为 $D=2$ 时，使用基于最小 RMS 的平台分组合并规则的层次聚类方法求解算例，可得出平台资源的聚类方案、决策实体 $DM_m (m=1,2)$ 的工作负载、C2 组织总的工作负载以及 D 个决策实体总的工作负载的 RMS 值，如表 4-10 所示。使用基于最小 RMS 的平台分组合并规则的层次聚类方法求解算例，得出的最优 R_{DM-P} 方案如图 4-24 所示。

表 4-10 $D=2$ 时，算例的仿真结果

决策实体	基于最小 RMS 的平台分组合并规则的层次聚类方法			
	平台	DM 的工作负载	总的工作负载	RMS 值
DM_1	P_1, P_3, P_5	3	5	2.7386
DM_2	P_2, P_4	2		

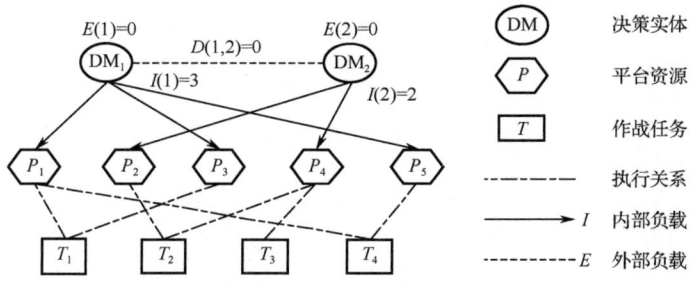

图 4-24 最优 R_{DM-P} 方案

小　　结

本章主要对作战计划制定的相关概念、整体流程、关键步骤及其典型方法等内容进行了详细的介绍。首先，介绍作战计划制定的基本概念；其次，阐述作战计划的表示模型、作战计划生成结构以及作战计划制定的整体过程模型；最后，介绍了作战计划制定过程中行动过程生成、资源调度方案生成以及指挥控制组织结构设计三个核心步骤的定义及典型方法。通过本章内容的学习，可帮助读者建立起作战计划制定过程的知识体系和典型方法，为后续章节学习提供支撑。

习　　题

1. 简述作战计划制定的过程以及每个步骤的输入和输出信息。
2. 简述行动过程建模的方法。
3. 简述经典作战行动过程建模方法生成作战行动过程的流程。
4. 简述资源调度过程中使用的任务模型和平台模型。
5. 写出任务优先级的计算方法和平台优先级的计算方法，并给出每一项要素的实际含义。
6. 简述 MDLS 资源调度算法。
7. 用 Matlab 实现任务优先级中的层次分配法。
8. 简述决策实体的模型。
9. 简述决策实体内外工作负载和总负载的一般计算方法。
10. 简述度量决策实体与平台关系设计方案优劣的方法。
11. 简述决策实体与平台关系的优化设计方法——层次聚类方法。
12. 结合一个具体的决策实体与平台关系的优化设计案例，用 Matlab 实现层次聚类方法。

第 5 章 战场协调控制

作战计划制定完成后，就进入了整个作战计划的执行过程。在该过程中，指挥员主要有三方面的指挥控制活动：一是督导作战计划，即督导各部队完成作战的最后准备，随时准备投入作战行动，并按照作战计划规定的时间、路线和区域进行展开；二是调整作战计划，即依据战场上发生的突发事件，与预期的作战目标进行对比，对战场制定的作战计划进行优化调整，以消除执行过程中作战成效与目标之间的偏差；三是调整作战决心，如果战场上发生难以通过调整作战计划来达成作战目标的事情，便需要调整整个作战决心，即调整作战目标。以上三个方面的指挥控制活动，都属于广义的战场协调控制范畴，而狭义的战场协调控制是指调整作战计划，即根据战场的突发事件，对作战计划进行适应性优化调整。本章所介绍的战场协调控制的内容主要是针对狭义的战场协调控制。

战场协调控制的目的是按照战场决策目标，掌握和驾驭作战活动，并采取各种纠正措施，以消除执行过程中作战成效与目标之间的偏差，保证作战活动达到预定的目标。战场是一个复杂的系统，信息化条件下作战过程具有动态性强、突发事件集中、实时性要求高等特点，利用现有的技术对战场情况进行协调控制，使得整个战场按照预定的目标演进，是一个具有挑战性的命题。

5.1 战场协调控制的概念和整体过程

5.1.1 战场协调控制的概念

当前还没有普遍认同的战场协调控制的概念，一般而言，战场协调控制是指在作战实施过程中，指挥员以及指挥机关在作战决心和作战计划的基础上，根据战场情况变化调整作战行动，以消除执行过程中作战成效与目标之间的偏差，保证作战活动达到预定的决策目标。

从以上概念可以得出，战场协调控制发生在作战实施过程中，这不同于作战计划制定（在战前），且对于整个战场协调控制的相关要素（如协调控制的时间、对象、结果等）提出了更多要求；战场协调控制的最终目标与作战计划相似，都是实现指挥员的指挥决心；战场协调控制的动因是战场情况的变化，包括敌方目标发生变化、我方兵力发生变化、战场环境发生变化等；战场协调控制的具体措施是调整作战行动，也就是调整作战计划，包括行动过程、资源调度方案、C2组织结构等；战场协调控制需要达到的预期状态是消除执行过程中偏差（作战成效与目标之间的），保证作战行动顺利进行、保证作战决心圆满实现。

关于战场协调控制中的两个关键词：协调与控制，两者既有联系，又有区别。两者的联系是有相同的目标和相同的机理。相同的目标指两者都是为了消除与目标之间的偏差，最终实现指挥员的决心；相同的机理指通过调整作战行动（作战计划）来消除偏差，使得整个行动向着预期的目标发展。两者的区别是协调强调在上级指挥员的整体意图下，部队之间按照作战计划、协同惯例等适时自行调整行动；而控制着重强调指挥员充分行使其指挥权，以指令的形式控制被指挥者的行动。同级之间更多的是协调，上下级之间更多的是控制。总之，有效的控制离不开协调，有效的协调也离不开指挥员预先的控制。

此外，战场协调控制需要重点关注以下五个方面，如图 5-1 所示。

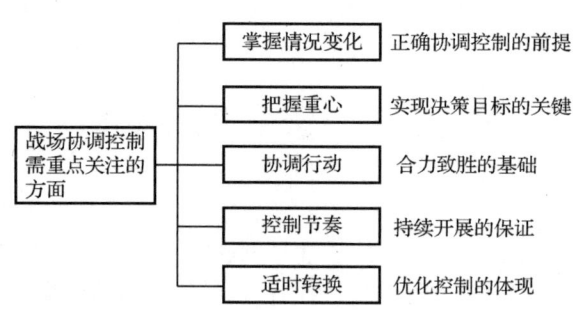

图 5-1 战场协调控制需要重点关注的方面

1. 掌握情况变化

掌握情况变化是战场进行正确协调控制的前提,没有及时掌握战场情况的变化,就不可能进行有效的战场协调控制。掌握情况变化包括:全面掌握战场的实时态势,分析情况的变化;预测战役战斗的发展趋势,估计双方有利和不利的条件,实事求是地进行双方力量的对比分析;预测需要关注的方面、可能达到目标的程度、战役战斗的进程和结局等。

2. 把握重心

把握重心是进行战场协调控制进而实现决策目标的关键,这里的重心指整个战场作战计划需要解决的主要矛盾和主要问题,是控制战场的方向盘,也是兵力和火力使用的重点。战场协调控制一定要找准重心并抓住重心,当战场需要多个方面的协调控制时,应该优先满足战场重心协调控制的需求。

3. 协调行动

协调行动是进行战场协调控制进而能够实现合力致胜的基础,其主要体现在参战力量的协调上,还需要协调参战的行动。在全局层面,以主要作战方向为主(优先满足主要作战方向的协调控制需求);在局部层面,以执行主要任务的部队为主。在作战阶段上的协调,以每个阶段的中心任务为主,其他行动配合完成。

4. 控制节奏

控制节奏是战场协调控制能够持续开展的保证,整个作战节奏要与敌我双方的作战实力和指挥员的工作负荷相适应,要与敌我双方的武器装备水平的客观条件相适应。一般情况下,整个作战节奏要与整个作战进程、作战规模和范围相关,如果要求过高,往往欲速则不达;如果要求过低,则容易失去获得更大胜利的机会。

5. 适时转换

适时转换是整个战场协调控制过程优化控制的体现,在整个战场协调控制中,需要重点关注作战过程中的作战阶段、作战形式、作战方法等方面的转换。其中,作战阶段的转换是最核心的,其适时转变会带来作战形式、作战方法等其他方面的转换,并且作战阶段的转换一般与作战重心的转移是同步的。一般在作战任务基本完成、预定目标基本实现、发现敌人新的作战意图、敌我力量发生重大变化、战场态势发生重大改变、上级的意图发生了重大转变等情况下,作战阶段需要进行适时转换。

5.1.2 战场协调控制的模式和方法

1. 战场协调控制的模式

一般来说,战场协调控制的模式有后馈、前馈和混合三种。

（1）后馈的战场协调控制模式：战场的不确定事件出现并已发生作用，指挥员分析指挥对象的反馈信息，在分析后进行纠偏调控，从而实现目标调整。这种后馈的战场协调控制过程是需要不断迭代的。

这种协调控制模式的特点：由于该模式需要等到不确定事件发生作用后进行调整，整个协调控制的结果具有一定的滞后性。

（2）前馈的战场协调控制模式：不确定事件未出现或未发生作用时，指挥员通过提前预测不确定事件的影响，之后研究对策预先调整，从而实现目标调整。这种前馈的战场协调控制过程也是需要不断迭代的。

这种协调控制模式的特点：需要对战场的不确定事件进行预测，其协调控制的结果一般不具有滞后性。而制定作战计划并形成相应指令的过程，本质上也是基于对战场发生情况的一种预测，也属于一种前馈。

（3）混合的战场协调控制模式：本质上是后馈的战场协调控制模式与前馈的战场协调控制模式的一种综合，首先尽可能预测战场变化，并采用前馈的战场协调控制模式来应对战场发生的变化，但由于不能预测所有的变化，肯定会出现非预期的变化，这就需要通过后馈的战场协调控制模式进行调整。

在实际作战过程中，往往采用混合的战场协调控制模式，一是尽可能预测变化，主动调整作战计划，从而不耽误时机；二是对于非预期的变化，也能被动应对，从而能够更好地实现预定目标。

2．战场协调控制的方法

一般根据作战规模、参战兵力的数量、执行任务的性质、战场情况的复杂性以及指挥工具的先进程度，按照不同的层次，可以将战场协调控制的方法分为基于目标的协调控制方法、基于计划的协调控制方法和随机协调控制方法。

1）基于目标的协调控制方法

该协调控制方法以作战目标为依据进行调控，是对行为结果的调控。其一般流程为确定调控的目标→发送目标指令给调控对象→调控对象自行选择调控行动。其适用场合为不需要或无法实时限制调控对象行动时，如潜艇静默执行极其隐蔽的特殊任务。其优点：具有很强的灵活性，对通信要求低，甚至在部队失去联络的情况下，部队仍然可以处于控制状态；缺点：由于指挥者不了解被指挥者的实时具体行动，不便于与被指挥者之间组织协同。

2）基于计划的协调控制方法

该协调控制方法一般以作战计划为依据进行调控，是对行为过程的调控。其一般流程为：通过情况反馈找出计划偏差→发送调整计划给调控对象→调控对象按照计划调控行动。这是一种普遍并广泛适用的协调控制模式。其优点：充分体现指挥员的指挥艺术，对通信要求不高；缺点：当不断出现新的事件时，因为没有太多时间来反复进行作战计划的调整，并且无法以指令的形式进行下达，计划协调控制可能会失败。

基于计划的协调控制方法的类型可以分为：严格的计划协调控制方法和概略的计划协调控制方法。如果了解双方的初始情况、可以进行战役战术计算和准备、事件发生对计划影响不大，则可以采用严格的计划协调控制方法，反之则可采用概略的计划协调控制方法。

3）随机协调控制方法

该协调控制方法是一种直接的实时协调控制方法，也是一种高效的控制方法。其一般流程为：指挥者根据当前情况临时下达相关调控指令→规范和约束被指挥者的行动，这是不断迭代的过程，要求指挥员要全面、及时和具体掌握情况，能够快速反应，且指挥者和被指挥者保持实时交互,具体的形式包括快速决策指挥、简练指令指挥和边战斗边组织指挥。其适用于时间比较紧急、情况比较紧迫的场合,如针对主要作战方向或者主要作战部队实施的协调控制。其优点:精确;缺点:如果全面实行随机协调控制,指挥员将难以处理大量信息,进而导致协调控制失败。

5.1.3 作战计划协调控制的概念

作战计划协调控制也称为作战计划优化调整,是整个战场协调控制的核心,是应对战场动态变化使得原有作战计划执行效能下降而产生的,是确保作战计划能够适应快速、多变、不明的战场态势的具体举措,充分体现了作战计划执行过程中的灵活性。

在完成作战计划制定并执行任务的过程中,由于战场环境的不确定条件,整个作战计划需要根据外部任务环境和内部要素的变化(战场环境的各种动因)而进行适时的优化调整,从而使整个作战计划所体现的效能始终维持在一个较高的水平。作战计划协调控制的整体过程如图5-2所示。

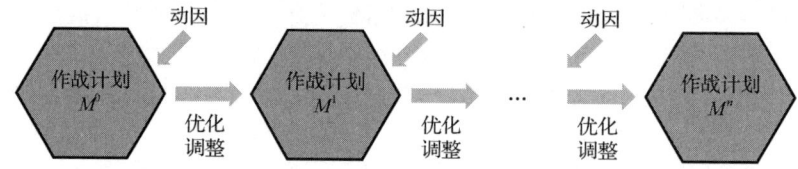

图 5-2 作战计划协调控制的整体过程

从图 5-2 可以得出,作战计划的协调控制过程是一种不断迭代的渐进式的优化过程,每次作战计划优化调整后形成的模式作为下次作战计划协调控制的初始模式,重复该过程,直到整个使命任务执行结束,作战计划停止调整。

可采用滚动时域(Receding Horizon)方法来表示作战计划协调控制的整体过程。滚动时域方法可以将作战计划协调控制问题在时间上进行分解,这种时间分解方法用一系列小规模或有限时域的局部问题来代替大规模或无限时域的全局问题,有助于将实现作战计划所体现的效果维持在一个高水平的前提下,降低整个作战计划协调控制过程的复杂性。

基于滚动时域的作战计划协调控制,其驱动模式一般有两种:

(1)周期性驱动的滚动机制。在没有不确定事件到达的情况下,随着作战计划执行过程的推进,根据对未来使命环境的预测,设置预测窗口和滚动窗口,进行作战计划的适应性优化调整。由于使命环境的不确定性,预测窗口的大小不是固定不变的,如果预测未来具有很大的不确定性,则取较小的预测窗口,否则取较大的预测窗口。这种驱动模式在实际作战过程中比较常见,如美空军的 72h 规划,以 72h(3 天)作为协调控制过程中作战计划制定的周期,协调制定形成之后 24h 的作战计划,而后进行作战效果的评估,再进行 72h 规划,再形成之后 24h 的作战计划,不断循环,直到作战结束。当然,这种 72h 规划的模式可以是多个任务组并行进行。

(2)事件驱动的滚动机制。按照作战计划执行任务期间,动态到达的不确定事件将影响整个作战计划的执行,当不确定事件到达时,需要根据到达的不确定事件和对未来使命环境的预测,建立预测窗口和滚动窗口,并判断是否需要进行作战计划的适应性优化调整,如果满足适应性优化调整的条件(一般设置一个由领域专家给出的阈值),则触发作战计划的适应性优化调整。这种事件驱动的作战计划协调控制滚动机制,在学术研究中比较常见,本节后续内容中的具体的协调控制方法主要针对事件驱动的滚动机制。

5.1.4 单次作战计划协调控制的整体过程

作战计划制定过程是一个环环相扣的连贯过程,每个环节之间是强连接的关系,上一设计环节的输出结果是下一设计环节的初始条件。在作战计划制定过程中,行动过程、资源调度方案和指控组织结构的生成是层层递进的关系。与战前作战计划制定的整体过程（行动过程生成、资源调度方案生成、C2 组织结构设计）类似，单次作战计划协调控制的整体过程也包括行动过程的优化调整、资源调度方案的优化调整和 C2 组织结构的优化调整，并且它们之间也是层层递进的关系，如图 5-3 所示。

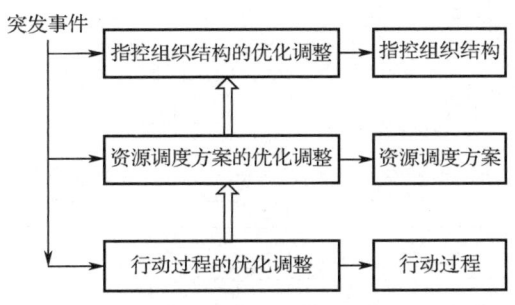

图 5-3　单次作战计划协调控制的整体过程

1．行动过程的优化调整

行动过程的优化调整就是作战计划中的作战行动过程协调控制，主要指在作战计划的执行过程中，由于战场环境发生变化，引起任务增加、任务减少或者任务的关系发生变化等，这些不确定事件如果影响整个作战行动计划的执行，就需要进行作战行动过程的优化调整，其调整方法更多由军事领域专家结合经验直接给出。因此，本章对行动过程的优化调整方法不详细展开。行动过程的优化调整示例如图 5-4 所示，其在原来作战行动过程的基础上，增加了一个任务，这就导致了作战行动过程的任务变迁。

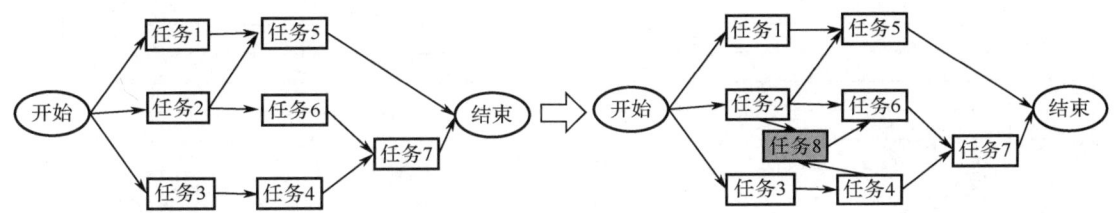

图 5-4　行动过程的优化调整示例

2．资源调度方案的优化调整

资源调度方案的优化调整，是指作战行动过程发生改变，或者平台资源发生变化，影响作战任务的执行质量，需要进行资源调度方案的优化调整，来确保每个作战任务的资源需求都可以满足。资源调度方案的优化调整过程需要兼顾任务执行的效率和调整的代价两个方面，任务执行的效率指提高战场上平台的利用率，缩短整个使命任务的完成时间；调整的代价指优化调整形成的资源调度方案与原有的方案相比，不能变化太大。资源调度方案的优化调整示例如图 5-5 所示，其在原来资源调度方案的基础上，增加了一个任务资源调度方案。

3．指控组织结构的优化调整

指控组织结构的协调控制是在资源调度方案发生变化，或者决策实体发生变化的情况下，需要进行指控组织结构的优化调整。在对指控组织结构的优化调整过程中，需要关注决策实体的工作负载，只有每个决策实体的负载均在合理范围内时，才能保证指控组织结构的工作效率。指控组织结构的优化调整示例如图 5-6 所示，其在原来指控组织结构方案的基础上，将两个平台的隶属关系进行了调整。

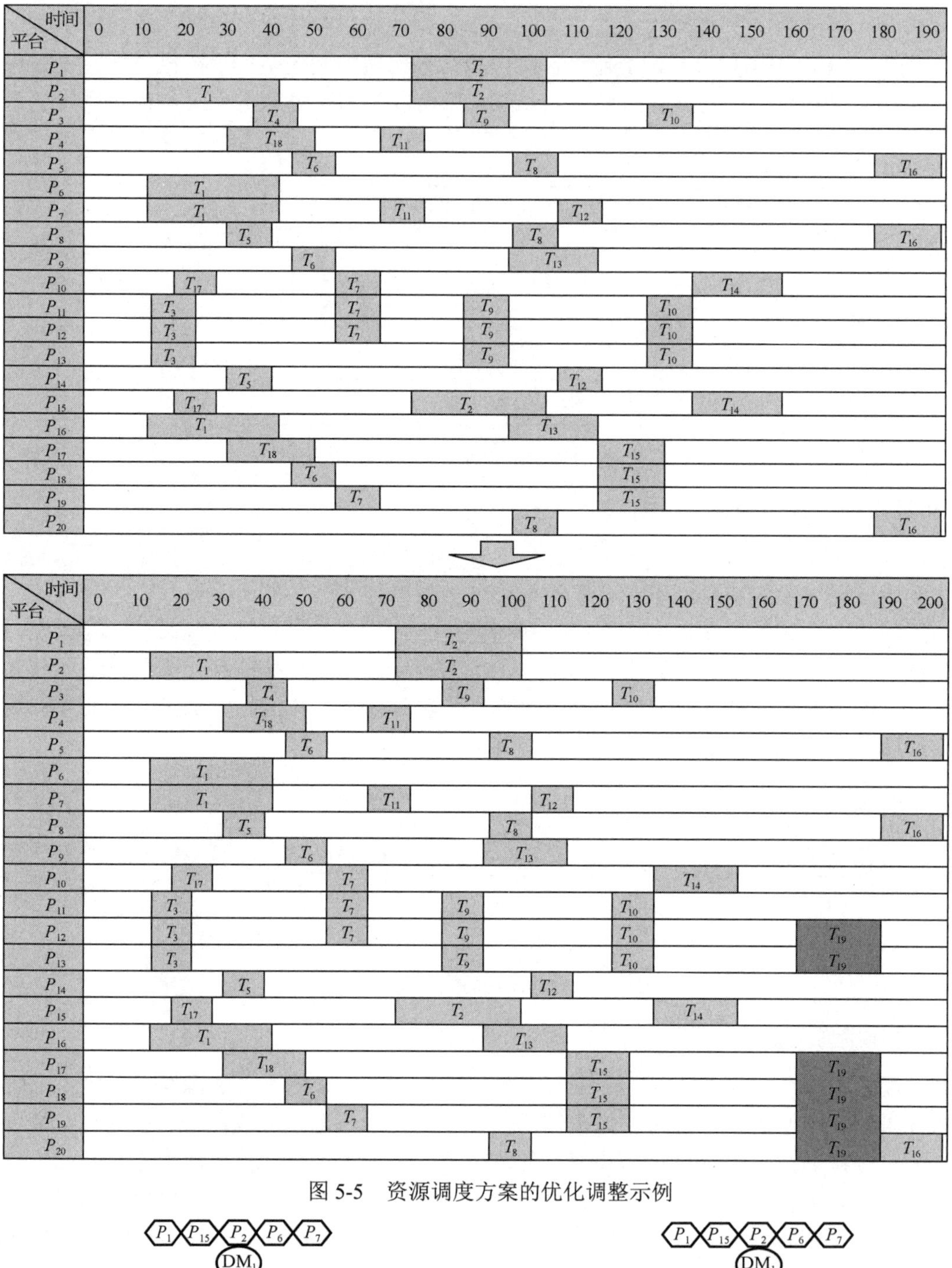

图 5-5 资源调度方案的优化调整示例

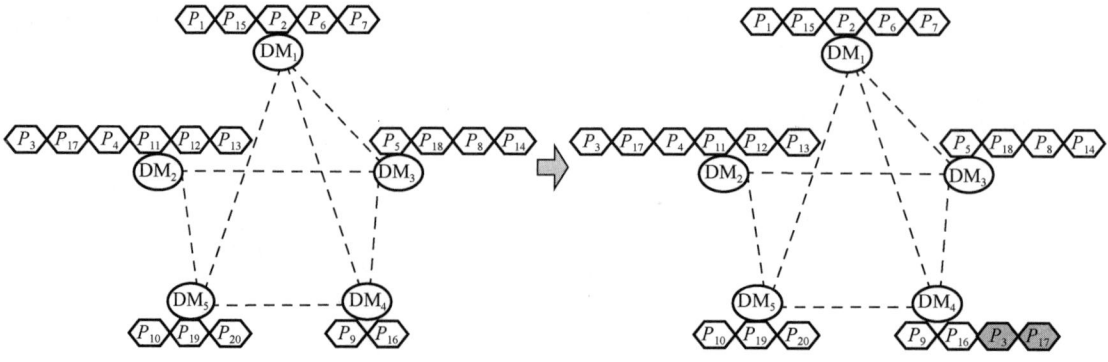

图 5-6 指控组织结构的优化调整示例

在信息化的战场环境中，作战态势变化较快，战场的突发事件层出不穷，单次作战计划的协调控制既要尽量做到实时快速，避免延误战机，也要考虑调整后作战计划的作战效能，不能只追求协调控制的速度而降低调整后的质量，调整也要保持作战计划的稳定性，降低调整代价。

本章后续内容主要对单次作战计划协调控制中的资源调度方案的优化调整方法和指控组织结构方案的优化调整方法进行描述和分析。

5.2 资源调度方案的优化调整

5.2.1 资源调度方案优化调整的概念

资源调度方案优化调整指在资源调度方案实施过程中，由于某些突发事件的发生使得原有资源调度方案无法执行，需要在原有资源调度方案的基础上进行适当调整，最后使得任务的执行能够满足预定要求。

从以上概念可以得出，资源调度方案优化调整发生在作战实施过程中，这使得整个资源调度方案优化调整过程对时间要求很高，也就是对优化调整方法具有很高的时效性要求。因此，优化调整方法不能使用智能优化方法，更不能使用穷举的方法，最好是有预案，但不是所有情况都能事先预测并备有预案的。

资源调度方案优化调整的动因是有突发事件，但并不是所有的突发事件都会触发资源调度方案优化调整。Taguchi 指出，控制系统通过自身变化来适应动态环境通常比使得系统对动态环境不敏感要付出更大的代价。也就是说，一个系统应对外部变化，有两种方法：一是鲁棒（Robust，对动态环境不敏感）的方法，即以不变应万变，在作战计划制定时通常的做法是引入一些冗余或者备份，这就会使作战计划鲁棒；二是适应（Adapt，优化调整）的方法，也就是外部环境改变，资源调度方案也会跟着改变。一般是先采用鲁棒的方法，尽量使资源调度方案保持不变，只有当突发事件发生使得原有资源调度方案无法执行时，才采用适应的方法，即资源调度方案随着外界的变化而优化调整。

另外，资源调度方案优化调整并不是重新制定资源调度方案，而是需要基于原有的资源调度方案进行适当的调整。由于原有的资源调度方案的调整是需要付出代价的，因此应该尽可能少动或者不动原有的方案。资源调度方案优化调整的结果需要所有的任务满足预定要求，如所有任务全部维度的资源能力需求都能得到满足或者资源满足度达到预期。

5.2.2 资源调度方案优化调整的动因分析

战场环境的动态改变会导致一些突发事件的产生，这些突发事件可能对原有的资源调度方案的执行造成影响。这些突发事件主要包括以下三类：

（1）作战任务新增。作战过程中会临时出现一些新的作战任务，资源调度方案需要为这些新的作战任务分配平台资源以适应新的需求。

（2）平台资源失效。作战过程中某些平台实体可能出现故障或者被对方破坏，导致需要该平台参与处理的后续任务的完成质量受到影响。

（3）任务和平台参数变化。作战过程中的一些内外部原因会对任务和平台参数造成影响，如天气情况恶化、作战人员士气降低将造成任务持续时间增加、平台作战能力下降，进而导致任务的执行质量偏离预期值。

上述三类突发事件的发生都可能让原来的资源调度方案失效，进而引起作战行动的失败，因此在执行资源调度方案时，必须提前考虑如何处理这些突发事件。

为应对第一类突发事件，作战计划制定可以事先预留一部分平台资源，这样当新任务出现时，可以直接利用预留的平台资源处理这些新任务。为应对第二类突发事件，可以事先为各任务分配足够多的平台资源，这样即使某些平台资源失效，任务的完成质量也不会受到影响，原调度方案仍然有效。然而，这种基于冗余备份思想的应对措施要求拥有较为充足的平台资源，而这并不是总能满足，因此当第一类突发事件和第二类突发事件发生时，需要采取资源调度方案优化调整的方式来处理。为应对第三类突发事件，在构造资源调度方案时可以事先考虑任务、平台参数的不确定性，这样即使作战过程中任务、平台参数发生一定程度的变化，原资源调度方案仍可继续执行。当任务和平台参数的变化幅度超出预先估计时，可以把第三类突发事件转化为前两类突发事件来处理。例如，任务 T_1 的参数发生剧烈变化后，使得原有的资源调度方案中 T_1 的资源满足度低于预期值，可以将该任务重新记为 T_1'，然后看作原任务 T_1 被取消，并且给组织临时增加了新任务 T_1'；平台 P_1 的参数发生剧烈变化后，可以将该平台重新记为 P_1'，然后看作原平台 P_1 失效，而 P_1' 是作战计划中的一个预留平台。

综上所述，资源调度方案优化调整的动因可归结为两大类：作战任务新增和平台实体失效。这两大类突发事件本质上都是作战计划中某些任务的资源满足度达不到预期，作战任务新增可认为是新增任务的资源满足度为 0；而平台资源失效就是失效时刻以后，与该平台相关的任务的资源满足度达不到预期。

下面以作战任务新增为例，来描述资源调度方案优化调整的方法，之后以作战任务新增条件下资源调度方案优化调整的方法为基础，介绍平台资源失效情况下资源调度方案优化调整的基本思路。

5.2.3 作战任务新增情况下资源调度方案优化调整的方法

从第 4 章作战计划制定中资源调度方案的生成可以得出，在采用 MDLS 算法生成资源调度方案的过程中，会有任务分配序列，该任务分配序列是在综合了任务序列关系、任务优先级以及平台的资源能力等多个方面的因素后得出的。在某种程度上，该任务分配序列是资源调度的最优分配序列。而新增一个任务，不需要改变该任务分配序列中原有任务的先后顺序，而是首先需要确定什么时候给该任务分配平台，即确定新增任务在任务分配序列中的位置；其次基于该任务分配序列，确定由什么平台来执行该任务。这样，作战任务新增情况下资源调度方案的优化调整问题则重点需要解决两个问题：一是什么时候给新增任务分配平台（确定新增任务在任务分配序列中的位置），二是如何给新增任务分配平台。

1. 确定新增任务在任务分配序列中的位置

1）基本思路

假设新增任务这一突发事件的发生时刻为 t，在原来的任务分配序列中，除去已经执行完的和正在执行的任务，将新增任务 T_{add} 插入任务分配序列中，使得 T_{add} 的前导任务都位于 T_{add} 所在的任务分配序列位置的前面，而 T_{add} 的后续任务都位于 T_{add} 所在的任务分配序列位置的后面，那么这样的任务分配序列是合理的，也就是可以依据这样的任务分配序列来对新增任务进行平台资源的分配。

2）具体实施步骤

（1）原有的任务分配序列为 $\{i_1, i_2, \cdots, i_N\}$（该序列有 N 个任务）。

（2）除去已经执行完的和正在执行的任务，则原任务分配序列变为 $\{j_1, j_2, \cdots, j_M\}$（该序列有 M 个任务）。

（3）在 $\{j_1, j_2, \cdots, j_M\}$ 中插入 T_{add}，形成 $\{j_1, \cdots, j_n, T_{add}, j_{n+1}, \cdots, j_M\}$，满足：
$$\text{IN}(T_{add}) \in \{j_1, j_2, \cdots, j_n\}$$
$$\text{OUT}(T_{add}) \in \{j_{n+1}, \cdots, j_M\}$$

式中：IN(T_{add})指任务序列图中 T_{add} 所有的前导任务；OUT(T_{add})指任务序列图中 T_{add} 所有的后续任务。可知，$\{j_1,\cdots,j_n,T_{add},j_{n+1},\cdots,j_M\}$ 是一个可行的任务序列，这种可行的任务序列往往有多个，基于某种规则从中确定或者随机选择一个可行的任务序列作为实际执行的任务序列，就可以确定新增任务在什么时候可以分配平台。

3）算例分析

算例1：假设原有的任务序列图如图 5-7 所示，原有的资源调度方案如图 5-8 所示，其全部任务完成时间为 149.73，产生该资源调度方案过程中使用 MDLS 算法生成的任务分配序列为 $\{5,6,1,2,3,4,17,18,7,8,11,9,10,13,12,14,15,16\}$。当前时刻为 $t=60$，出现新的任务为 $T_{add}(T_{19})$，其序列关系如图 5-7 所示。

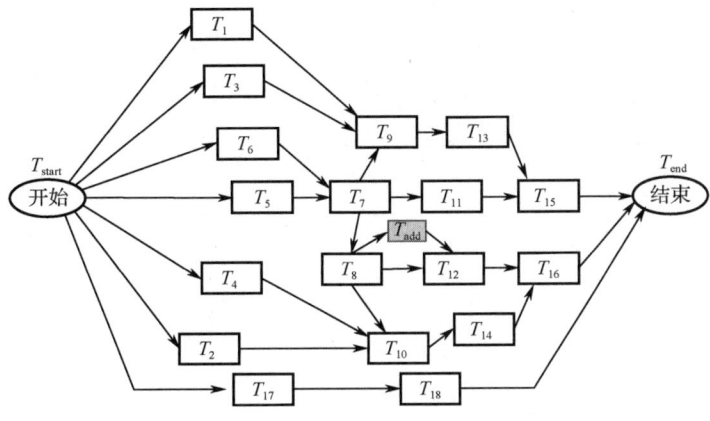

图 5-7 原有的任务序列图

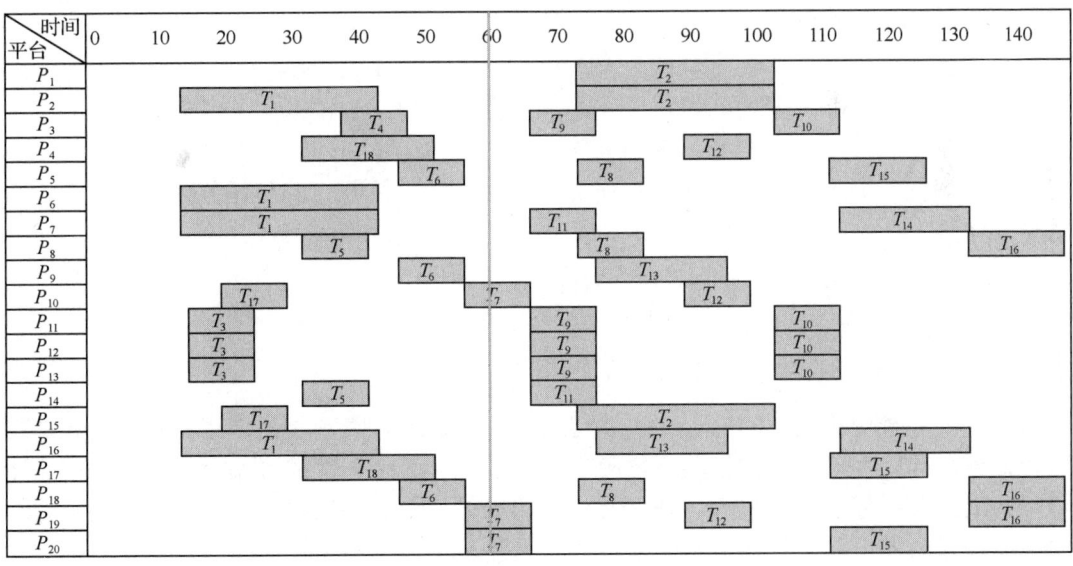

图 5-8 原有的资源调度方案

按照具体的实施步骤进行运算：

（1）原有的任务分配序列为

$$\{5,6,1,2,3,4,17,18,7,8,11,9,10,13,12,14,15,16\}$$

（2）当前时刻为 $t=60$，除去已经执行完和正在执行的任务，得到的任务分配序列为

$$\{2,8,11,9,10,13,12,14,15,16\}$$

（3）将新增任务插入以上任务分配序列中，再加入新增任务的前导任务和后续任务，得到可行的任务分配序列为

{2 8 19 11 9 10 13 12 14 15 16
2 8 11 19 9 10 13 12 14 15 16
2 8 11 9 19 10 13 12 14 15 16
2 8 11 9 10 19 13 12 14 15 16
2 8 11 9 10 13 19 12 14 15 16
2 8 11 9 10 13 12 19 14 15 16}

算例 2：假设原有的任务序列图和原有的资源调度方案保持不变，当前时刻为 $t=60$，出现新的任务 $T_{add}(T_{19})$，其序列关系如图 5-9 所示。

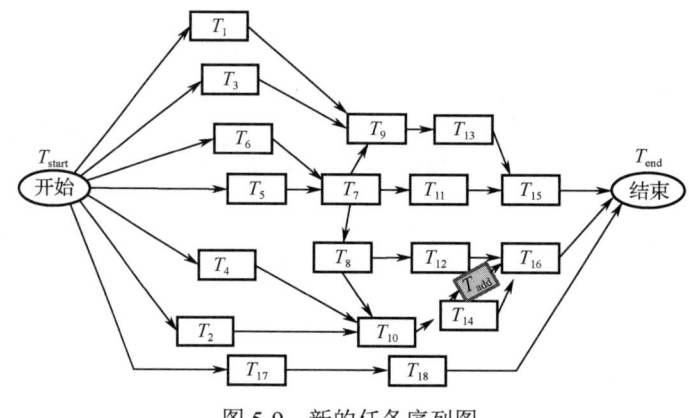

图 5-9　新的任务序列图

按照具体的实施步骤进行运算：
（1）原有的任务分配序列为

{5,6,1,2,3,4,17,18,7,8,11,9,10,13,12,14,15,16}

（2）当前时刻为 $t=60$，除去已经执行完的和正在执行的任务，得到的任务分配序列为

{2,8,11,9,10,13,12,14,15,16}

（3）将新增任务插入以上任务分配序列中，再加入新增任务的前导任务和后续任务，得到可行任务分配序列为

{2 8 11 9 10 13 12 14 19 15 16
2 8 11 9 10 13 12 14 15 19 16}

2．给新增任务分配平台

从资源调度方案优化调整的概念中可以得出，资源调度方案的优化调整是对原方案的适度变化和有效调整，因此在任务新增情况下，除了新增任务，其他任务的方案保持不变，但是新增任务，可能会造成某些任务推迟执行。在保持优化调整代价最小的情况下，基于可行的任务分配序列，给新增任务分配平台的具体情况如下。

1）基本思路

选择一个可行的任务分配序列，其中除了新增任务，其他任务的分配方案保持不变，只是可能延迟执行。而对于新增任务的方案，依据产生的任务分配序列，首先分配所有平台，进行层次裁剪（一轮裁剪一个平台），直到满足新增任务的分配方案不能再裁减，找出所有可行任务分配序列中最优的资源调度方案（优化目标一般是全部任务的完成时间最短）。

2）层次裁剪的具体实施步骤

（1）本轮的平台集合为 $\{P_{i1}, P_{i2}, \cdots, P_{iN}\}$，一共有 N 种裁剪方案。

（2）选择可行的 M 种裁剪方案（可行即为新增任务的资源需求满足），并计算这 M 种裁剪方案的全部任务完成时间（其他任务的资源分配方案保持不变，但有可能会被推迟执行），选择任务完成时间最小的裁剪方案，作为下一轮裁剪的平台集合。

（3）不断迭代运行（2），直到这一轮可行的裁剪方案为0，即 $M=0$，该轮的平台集合即新增任务的分配方案，可以得出此时全部任务完成时间和完整的资源调度方案。

3）算例分析

用算例2进行平台的分配，可以得出最终的优化调整后的资源调度方案，如图5-10所示。

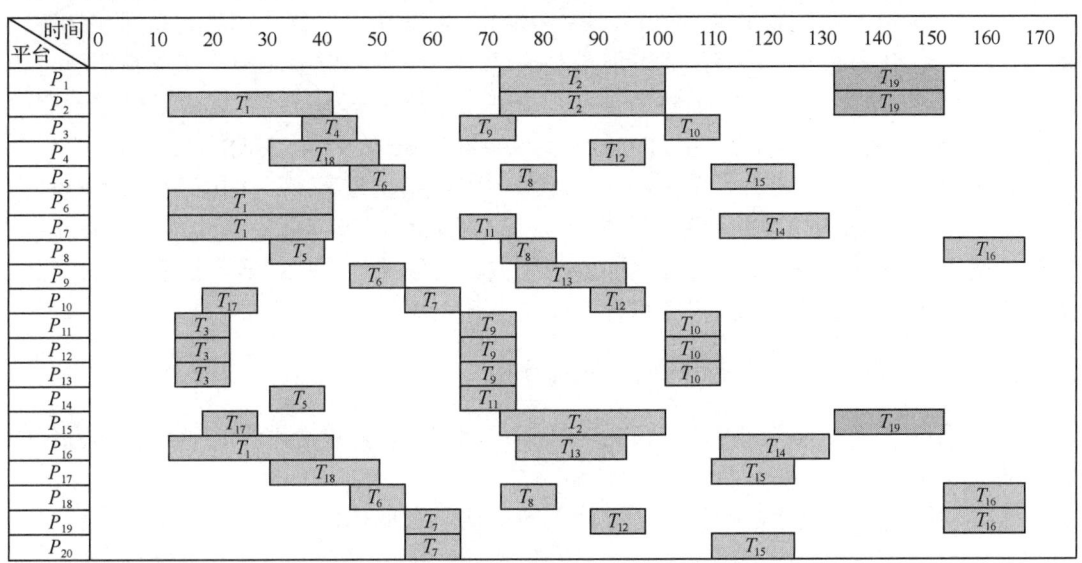

图5-10 最终的优化调整后的资源调度方案

该方案是基于可行任务分配序列{2 8 11 9 10 13 12 14 15 19 16}得出的，全部任务完成时间为170.75。在图5-10中，除了新增任务，其他任务的分配方案没有变化，并且只有 T_{16} 推迟执行了，整体任务的完成时间增加了，由原来的149.73增加到当前的170.75。

5.2.4 平台资源失效情况下资源调度方案优化调整的基本思路

平台资源失效对作战任务的数量没有影响。与作战任务新增情况下资源调度方案的优化调整方法相比，平台资源失效情况下资源调度方案的优化调整不需要确定什么时候分配平台，只需要确定哪些任务需要进行资源调度优化调整，以及如何进行平台分配。因此，其整体思路为：

一是确定需要调整哪些任务的平台分配方案。对于这一问题，可以根据平台资源失效后，分析其后续还需要执行的任务即可，有可能会有多个任务。

二是对于需要优化调整的任务，如何进行平台分配。对于这一问题，由于会涉及多个任务，而对于多个受影响的任务，可按照任务分配序列一个一个进行优化调整，具体的平台分配过程可采用层次裁剪方法。与前面所不同的是，在层次裁剪中，原先资源调度方案中确定的平台不能被裁剪。

5.3 指控组织结构方案的优化调整

5.3.1 指控组织结构方案优化调整的概念

指控组织结构方案优化调整指在作战计划实施过程中，由于某些突发事件使得原有指控组织结构方案遭受破坏或者其整体性能明显下降，需要在原有指控组织结构方案的基础上进行适当的调整，从而保证指控组织结构的性能维持在较高水平。

从以上概念可以得出，与资源调度方案优化调整相同，指控组织结构方案优化调整也是发生在作战实施过程中的，这使得整个指控组织结构方案优化调整过程对时间要求很高，也就是对优化调整方法具有很高的时效性要求，当然最好是有预案，但不是所有情况都是能事先预测到位并有预案的。另外，与资源调度方案优化调整相同的是，指控组织结构方案优化调整需要有驱动，即一定要有突发事件。同样地，并不是所有的突发事件都会触发指控组织结构方案的优化调整，只有到达一定的程度（可以采用指控组织结构优劣的测度函数，也就是所有决策实体工作负载的 RMS 值来进行判断）才会触发调整。此外，整个指控组织结构方案优化调整也是适度调整，并不是重新设计指控组织结构方案，而是尽可能少动或者不动原来的方案，因为调整是需要付出代价的。最后，指控组织结构方案优化调整的目标是保证指控组织结构维持在较高的性能水平，即需要使得整个指控组织结构方案的性能（RMS 值）保持在较高的水平（RMS 值越小）。

指控组织结构方案优化调整本质上是从一种指控组织结构方案 G_1 优化调整到另一种指控组织结构方案 G_2，这种结构方案的调整会带来结构变化的代价，也会带来指控组织结构方案 G_2 执行其资源调度方案的性能的变化，这种性能的变化被称为结构性能的提升，而整个指控组织结构方案优化调整的过程就是结构变化代价和结构性能提升之间的权衡与折中。

5.3.2 指控组织结构方案优化调整的动因分析

在充满不确定性的战场环境中，任何情况都有可能发生，其中会对指控组织结构方案的性能造成影响的突发事件主要有以下两类：

（1）资源调度方案的变化，也称为任务计划的变化。在完成作战目的的过程中，资源调度方案可能因为任务增加、平台损毁等突发事件而发生改变，由于原有的指控组织结构方案是基于原来的资源调度方案通过层次聚类方法而得来的，原来的资源调度方案变化了，势必会影响指控组织结构方案执行新的资源调度方案的性能，即其变化将影响原来指控组织结构方案的性能，故可能需要进行指控组织结构方案的优化调整。

（2）决策实体失效。在作战进程中，决策实体是敌方重点打击的目标，当有决策实体遭到破坏而失效时，初始的指控组织结构方案将无法维持原先的结构继续运作，至少原先隶属于失效决策实体的平台没有指挥者了，因此必须进行指控组织结构方案的优化调整。

为应对以上事件的发生，需要优化调整原先的指控组织结构方案，如将失效决策实体所属的平台和任务交由组织中的其他决策实体接替指挥和完成，从而保证指控组织结构的完整性和作战过程的连续性。需要指出的是，当第一类事件发生，即资源调度方案的改变造成指控组织结构方案的性能下降时，如果降低的幅度能够接受，则可以不需要优化调整指控组织结构方案以维持其稳定性（因为优化调整需要付出代价）；当第二类事件发生，即有决策实体失效时，指控组织结构方案必须进行优化调整，因为失效的决策实体无法指挥控制平台实体去执行任务。

下面主要以决策实体失效为例，来描述指控组织结构方案的优化调整方法，之后以决策实体失效下指控组织结构方案的优化调整方法为基础，介绍资源调度方案变化下指控组织结构方案优化调整的基本思路。

5.3.3 决策实体失效下指控组织结构方案优化调整的方法

从第 4 章指控组织结构的设计中可以得出，可以以决策实体工作负载的 RMS 值来判断指控组织结构方案的优劣。在作战计划执行过程中，如果某一个决策实体失效了，那么指控组织结构方案的优化调整至少需要将隶属于失效决策实体的平台资源进行转隶。这一过程需要考虑两个方面的问题：一是整个指控组织结构方案优化调整的代价，二是将隶属于失效决策实体的平台资源进行转隶，使得调整后的指控组织结构方案的 RMS 值尽可能小，即方案尽可能优化。

1. 关于指控组织结构方案优化调整的代价

不同于指控组织结构方案的优化设计,指控组织结构方案优化调整需要考虑调整代价,其代价一般采用变化隶属关系的平台的数量来表示,这里主要考虑平台隶属关系变化最小(代价最小),原则是其他决策实体的平台隶属方案保持不变,只转隶隶属于失效决策实体的平台,这样可以保证优化调整的代价最小。

基于以上最小优化调整代价的考虑,指控组织结构方案优化调整问题的本质是:将隶属于失效决策实体的平台进行转隶,使得形成的新的指控组织结构方案的 RMS 值最小。

2. 关于失效决策实体隶属平台的最优转隶方案

该问题本质上是组合优化问题,由于指控组织结构方案优化调整发生在作战实施阶段,使得采用智能搜索或者穷举搜索的方法进行问题求解不能满足时效要求,这里采用启发式的贪心搜索策略来求取失效决策实体隶属平台的最优转隶方案。

启发式的贪心搜索策略的基本流程如下:

(1)将隶属于失效决策实体的所有平台($G_{\text{P\_M}}$)转隶给一个最优的其他决策实体。在这一步骤中,将 $G_{\text{P\_M}}$ 全部转隶给任意一个决策实体,计算所有方案的 RMS 值,选择 RMS 值最小的方案作为当前最优的指控组织结构方案。

(2)基于当前最优的指控组织结构方案,移动 $G_{\text{P\_M}}$ 的一个平台,在形成的所有指控组织结构方案(以当前最优的方案为起点)中,选择 RMS 值最小的方案,即最优的指控组织结构方案。

(3)不断迭代运行(2),直到不能移动平台了或者当前最优的方案就是最优方案。

3. 算例分析

算例中有 5 个决策实体、20 个平台,原先的指控组织结构方案如图 5-11 所示。当 $w_1=w_2=1$ 时(w_1,w_2 是内部工作负载系数和外部工作负载系数),所有决策实体的工作负载和方案整体性能为:$I(DM_1)$、$I(DM_2)$、$I(DM_3)$、$I(DM_4)$ 及 $I(DM_5)$ 分别为 4、4、5、3、4,$E(DM_1)$、$E(DM_2)$、$E(DM_3)$、$E(DM_4)$ 和 $E(DM_5)$ 分别为 2、0、3、4、3,$W(DM_1)$、$W(DM_2)$、$W(DM_3)$、$W(DM_4)$ 和 $W(DM_5)$ 分别为 6、4、8、7、7,RMS=6.5422。

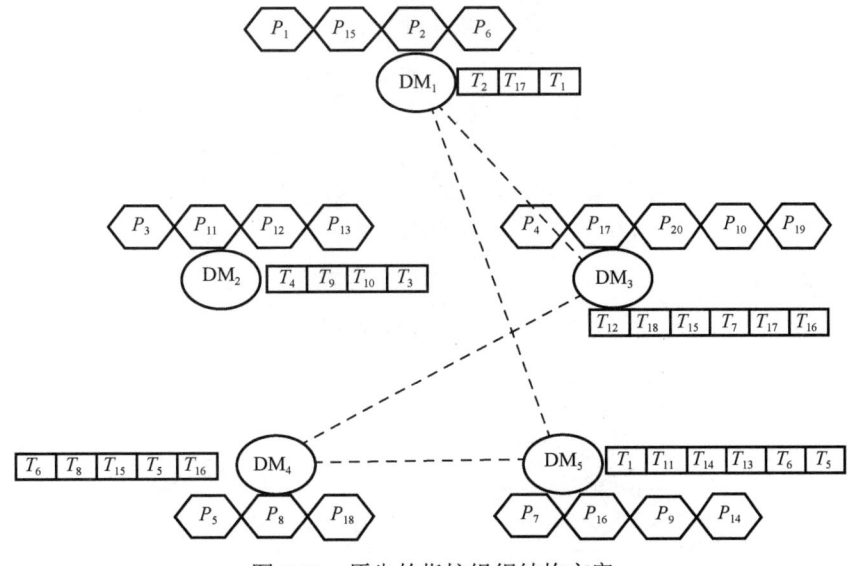

图 5-11 原先的指控组织结构方案

(1)决策实体 DM_3 失效的情况。首先,需要将所有隶属于决策实体 DM_3 的平台 P_4、P_{17}、P_{20}、

P_{10}、P_{19}全部转隶给另外一个决策实体,使得方案的 RMS 最小,计算可以得出 RMS 最小的情况是:将所有隶属于决策实体 DM_3 的平台转隶给决策实体 DM_4,此时全部决策实体工作负载的 RMS 值为 7.4498;其次,移动隶属于决策实体 DM_4 的平台 P_4、P_{17}、P_{20}、P_{10}、P_{19},每次只能移动一个平台,则 P_4、P_{17}、P_{20}、P_{10}、P_{19} 各有 3 种移动方案,共有 15 种移动方案,连同不移动平台的原来的方案,共有 16 种移动方案,比较这 16 种方案的 RMS 值,选择最小的,计算可以得出,最小 RMS 值对应的情况是没有移动平台的方案,即 P_4、P_{17}、P_{20}、P_{10}、P_{19} 全部隶属于决策实体 DM_4 的方案;最后,判断可以停止,最优的指控组织结构方案如图 5-12 所示。

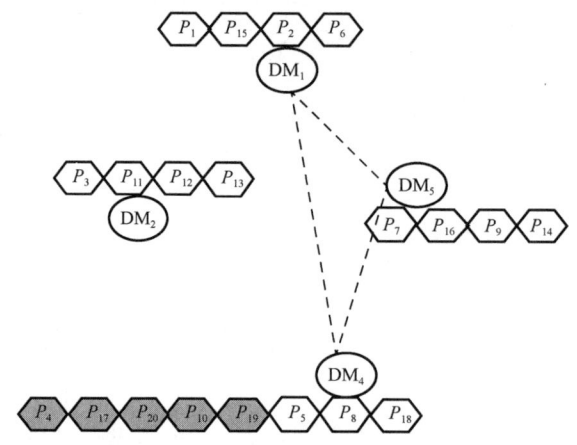

图 5-12　DM_3 失效下优化调整得到的指控组织结构方案

(2) 决策实体 DM_1 失效的情况。首先,需要将所有隶属于决策实体 DM_1 的平台 P_1、P_{15}、P_2、P_6 全部转隶给另外一个决策实体,使得方案的 RMS 最小,计算可以得出 RMS 最小的情况是:将所有隶属于决策实体 DM_1 的平台转隶给决策实体 DM_5,此时全部决策实体工作负载的 RMS 值为 7.9057;其次,移动隶属于决策实体 DM_5 的平台 P_1、P_{15}、P_2、P_6,每次只能移动一个平台,则平台 P_1、P_{15}、P_2、P_6 各有 3 种移动方案,共有 12 种移动方案,连同不移动平台的原来的方案,共有 13 种方案,比较这 13 种方案的 RMS 值,选择 RMS 值最小的方案,计算可以得出将 P_{15} 移动到决策实体 DM_3 的 RMS 值最小;判断还不能停止,还需要进行第二轮迭代,在基于 P_{15} 已经移动的基础上,移动平台 P_1、P_2、P_6,各有 3 种移动方案,共有 9 种移动方案,连同原来的方案,共有 10 种方案,比较这 10 种方案的 RMS 值,选择 RMS 值最小的方案,计算可以得出将 P_1 移动到决策实体 DM_3 的 RMS 值最小;判断还不能停止,还需要进行第三轮迭代,在基于 P_{15} 和 P_1 已经移动的基础上,移动平台 P_2、P_6,各有 3 种移动方案,共有 6 种移动方案,连同原来的方案,共有 7 种方案,比较这 7 种方案的 RMS 值,结果发现本轮迭代前的方案的 RMS 值(RMS=7.8422)最小;最后,判断可以停止,最优的指控组织结构方案如图 5-13 所示。

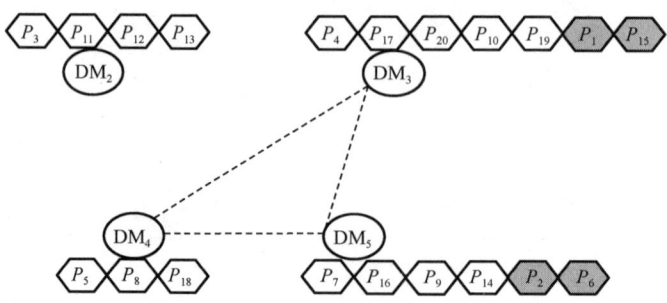

图 5-13　DM_1 失效下优化调整得到的指控组织结构方案

5.3.4 资源调度方案变化下指控组织结构方案优化调整的基本思路

原来的指控组织结构方案的性能测度（RMS 值）是通过原来的资源调度方案来计算的，如果原来的资源调度方案发生变化，则原来的指控组织结构方案的性能水平会下降（RMS 值增大），一旦 RMS 值增大到一定程度，就需要触发指控组织结构方案优化调整。

资源调度方案变化下指控组织结构方案优化调整仍然可以采用启发式的贪心搜索策略，但应重点考虑两个问题：

（1）指控组织结构方案优化调整的代价问题。资源调度方案变化下指控组织结构方案优化调整的代价可以进行领域专家设定，设定一个代价阈值，如 2，表示在进行指控组织结构方案优化调整过程中最多能移动 2 个平台。

（2）贪心搜索策略的起点问题。由于对指控组织结构方案性能指标（决策实体工作负载的 RMS 值）影响最大的是工作负载最大的决策实体，则可以从工作负载最大的决策实体所隶属的平台开始转隶移动，一轮移动一个，直到不能移动了（达到代价的阈值）或者当前最优的指控组织结构方案就是整体最优方案。

小　　结

本章主要对战场协调控制的相关概念、模式方法、关键步骤及其典型方法等内容进行了详细的介绍。首先，从战场协调控制的概念入手，阐述战场协调控制的模式和方法；其次，介绍了战场协调控制的核心作战计划、协调控制的概念和整体过程；最后，介绍了作战计划协调控制过程中资源调度方案优化调整以及指挥控制组织结构方案优化调整两个核心步骤的定义及典型方法。通过本章内容的学习，可帮助读者建立起战场协调控制过程的知识体系和典型方法，为后续章节的学习提供支撑。

习　　题

1. 简述战场协调控制的概念。
2. 简述战场协调控制的各种模式和方法。
3. 简述作战计划优化调整的整体过程和具体步骤。
4. 简述任务新增情况下资源调度方案优化调整的核心步骤以及基本思路。
5. 使用 Matlab 实现可行任务分配序列的生成。
6. 简述指控组织结构方案优化调整问题。
7. 简述决策实体失效（损毁）情况下指控组织结构方案优化调整启发式的贪心搜索策略。

第6章 作战效果评估

作战效果是作战过程中作战力量运用而达成的结果,作战效果评估是作战指挥活动的重要组成部分,是支撑指挥控制 OODA 循环,推进作战进程滚动发展的基本环节,只有对作战效果进行正确的评估,才能使指挥活动具有科学性。

6.1 作战效果评估概述

6.1.1 作战效果评估的概念

作战效果评估对提高作战指挥控制的效能具有重要意义。但是,至今作战效果评估在概念上未形成明确的定义。美军认为:作战效果评估是指及时、准确地评价运用武装力量对预定打击目标造成的破坏作用,包括致命的或非致命的破坏作用。从概念上看,作战效果评估是综合考虑作战目的、战场环境、打击力量、目标性质等因素,对作战行动的实际效果进行综合评定的过程。

从广义上看,作战效果评估包括对敌方打击目标毁伤效果的评估和对己方战损情况的评估,以及在这两者之上进行的作战效果评估,但其基本内容是对敌方打击目标毁伤效果的评估。

作战效果评估可以对所有军事行动中所有武器系统(包括空中、地面、海上以及特种武器系统)的使用进行评估。对作战效果进行及时准确的量化评估,可以帮助指挥员准确掌握部队作战能力的发挥状况,进一步明确作战目标,并对下一步作战行动进行有针对性的指导。

作战效果评估是协调作战行动、调整打击重点的主要依据,是确保作战任务圆满完成的重要环节。及时、准确地进行作战效果评估,不仅能够为指挥员指挥控制作战行动提供可靠的依据,而且能够最大限度地优化作战力量,提高作战资源的利用效率,避免贻误战机或造成作战资源浪费。作战效果评估实质上是对作战效果的评价与估量,是对作战行动的客观价值和作用做出的分析判断,并得出具有作战指导性结论的活动。

6.1.2 作战效果评估的内容

美军高度重视联合作战效果评估,认为准确计算作战效果是"基于效果作战"的基石,积极开发作战效果评估技术与方法,建立健全的作战效果评估组织等,不断强化联合作战效果评估在实战中的运用,能有效提高信息化条件下联合作战的指挥效能。

一般而言,作战效果评估主要针对目标的毁伤效果,目标的毁伤效果指军队运用各种"硬""软"打击手段摧毁或压制既定目标所产生的结果,包括物理毁伤、系统毁伤、心理毁伤等多个层面的效果评估。从不同的角度看,作战效果评估包括了不同的内容。

1. 联系性效果

从效果的联系性来看,作战效果主要包括直接毁伤效果、间接毁伤效果和累积毁伤效果,三种效果的综合作用促使敌方作战体系的"量"和"形"发生变化。

1)直接毁伤效果

直接毁伤效果是由作战行动作用于敌方目标所产生的客观的、无法改变的直接后果,最为普遍的直接毁伤效果是武器的杀伤破坏力所产生的结果。直接毁伤效果通常是立即出现的,并且易于辨认。

2）间接毁伤效果

间接毁伤效果是在作战行动作用于敌方目标后，延迟出现的，受直接毁伤效果的影响转移到其他方面的间接后果，是由于遭受打击的目标的功能受到不同程度的损毁，造成目标所处的作战体系子系统的部分或全部功能出现不同程度下降影响的总和，包括连锁影响效果（因打击行动效果引发的多途径传播的影响效果）、跨层次影响效果（低层次作战行动效果向高层次作战行动传播的影响效果）、附带影响效果（因打击行动效果使得其他节点或链路受到波及或影响的效果）。

3）累积毁伤效果

累积毁伤效果是打击目标产生的直接毁伤效果和间接毁伤效果进一步扩散到对整个作战体系影响的总和，反映的是打击行动和效果累积到一定程度（经过一段时间的延迟）对整个作战体系的影响。作战效果的累积性说明随着作战效果的不断增加，一定数量的直接毁伤效果的最终结果大于其直接毁伤效果之和。

2. 层次性效果

从目标毁伤层次来看，作战效果主要包括物理毁伤效果、功能毁伤效果、系统毁伤效果、心理毁伤效果。一般而言，作战效果评估主要从目标毁伤程度的角度进行量化评估。

1）物理毁伤效果

物理毁伤效果指直接打击目标产生的毁伤效果，主要包括利用各种侦察手段获得的目标被打击前后的情报信息，对打击目标在物理层面的损伤情况进行的评估分析。物理毁伤效果评估主要利用侦察探测系统对特定的打击目标进行直接的微观检查，如通过航空照片、战场侦察图像等手段，判断其毁伤情况。

2）功能毁伤效果

功能毁伤效果指部队为完成预定任务所采取的作战行动对摧毁或削弱敌方某项作战功能产生的效果，其评估主要是通过对直接毁伤效果和相关情报的分析、判断，重点估算敌对打击目标功能的恢复和替换所需要的时间。

3）系统毁伤效果

系统毁伤效果指作战行动对敌整个作战系统所产生的影响，其评估主要是将局部作战的战果放在战场全局的角度，以系统或体系的视角进行毁伤分析，并对敌整体作战能力进行综合判断。

4）心理毁伤效果

心理毁伤效果反映的是领导者、部队官兵和民众个体、群体及社会实体目标在遭受毁伤后所产生的认识、情感和意志等方面的心理响应。所有作战行动的最终目标是瓦解敌方战争意志，通过目标毁伤来影响和引导敌方参战人员的心理与意志按照己方期望的方向和方式发生变化。

6.1.3 作战效果评估流程

如图 6-1 所示，作战效果评估流程主要由以下几个部分组成：

（1）制定评估计划。根据作战需要，制定作战效果评估计划，确定评估目标、评估步骤、评估要求，以及侦察计划和评估方法等。

（2）信息收集。信息收集是实施作战效果评估的首要环节。根据评估需要，调用战场上的观察传感器，如侦察卫星、侦察机等观测器材，对所需要的打击目标和战场情况进行侦察与监视，获取其外部特征信息、时空信息和属性信息等，并及时将观察的结果传回信息处理中心进行信息处理。

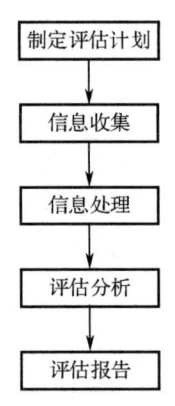

图 6-1　作战效果评估流程

（3）信息处理。所采集的目标毁伤信息具有不确定性、不完整性、冗余和延时等特性。如果这些信息不经过有效处理就提供给决策者，决策者将很难对目标的真实毁伤状态做出正确的判断。因此，信息处理中心接到目标状态观测信息后，需要对战场实时信息进行数据融合。

（4）评估分析。评估分析是作战效果评估的中心环节。根据目标毁伤数据和评估目标，采用科学的方法建立目标物理毁伤效果、功能毁伤效果、系统毁伤效果、心理毁伤效果的分析模型，并对目标毁伤情况进行全面的分析、评估。

（5）评估报告。该环节是作战效果评估的输出。得出作战效果的评估后，评估系统要将打击的真实效果与任务规定的预期效果进行对比，评估任务完成情况，确定敏感点和折中点，并根据需要提出是否再次进行打击的建议。

6.1.4　系统效能评估及其与作战效果评估的区别和联系

系统效能一般指完成作战任务的能力。作战效果和系统效能紧密相关，一方面，系统效能是作战效果的基础，在一定程度上能够很好地反映作战效果；另一方面，作战效果是系统效能在执行任务时的具体体现，武器系统和作战行动的系统效能评估方法通常也是作战效果评估的基本方法。

1. 系统效能评估的概念

系统效能评估指对运用武器系统在规定条件下执行特定作战任务所能达到预期目标程度的量化表示，也称为兵力效能评估，可以从四个关键点理解系统效能评估的概念。

1）关键点 1：武器系统

武器系统是系统效能评估的对象。区别于系统效能的另外一个概念是作战行动效能，是指某一作战行动执行任务时能达到的预期效果程度的效能。需要注意的是，不指定具体武器系统的原因在于作战行动可以由不同的武器系统来执行，如发射某一型空地导弹，可以由歼击机 A 执行，也可以由歼击机 B 执行。

2）关键点 2：规定条件

规定条件指所有武器系统必须在一定的条件下才能使用，如飞机需要在某一阵位、速度、高度才能满足射击条件，从而发射弹药。这里的规定条件，一般情况下，就武器系统的自身性能来说，是比较容易满足的。

以某无人机对地打击的规定条件为例，具体的规定条件是：飞行高度 500~1000m；飞行速度为 300km/h（真空速）；俯仰为 -5°~5°。

3）关键点 3：特定作战任务

武器系统在实际作战中可能承担各种作战任务，如歼击机 A 的主要作战任务是空中截击。一般情况下，对不同的作战任务，同一武器系统所体现的系统效能是不同的，系统效能一定是和作战任务相关联的。

而系统能力不同于系统效能。一般情况下，能力是系统固有的，与任务没有关系，有没有任务，系统能力都在。

4）关键点 4：量化

所有的评估结果最后都以量化的形式体现，不能使用一些定性的词，如好、比较好、非常好、非常差，去评价一架飞机的对空效能，即最后得出的结果不能是"比较好"等定性的词，这样不利于指挥员进行比较和决策，而量化的结果可以通过计算机建模进行分析获得。

2. 相关概念的辨析

与系统效能相关的概念还有系统效益和系统效率。系统效能体现了在规定条件下，运用武器系统执行特定作战任务所能达到预期目标的程度，系统效益则是使用某一武器系统为用户带来的好处，有直接效益、间接效益、无形效益。

其中，直接效益指从武器性能方面得到的好处，如提高了机动性、生存能力等；间接效益指对非武器系统使用者而言带来的好处，如带来的武器销售的利润等；无形效益则是相关技术在其他领域应用所带来的好处。

系统效率指从定量的资源所得到的系统输出的度量，有单位资源所得到的效能的含义。例如，单发命中率是武器系统的射击效能，也是武器装备的射击效率。系统效率和系统效能的区别在于系统效率明确了系统运用时的资源消耗约束，而系统效能则没有。效能、效益、效率都是对武器系统使用价值的评价，只是其概念内涵、侧重点和关注点有所区别。

6.1.5 系统效能的评估方法

系统效能的评估方法按照实现方式主要可以分为两类，一类是解析法，另一类是仿真法。

解析法，即通过解析计算来评估武器系统的效能，通俗来讲，就是通过公式推导、计算。一般而言，要证明一种方法比其他方法好，使用解析法比较难，因为需要直接推导，包括各个指标值的解析计算和武器系统效能综合值的解析计算。其中，指标值是通过其与给定条件之间的函数关系的解析表达式来计算的，如评估一架歼击机对某一地面目标的打击效能时，飞机的飞行性能这一指标，与飞机的给定条件，如巡航速度、作战半径、最大平飞速度、升限等因素有关，需要在它们之间建立一个函数关系。而该飞机的系统效能综合值，除了与飞机的飞行能力有关，还与飞机的载弹方案、电子干扰能力、飞行员自身素质等指标有关，需要将这些指标进行综合考虑，计算该飞机系统效能最简单的方法是把它们加权求和，但是实际的计算过程要复杂得多。典型的方法有指数法、层次分析法等。

仿真法，即通过计算机仿真模拟来评估武器系统的效能。任务场景比较随机的情况下，或者有多个随机变量作用的情况下，不能通过解析法计算得到武器系统的效能时，则可以进行计算机仿真，进而通过数理统计的方法求取武器系统的效能。例如，一架作战飞机打击目标的时候，存在侧向、俯冲、平飞三种姿态，目标打击的过程可划分为多个步骤，首先是目标发现，其次进行目标打击，假设目标发现的概率区间为[0.5, 0.6]，呈正态分布，目标打击命中的概率区间是[0.6, 0.8]，亦呈正态分布。这时使用解析法很难获得系统效能，需要通过计算机仿真来进行计算，典型的方法有基于蒙特卡洛法的系统效能评估方法。

本章以下内容首先介绍解析法（系统效能评估解析法），其次介绍仿真法（系统效能评估仿真法）。

6.2 系统效能评估解析法

6.2.1 指数法

指数法是一种常用的系统效能评估方法，这里的"指数"指的是武器系统效能指数，它是武器系统各项技术和战术指标的函数，反映了武器系统的作战能力。结构简单、使用方便是指数法的突出特点，其适用于快速评估和宏观分析，而武器系统的技术、战术指标具有确定性、稳定性的特点，这使得指数法避开了大量不确定因素的影响，增强了系统效能评估的确切性。

1. 指数法的基本思想

指数法，又称杜派指数法，由美国陆军退休上校杜派于 1964 年发明，早期主要用于各类武器的射击效果评估。

1964 年，杜派与同事在为美国陆军战斗发展司令部开展的"武器杀伤力的历史发展趋势"的研究中发明了指数法。杜派考察了从古代的剑到现代的导弹等一系列武器的全部物理属性与能力，然后把它们综合到一个经验公式中，得到"理论杀伤力指数"（Theoretical Lethality Index，TLI）。

他的实验构想为：假设在一个宽度和纵深充分大的阵列里，每平方米站 1 个士兵，用各种武器分别攻击这个阵列，得出每小时内有多少士兵失去战斗力的数值，如图 6-2 所示。

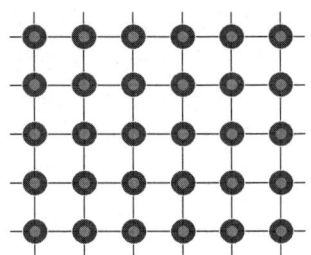

图 6-2 每平方米站 1 个士兵的宽度和纵深充分大的阵列

这里，理论杀伤力指数的表达式为

$$TLI = RF \cdot R \cdot A \cdot RN \cdot C$$

式中：RF 表示发射率，表示在理想条件下，在给定时间范围内（通常取 1h）一个武器对目标的有效射击次数；R 为武器的可靠性；A 为精度；RN 为射程因子（表示是否在它的射程范围之内）；C 为毁伤效能，即一次射击能击中目标的个数与击中任一目标后使这个目标失去战斗力的可能性。

1960 年，威廉·斯图阿特在其论文中指出，随着武器威力的提高，战场上的伤亡率却在减少，原因在于军队的疏散速度大幅提高。在这个观点的启发下，杜派对公式进行了改进，在 TLI 的基础上引入了"疏散因子"，并指出不同时期其疏散因子是不同的，如表 6-1 所示。

表 6-1 不同时期的疏散因子

历 史 时 期	疏 散 因 子
冷兵器时代	1
拿破仑时期	20
美国南北战争时期	25
第一次世界大战	250
第二次世界大战	3000
20 世纪 70 年代	4000
20 世纪 80~90 年代	5000

实际杀伤力指数（Operational Lethality Index，OLI）

$$OLI = \frac{TLI}{疏散因子}$$

原始的指数法很粗糙，它只能评价兵器杀伤力，不能评价兵器携带者的效能。由于现在都是一个武器系统，不光是弹，还有弹的携带者，如飞机平台。所以当前指数法不仅被用来评价单个武器的射击效果，还在很多场合被用来评价武器系统的作战效能（本质上是平台和挂载武器的整体效能），如飞机的空战效能、坦克的地面战斗效能、潜艇作战效能等。本节将以飞机的空战效能为例，重点讲述运用指数法对系统效能进行评估。

2. 指数法的基本步骤

用指数法进行系统效能评估的关键在于如何建立指数模型，以武器作战效能指数为例，建立指数模型的一般步骤如下。

1）确定影响某一武器系统效能的要素及其关系

一般而言，不同的武器系统，不同的作战任务，影响其系统效能的要素是不同的。以歼击机空战效能评估为例，通过前期的研究发现，影响歼击机空战效能的要素结构如图 6-3 所示。要素总体上分为两个层次，第一层次的要素包含平台固有因子 C_{GU} 和火力因子 M_{HL}，平台固有因子可进一步划分为基本飞行性能、机动性能、火控雷达性能、电子战性能、生存能力等子要素，火力因子主要是载弹方案指数。

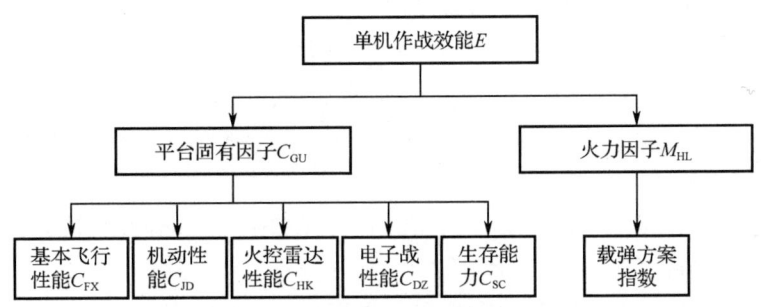

图 6-3 影响歼击机空战效能的要素结构

2）根据各个要素的指数表达式，计算各个要素的指数

（1）火力因子 M_{HL}：按照实际杀伤力指数 OLI=TLI/疏散因子来进行计算。

（2）基本飞行性能 C_{FX}。

在计算各个要素的指数时，需要通过领域专家的经验寻找影响该指数的参数，确定通过各个参数求解该指数的计算公式。影响该指数的参数包括 V_{xh}：巡航速度（km/h）；R_{ZZ}：作战半径（km）；V_{max}：最大平飞速度（Ma）；h_{max}：升限（m），据此可以计算指数值。

指数一般需要一个基准值，即需要有一个标准作为参考。一般而言，如果衡量一架作战飞机的固有性能，则以一个经典的作战飞机为基准，也就是这个基准飞机的各个指数值为 1，其他的飞机与它进行对比参考。

这里以 F-16A 飞机为基准，其指数的计算公式为

$$C_{FX} = \frac{V_{xh}}{900} \cdot \left(\frac{R_{ZZ}}{1371}\right)^2 \cdot \sqrt{\frac{V_{max}}{1.95} \cdot \frac{h_{max}}{180000}} \tag{6-1}$$

如果 V_{xh}=450km/h，R_{ZZ}=2742km，V_{max}=1.95Ma，h_{max}=18000m，则根据式（6-1）可以计算它的基本飞行性能。

（3）机动性能 C_{JD}。

影响的参数包括 $n_{y\max}$：最大使用过载（g）；$n_{y盘}$：最大盘旋过载（g）；SEP：最大单位剩余功率（m/s）。

这里以 F-16A 飞机为基准，其指数的计算公式为

$$C_{JD} = \sqrt{\frac{n_{y\max} \cdot n_{y盘}}{81}} \cdot \frac{SEP}{300} \tag{6-2}$$

如采用矢量推动，则指数需要乘以扩大系数 1.5。

如果 $n_{y\max}=9g$，$n_{y盘}=9g$，SEP $=600$m/s，无矢量推动情况下，则可根据式（6-2）计算它的机动性能。

（4）火控雷达性能 C_{HK}。

影响的参数包括 S_T：发现距离（km）；θ：总搜索方位角（°）；m_1：同时跟踪目标数；m_2：同时攻击目标数。

这里以 F-16A 飞机为基准，其指数的计算公式为

$$C_{HK}=\left(\frac{S_T}{74}\right)^2\cdot\frac{\theta}{120}\cdot\sqrt{m_1\cdot m_2} \tag{6-3}$$

如果 $S_T=168$ km，$\theta=120°$，$m_1=1$，$m_2=1$，则其火控雷达性能指数可根据式（6-3）计算。

（5）电子战性能 C_{DZ}。

影响的参数包括 C_{GJ}：告警性能；C_{GR}：电子干扰性能；C_{FGR}：电子反干扰性能。

由于没有 F-16A 飞机的相关参数，假设都为相对值 1，其指数的计算公式为

$$C_{DZ}=\left(\frac{C_{GJ}}{1}\right)\cdot\left(\frac{C_{GR}}{1}\right)\cdot\left(\frac{C_{FGR}}{1}\right) \tag{6-4}$$

如果 C_{GJ}、C_{GR}、C_{FGR} 与 F-16A 的相当，则其电子战性能指数可根据式（6-4）计算。

（6）生存能力 C_{SC}。

影响的参数包括 L_Z：翼展（m）；L_Q：全长（m）；RCS：对 3cm 波长雷达的迎头、尾后 120°内的平均反射截面（m^2）。

这里以 F-16A 飞机为基准，其指数的计算公式为

$$C_{SC}=\sqrt{\frac{10}{L_Z}\cdot\frac{15}{L_Q}\cdot\frac{5}{RCS}} \tag{6-5}$$

如果 $L_Z=10$m，$L_Q=15$m，RCS $=0.2$m^2，则其生存能力指数可根据式（6-5）计算。

本质上，单个要素是通过领域专家经验，选定一个基准，给出计算公式来进行计算的。

3）综合各个要素的指数，计算综合效能

（1）平台固有因子 C_{GU}。

影响的参数包括：基本飞行性能 C_{FX}、机动性能 C_{JD}、火控雷达性能 C_{HK}、电子战性能 C_{DZ} 和生存能力 C_{SC}。

其计算公式为

$$C_{GU}=k_1C_{FX}+k_2C_{JD}+k_3C_{HK}+k_4C_{DZ}+k_5C_{SC} \tag{6-6}$$

式中权重因子可以通过主观赋权法、层次分析法、熵权法获得，本质上也是一种领域专家经验。

（2）单机系统效能 E。

影响的参数包括：平台固有因子 C_{GU} 和火力因子 M_{HL}。

其计算公式为

$$E=C_{GU}\cdot M_{HL} \tag{6-7}$$

假设 n 架飞机，其单机系统效能分别为 E_1，E_2，…，E_n，则总体的系统效能计算公式为

$$Q=\sum_{i=1}^{n}E_i \tag{6-8}$$

3. 指数法的特点

指数法的优点：一是结构简单、使用方便；二是效能建立在武器系统自身的战术技术性能指标的基础上，避开了大量不确定因素的影响，从而增强了评估的准确性。

指数法的不足之处是其缺乏深刻的理论基础，基于同一概念的模型算出的不同对象的效能指数难以比较，用不同模型算出的效能指数就更无法比较了。

4. 指数法的适应范围

指数法通常用于结构简单的宏观模型，适用于进行宏观分析和快速评估，在军事上，适用于单一武器装备、人员的战斗效能分析。

6.2.2 层次分析法

层次分析法（Analytic Hierarchy Process，AHP）是美国匹兹堡大学运筹学专家 T. L. Saaty 于 20 世纪 70 年代提出的一种系统分析方法。1982 年，天津大学许树柏等将该方法引入我国，随后 AHP 的研究得到迅速发展。AHP 的研究内容主要集中在判断矩阵、比例标度、一致性、可信度上。层次分析法是一种实用的多准则决策方法，该方法以其定性与定量相结合处理各种决策因素的特点，以及系统性、灵活性、简洁性的优点，在我国得到了广泛的应用。

1. AHP 的基本思想

层次分析法的基本思想是根据研究对象的性质将要求达到的目标分解为多个组成因素，并按因素间的隶属关系，将其层次化，组成一个层次结构模型，然后按层分析，最终获得最低层因素对于最高层因素（总目标）的重要性权值，并进行优劣性排序。AHP 把一个复杂的无结构问题分解组合成若干部分或若干因素（统称为元素），如目标准则、子准则、方案等，并按照属性的不同，把这些元素分组形成互不相交的层次。上一层次对相邻的下一层次的全部或某些元素起支配作用，这就形成了层次间自上而下的逐层支配关系，这是一种递阶层次关系。在 AHP 中，递阶层次思想占据核心地位，通过分析并建立一个有效、合理的递阶层次结构对于能否成功地解决问题具有决定性的意义。

2. AHP 的基本步骤

AHP 大体可分为四个步骤：

（1）分析系统中各因素之间的关系，将研究的系统划分为不同的层，如目标层、准则层、指标层、方案层、措施层等。

（2）对同一层中各因素相对于其上一层中各因素的重要性进行两两比较，构造权重判断矩阵。

（3）由权重判断矩阵计算得到各指标的权重，并进行一致性检验。

（4）计算各层元素对系统目标的合成权重，并进行排序。

3. AHP 的计算方法

假设研究对象的因素集合划分为三个层次：目标层、准则层与方案层，AHP 的分析计算过程如下。

1）确定指标权重标度

为了将各指标之间进行比较并得到量化的权重判断矩阵，引入标度 1~9，如表 6-2 所示。

表 6-2 AHP 指标权重标度

值	意 义
1	指标 i 与指标 j 同等重要
3	指标 i 略微比指标 j 重要
5	指标 i 明显比指标 j 重要
7	指标 i 当然比指标 j 重要
9	指标 i 绝对比指标 j 重要
2，4，6，8 是可以使用的其他中间值；若指标 i 不如指标 j 重要，则取值为 $1/v$，v 为 1~9	

2）构造层次模型的权重判断矩阵

对于三层指标结构，存在两种类型的判断矩阵：目标-准则判断矩阵与准则-措施判断矩阵。目标-准则判断矩阵主要用于计算准则层各个指标的相对权重，准则-措施判断矩阵主要用于计算某准则下各个措施层指标之间的相对权重。

两类权重判断矩阵的形式相同，只是层次不同。具体形式如下：

$$A = \begin{bmatrix} a_{1,1} & a_{1,2} & \cdots & a_{1,n} \\ a_{2,1} & a_{2,2} & \cdots & a_{2,n} \\ \vdots & \vdots & & \vdots \\ a_{n,1} & a_{n,2} & \cdots & a_{n,n} \end{bmatrix} \tag{6-9}$$

式中：$a_{i,j}$ 表示指标 a_i 相对于指标 a_j 的权重。

3）指标权重计算与一致性检验

设有 n 件物体 $A_1, A_2, \cdots, A_n$，它们的重量分别为 $\omega_1, \omega_2, \cdots, \omega_n$，如果将它们的重量两两比较，则其比值可构成 $n \times n$ 矩阵 A。

$$A = \begin{bmatrix} \omega_1/\omega_1 & \omega_1/\omega_2 & \cdots & \omega_1/\omega_n \\ \omega_2/\omega_1 & \omega_2/\omega_2 & \cdots & \omega_2/\omega_n \\ \vdots & \vdots & \ddots & \vdots \\ \omega_n/\omega_1 & \omega_n/\omega_2 & \cdots & \omega_n/\omega_n \end{bmatrix} \tag{6-10}$$

矩阵 A 具有如下的性质：若用重量向量

$$W = (\omega_1, \omega_2, \cdots, \omega_n)^T$$

右乘矩阵 A，得到

$$AW = \begin{bmatrix} \omega_1/\omega_1 & \omega_1/\omega_2 & \cdots & \omega_1/\omega_n \\ \omega_2/\omega_1 & \omega_2/\omega_2 & \cdots & \omega_2/\omega_n \\ \vdots & \vdots & \ddots & \vdots \\ \omega_n/\omega_1 & \omega_n/\omega_2 & \cdots & \omega_n/\omega_n \end{bmatrix} \cdot \begin{bmatrix} \omega_1 \\ \omega_2 \\ \vdots \\ \omega_n \end{bmatrix} = n \begin{bmatrix} \omega_1 \\ \omega_2 \\ \vdots \\ \omega_n \end{bmatrix} = nW \tag{6-11}$$

即

$$(A - nI)W = 0 \tag{6-12}$$

由线性代数相关理论可知，W 为特征向量，n 为特征值。若 W 未知，则可根据决策者对物体之间两两相比的关系，主观做出比值的判断，或用 Delphi 法来确定这些比值，使得权重判断矩阵为已知，此时权重判断矩阵记作 $\bar{A}$。

根据矩阵理论，可以证明，若矩阵具有如下特点（设 $a_{ij} = \omega_i/\omega_j$）：

（1）$a_{ii} = 1$。

(2) $a_{ij}=1/a_{ji}$ ($i, j = 1, 2, \cdots, n$)。

(3) $a_{kj}=a_{ij}/a_{ik}$ ($i, j, k = 1, 2, \cdots, n$)。

则该矩阵具有唯一非零的最大特征根 $\lambda_{\max}$，且 $\lambda_{\max}=n$。

若给出的权重判断矩阵 $\overline{A}$ 具有上述特征，则该矩阵具有完全一致性。但人们对复杂事物的各因素进行两两比较时，不可能做到判断的完全一致性，而存在估计误差，这必然导致特征根及特征向量也有偏差。这时问题由 $AW = nW$ 变成 $\overline{A}W' = \lambda_{\max}W'$，这里 $\lambda_{\max}$ 是矩阵 $\overline{A}$ 的最大特征根，W' 便是带有偏差的相对权重向量。这就是由判断不相容而引起的误差。为了避免误差太大，需要衡量 $\overline{A}$ 矩阵的一致性，当矩阵 $\overline{A}$ 具有完全一致性时，因 $a_{ii}=1$，

$$\sum_{i=1}^{n} \lambda_i = \sum_{i=1}^{n} a_{ii} = n \tag{6-13}$$

存在唯一的非零 $\lambda = \lambda_{\max} = n$。而当 $\overline{A}$ 矩阵不具有完全一致性时，一般是 $\lambda_{\max} \geq n$。这时

$$\lambda_{\max} + \sum_{i \neq \max} \lambda_i = \sum_{i=1}^{n} a_{ii} = n \tag{6-14}$$

于是

$$\lambda_{\max} - n = -\sum_{i \neq \max} \lambda_i \tag{6-15}$$

以其平均值作为检验权重判断矩阵一致性指标 CI

$$CI = \frac{\lambda_{\max} - n}{n-1} = \frac{-\sum_{i \neq \max} \lambda_i}{n-1} \tag{6-16}$$

当 $\lambda_{\max}=n$，CI=0，为完全一致；CI 值越大，权重判断矩阵的完全一致性越差。

权重判断矩阵的维数 n 越大，判断的一致性将越差，故应放宽对高维权重判断矩阵一致性的要求。于是引入平均随机一致性指标 RI 对一致性指标进行修正，RI 的取值通过查表获得，具体取值可参见表 6-3。

表 6-3 平均随机一致性指标 RI 的取值

n	1	2	3	4	5	6	7	8	9	10	11
RI	0	0	0.58	0.90	1.12	1.24	1.32	1.41	1.45	1.49	1.51

将修正后的指标称为一致性比率 CR，其具体表达式为

$$CR = \frac{CI}{RI} \tag{6-17}$$

一般只要一致性比率 CR≤0.1，则认为权重判断矩阵的一致性可以接受，否则重新进行两两比较判断。

4．AHP 的特点

层次分析法把一个复杂的问题表示为一个有序的层次结构，通过构造两两比较矩阵并计算各子指标层的相对权重，从而得出系统的效能值。

它的主要特点为：

（1）将定性和定量分析相结合，是分析、评估多目标、多准则的复杂系统的有力工具。

（2）思路清晰、方法简便、适用范围广。

（3）提供了较好的权重计算方法，具有很强的推广应用价值。

（4）评估结果以指标得分与权重乘积的累加和体现。

（5）属于主观评估法，由专家打分的方式获得权重判断矩阵，所以评估结果具有较强的主

观性。

（6）层次分析法最终的评估结果是通过指标评价值与权重乘积的累加得出的，它没有从系统角度综合描述系统的性能，无法解释和体现作战能力的整体特征。

5．AHP 的适用范围

该评估方法应用面广，在武器系统评估中，较为适合用于进行复杂系统固有效能的评估。

6.3　系统效能评估仿真法

作战仿真是按照已知或者假设的作战想定和想定数据对作战动态过程进行模拟，早期主要应用于实兵训练演习、沙盘作业、图上作业、兵棋推演、计算机作战仿真等方面。早期的作战仿真中，实兵训练演习采用实地、实兵和实装，沙盘和图上作业采用代表图表和沙盘的简单事物，或者设置特定的符号标记等用来表示战场、作战双方的军队和双方的武器配置，根据一定的战术约束条件和行动战术规则，由双方的参谋人员以下棋的方式进行战术对抗作战，最后对作战结果进行分析研究，从而达到战略理论研究的目的。

6.3.1　基于作战仿真模拟的评估方法的基本思想

基于作战仿真模拟的评估方法根据作战想定，在虚拟的战场环境中，运用表征武器系统真实状态的数学模型进行作战仿真实验，然后对实验结果进行综合归纳，得到系统效能评估。其特点是能对影响实际作战过程的诸因素进行较全面的综合考虑，同时便于对各输入参量进行灵敏度分析，并且还能直观地呈现武器系统的性能。应用基于作战仿真模拟的评估方法时，建立的模型越精确、考虑的因素越周全，计算的结果也就越可信。同时，武器系统各阶段的模型可以分别考虑，不必推导出统一的数学表达式，因此武器系统分析人员可针对某一效能因素，选择尽可能多的因素进行重点分析，而不会增加全武器系统的研究难度。

6.3.2　基于计算机的作战仿真模拟评估方法——蒙特卡洛法

科学技术在不断发展，现代战争也逐渐向智能化、可视化和虚拟化转变，故对现代战争的仿真应建立在军事科学、运筹学和现代高科技信息技术的基础上。基于计算机的作战仿真就是响应现代化战争转变的一个重要手段，同时也是基于作战仿真法的武器装备作战效能评估的重要手段和决策方法。

基于计算机的作战仿真的关键技术包括虚拟战场环境的创建、大量战场环境数据和作战态势实时更新的信息数据处理、作战仿真模型和作战指标数学模型的创建，还有根据作战过程中产生的实时数据对战争进行的模拟推演和分析等。比较常用的基于计算机的作战仿真模拟评估方法有蒙特卡洛法等。

20 世纪中期，威勒蒙（Velleman）和冯·诺依曼（Von Neumann）在世界第一代计算机上用抽样办法成功模拟了中子连锁反应，为第一个原子弹（核武器）的设计提供了大量有利的数据，冯·诺依曼称这种方法为蒙特卡洛法。

蒙特卡洛法是一种统计实验的评估方法，它对于处理偶然性事件是最有效的。在作战仿真中，涉及很多无法控制的随机因素，如射弹散布、目标发现等。蒙特卡洛法可以通过产生一定的随机数进行作战过程中的随机因素模拟，而且可以显现出这些随机数对作战过程发展趋势的影响和作战行动状态改变的动态过程。现代的作战仿真系统中很多模型都是基于此方法建立的，如目标发现、命中与毁伤、射弹散布等作战仿真模型。

蒙特卡洛法主要以统计学为理论研究基础，采用随机抽样的方法进行模拟。它运用随机数模拟偶然性因素，利用与待解问题具有相同概率的算法进行试验，并进一步对实验结果进行统计分析。实战中随机现象大多已表现出一定的概率特性，模拟的次数越多越接近理论值，如计算武器的命中率，射击次数越多，最终的命中率统计结果越准确。目前在计算机模拟作战时，作战仿真过程中的偶然随机因素是由随机数发生器产生的。虽然计算机算法设计巧妙且技术发展迅速，但模拟出的随机数不可能是完全随机的，都是通过对选好的随机种子编写具有一定逻辑的算法，用产生的结果近似地模拟随机数。随机数产生的算法有很多，常用的算法包括 Box-Muller 方法、逆变换法、同余法等，这里简要介绍 Box-Muller 方法和逆变换法的基本思路。

1. Box-Muller 方法

Box-Muller 方法主要运用正态分布的方法进行计算。正态分布变量的密度函数为

$$f(x)=\frac{1}{\sqrt{2\pi}\delta}e^{-\frac{(x-\mu)^2}{2\delta^2}}, \quad -\infty<x<+\infty \tag{6-18}$$

由于一般正态变量 X 和标准正态变量 η 间有如下关系：

$$X=\sigma\eta+\mu \tag{6-19}$$

所以求得服从标准正态分布的随机数即可。

设 λ'、λ'' 是 [0,1] 区间上均匀分布且相互独立的随机变量，则可以证明

$$\eta'=(-2\ln\lambda')^{\frac{1}{2}}\cos 2\pi\lambda'' \tag{6-20}$$

$$\eta''=(-2\ln\lambda')^{\frac{1}{2}}\sin 2\pi\lambda'' \tag{6-21}$$

这两个表达式表示的变量也一定是相互独立的服从标准正态分布的随机变量。

C++和 C#语言中有自动生成伪随机数的函数，包括 srand()和 rand()两个函数，其中 srand()函数用于产生随机种子，rand()函数用于产生 (0,32 767] 区间的伪随机正整数。

2. 逆变换法

逆变换法主要运用以随机数为变量的分布函数产生一系列在（0,1）之间均匀分布的随机数，然后对随机变量进行逆变换。在作战仿真中，若两个实体到达某地的时间差服从负指数分布。则其具体函数如下：

$$f(x)=\begin{cases}\lambda e^{-\lambda x} & (x\geq 0)\\ 0 & (x<0)\end{cases} \tag{6-22}$$

式中：$-\lambda$ 为平均到达的间隔时间。

下面给出两个蒙特卡洛法用于作战仿真的示例。

示例 1：在我方某前沿防守地域，敌人以 1 个炮兵排（含两门火炮）为单位对我方进行干扰和破坏。为躲避我方打击，敌方对其指挥所进行了伪装并经常变换射击地点。经过长期观察发现，我方指挥所对敌方目标的指示有 50%是准确的，而我方火力单位在指示正确时，有 1/3 的射击效果能毁伤敌人 1 门火炮，有 1/6 的射击效果能全部消灭敌人（2 门火炮）。

希望能用某种方法把我方将要对敌人实施的 20 次打击结果显示出来，并确定这 20 次毁伤敌方火炮的平均值。

示例 2：我方作战体系发动渡海登岛，可采取的行动和可能出现的事件为 A_1，A_2，A_3 和 A_4，出现事件为 E_1，E_2 和 E_3，它们的含义和之间的影响关系数值如图 6-4 所示。

如果 E_1 的发生概率是[0.3, 0.7]，E_2 的发生概率是[0.6, 0.8]，E_3 的发生概率是[0.3, 0.7]，怎么计算最后的综合影响值？

对于每一个具有父子关系的节点,其影响值的计算步骤如下。

(1)聚合全部父节点的正面影响,得出正面影响值为

$$PI = 1 - \prod_i (1 - g_i) \tag{6-23}$$

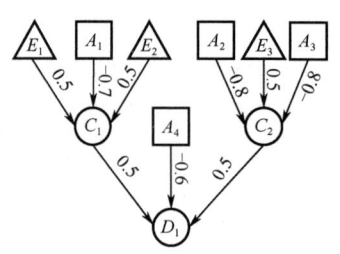

A_1 对空防御行动
A_2 对海防御行动
A_3 反潜行动
A_4 排雷
E_1 敌机的空中突袭
E_2 敌导弹发射阵地的导弹袭击
E_3 敌潜艇部队的阻击行动
C_1 登岛编队的空中威胁
C_2 登岛编队的海上威胁
D_1 友军部队的兵力损失威胁

图 6-4 渡海登岛行动及事件示意图

(2)聚合全部父节点的负面影响,得出负面影响值 NI 为

$$NI = \prod_i (1 + g_i) - 1 \tag{6-24}$$

(3)结合 PI 和 NI,得出综合影响值 AI 为

$$AI = PI + NI \tag{6-25}$$

多次产生随机数进行最后综合影响值的计算,并求综合影响值的均值和置信区间。

使用蒙特卡洛法的优点:方法的误差与问题的维数无关;对于具有统计性质的问题可以直接进行解决;对于连续性的问题不必进行离散化处理;缺点:对于确定性问题需要转化成随机性问题(如示例 1),通常需要较多的计算步数。

3. 基于作战仿真模拟的评估方法的特点

基于计算机的作战仿真模拟评估方法最有效、最易实现,所需费用少,仿真可重复性高,且可以得到可信度更高的评估数据。基于作战仿真模拟的评估方法能对系统效能做出最准确和最真实的反映,因而得到了广泛的应用。在实际应用这一方法时,需要建立大量的战场环境、武器系统和作战对象等数学模型,要求系统分析者拥有相当多的技术和知识积累,因此往往需要一个研究团队来共同开展此项研究工作。

小 结

本章主要介绍了作战效果评估的概念、内容、流程和基本评估方法。首先概要阐述了作战效果评估的概念、内容、流程;其次对系统效能评估的概念、与作战效果评估的区别和联系、系统效能评估方法的分类做了简要的分析和介绍;最后分别详细阐述了系统效能评估解析法的典型算法——指数法、层次分析法,以及基于计算机的作战仿真模拟评估方法的典型算法——蒙特卡洛法,并举例说明利用这两种方法进行系统效能评估的流程。本章内容建立了作战效果评估的知识体系和基本框架,与其他章节的内容相对独立又相得益彰。

习 题

1. 简述作战效果评估的概念。
2. 简述作战效果评估的内容。
3. 简述作战效果评估的一般流程。

4．试述系统效能评估与作战效果评估的关系。
5．试述物理毁伤效果评估的一般方法。
6．试述系统毁伤效果评估的一般方法。
7．试述心理毁伤效果评估的一般方法。
8．举例分析说明空地打击作战效果评估过程和方法。

参考文献

[1] 阳东升，王坤峰，陈德旺，等. 平行航母：从数字航母到智能航母[J]. 指挥与控制学报，2018, 4(2): 101-110.

[2] 杨洋，王云雷. 任务式指挥为不确定性的应对提供新思路[J]. 指挥与控制学报，2018, 4(4): 330-333.

[3] 安托万·布斯凯. 科学作战方法——现代战场上的有序与混沌[M]. 北京：蓝天出版社，2011: 133.

[4] 吴琼. 战争论诠释[M]. 北京：华文出版社，2001: 210.

[5] 维纳. 控制论——或关于在动物和机器中控制和通信的科学[M]. 洪帆，译. 北京：北京大学出版社，2020.

[6] 刘萍. 行政管理学[M]. 北京：经济科学出版社，2008.

[7] 曲钦岳. 当代百科知识大词典[M]. 南京：南京大学出版社，1989.

[8] 丁言镁，赵大宇，张辉. 高科技概览[M]. 沈阳：辽宁人民出版社，1999.

[9] 蔡自兴，余伶俐，肖晓明. 智能控制原理与应用[M]. 2版. 北京：清华大学出版社，2014.

[10] 魏宏森，曾国屏. 系统论——系统科学哲学[M]. 北京：清华大学出版社出版，1995.

[11] 孙强，阳东升，张维明. C2及相关概念术语的起源与演化[J]. 火力与指挥控制，2014(2): 1-5.

[12] 张维明，朱承，黄松平，等. 指挥与控制原理[M]. 北京：电子工业出版社，2021.

[13] 朱江，沈寿林. 智能时代的指挥控制[M]. 北京：电子工业出版社，2018.

[14] 刘建明，王泰玄. 宣传舆论学大辞典[M]. 北京：经济日报出版社，1993.

[15] Keith D. Logic and Information[M] .New York：Cambridge University Press, 1991.

[16] Waltz E. Data fusion for C3I: A Tutorial, in Command, Control, Communications Intelligence(C3I) Handbook[J]. EW Communications, 1986: 217-226.

[17] Donohue G. Vision On Aviation Surveillance Systems[C]. Proceedings of IEEE International Rader Conference. Alexandria, USA, 1995: 8-11.

[18] 汤磊. 多分辨率图像融合理论及其应用研究[R]. 南京：解放军理工大学指挥自动化学院. 2008.

[19] 吴小俊. 图像融合理论及其应用研究[R]. 无锡：江南大学信息工程学院，2009.

[20] Steinberg A N, Bowman C L. Rethinking the JDL data fusion model[J]. Proceedinds of the MSS National Symposium on Sensor and fusion, 2004.

[21] Llinas J, Bowman C, Rogova G, et al. Revisiting the JDL Data Fusion Model II [C].Proceedings of the seventh International Conference on Information Fusion. Stockholm, Sweden, 2004:1218-1230.

[22] MeGuiness B, Foy L. A Subjective Measure of SA: The Crew Awareness Rating Scale(CARS) [C]. Proceedings of the First Human Performance: Situation Awareness and Automation Conference. Savannah, USA, 2000: 286-291.

[23] Gury H, Feys R. Combinatory Logic, Volume 1[M]. North-Holland Publishing Company. Amsterdam, Holland, 1974.

[24] Wright W. Artificial Neural Systems (ANS) Fusion Prototype[R]. AFRL-IF-RS-TR-1998-126, Wright-Patterson, AFRL, 1998.

[25] 刘海燕. 信息融合中几个关键技术研究[D]. 南京：解放军理工大学通信工程学院，2007.

[26] Shafer G. A Mathematical Theory of Evidence[M]. Princeton: Princeton University Press, 1976.

[27] Dempster A. Upper and Lower Probability Induced by a Multivalued Mapping[J]. Annals of Mathematical Statistics. 1967, 38(1): 325-339.

[28] Yedida S, Freeman W, Weiss Y. Understanding Belief Propagation and its Generalizations[R]. Exploring AI in the New Millennium, Cambridge, USA, 2002.

[29] 国防科技大学信息系统与管理学院. 军事建模与辅助决策[M]. 北京：军事科学出版社，2014.

[30] 黄金才，刘忠，张维明，等. 指挥控制辅助决策方法[M]. 长沙：国防科技大学出版社，2013.

[31] 赵宗贵，熊朝华，王珂，等. 信息融合-概念、方法与应用[M]. 北京：国防工业出版社，2012.

[32] 董连山. 目标中心战——未来战争制胜之道[M]. 北京：国防大学出版社，2015.

[33] 陈杰生，包战. 基于目标的作战[M]. 北京：军事科学出版社，2017.

[34] 刘会民，张辉. 目标中心站与基于目标中心站训练[M]. 北京：军事科学出版社，2013.

[35] 唐鑫，杨建军，任宝祥. 目标威胁评估的动态突变排序法[J]. 探测与控制学报，2017, 39(3): 130-135.

[36] 麻士东，韩亮，龚光红，等. 基于云模型的目标威胁等级评估[J]. 北京航空航天大学学报，2010, 36(2): 150-153.

[37] 雷英杰，王宝树，王毅. 基于直觉模糊推理的威胁评估方法[J]. 电子与信息学报，2007, 29(9): 2077-2081.

[38] 邬文帅，寇纲，彭怡，等. 面向突发事件的模糊多目标应急决策方法[J]. 系统工程理论与实践，2012, 32(6): 1298-1304.

[39] 朱延广，朱一凡. 基于影响网络的联合火力打击目标选择方法[J]. 军事运筹与系统工程，2010, 24(3): 64-69.

[40] 田涛，王月星，周德云. 基于多目标攻击目标选择与战术决策研究[J]. 弹箭与制导学报，2006, 26(4): 374-376.

[41] 彭浩然，龙际梦，蔡中祥，等. 基于价值的目标排序模型研究[J]. 弹箭与制导学报，2018, 38(3): 147-151.

[42] 张华阳，王迪迪，勾秋萍. 基于威胁评估的打击目标分配与优先级排序方法[J]. 指挥信息系统与技术，2018, 9(6): 55-60.

[43] 王三喜，杨松云，牡丹. 作战目标价值排序模型研究[J]. 中国电子科学院学报，2015, 10(2): 195-203.

[44] 杨国利，邹瑞涛，任步春，等. 网络化作战体系中的关键目标选择研究[J]. 指挥与控制学报，2018, 4(4): 312-318.

[45] Entin E. Optimized Command and Control Architectures for Improved Process and Performance[C]. Proceedings of 1999 Command and Control Research and Technology Symposium, Office of Naval Research. Newport, RI, 1999.

[46] Hocevar P, Kemple G, Kleinman D, et al. Assessments of Simulated Performance of Alternative Architectures for Command and Control: the Role of Coordination[C]. Proceedings of 1999 Command and Control Research and Technology Symposium. Newport, RI, 1999.

[47] Boutilier C, Dearden R. Using Abstractions for Decision Theoretic Planning with Time Constraints[C]. Proceedings of the twelfth national conference on Artificial Intelligence. Seattle, USA, 1994: 1016-1022.

[48] Precup D, Sutton S. Multitime Models for Temporally Abstract Planning[C]. Proceedings of Advances in Neural Information Processing System. Cambridge, USA, 1998: 1050-1056.

[49] Forsythe L. Alternative COA Selection Methodologies: The Quantum Command and Control Theory[C]. Proceedings of the 15th International Command and Control Research and Technology Symposium. Santa Monica, USA, 2010.

[50] Darr P, Benjamin P, Mayer R. Course of Action Ontology for Counterinsurgency Operations[C]. Proceedings of the 15th International Command and Control Research and Technology Symposium. Santa Monica, USA, 2010

[51] 张杰勇, 姚佩阳, 阳东升, 等. 基于 DINs 和 PSO 的组织行动过程的决策方法[J]. 系统工程理论与实践, 2011, 31(10): 1985-1993.

[52] Haide S, Levis A H. Effective course-of-action determination to achieve desired effects[J]. IEEE Transactions on Systems, Man, and Cybernetics, 2007, 37(6): 1140-1150.

[53] Haide S. From dynamic influence nets to dynamic Bayesian networks: a transformation algorithm [J]. International Journal of Intelligent System, 2009, 24: 919-933.

[54] 鲁音隆, 阳东升, 刘忠, 等. 联合作战规划中资源调度算法研究[J]. 火力与指挥控制, 2006, 31(2): 12-16.

[55] 刘宏芳, 阳东升, 刘忠, 等. 战场资源的裁剪与聚类方法研究[J]. 系统仿真学报, 2006, 18(9): 2598-2603.

[56] 阳东升, 彭小宏, 张维明, 等. C2 组织结构设计: 平台-任务关系设计[J]. 火力与指挥控制, 2006, 31(3): 9-13.

[57] 陈洪辉, 赵亮, 芮红, 等. 作战任务和资源间的匹配模型及求解算法研究[J]. 系统工程与电子技术, 2008, 30(9): 1712-1716.

[58] 牟亮, 张维明, 陈涛, 等. 不确定条件下 C2 组织结构的"任务-平台"关系设计模型及算法 [J]. 系统工程与电子技术, 2010, 32(12): 2576-2583.

[59] 张杰勇, 姚佩阳. C2 组织决策实体配置问题建模与求解方法研究[J]. 系统工程与电子技术, 2012, 34(4): 52-57.

[60] 阳东升, 彭小宏, 修保新, 等. 组织协作网与决策树[J]. 系统工程与电子技术, 2006, 28(1): 63-67.

[61] 杨世幸, 阳东升. 基于协作负载的指挥关系描述与设计[J]. 火力与指挥控制, 2009, 34(5): 142-145.

[62] 阳东升. C2 组织的有效测度与设计研究[D]. 长沙: 国防科技大学, 2004.

[63] 阳东升, 张维明, 刘忠, 等. 指控组织设计方法[M]. 北京: 国防工业出版社, 2010.

[64] 康凯, 陶九阳, 刘方鑫. 面向突发事件的应急指挥控制敏捷性度量及仿真[J]. 指挥控制与仿真, 2016, 2(4): 20-23.

[65] 鲍广宇, 黄海燕. 敏捷指挥控制一致决策度量技术研究[J]. 军事运筹与系统工程, 2015, 29(2): 22-27.

[66] 杨春辉. 基于 CPN 的面向任务指挥控制组织建模、仿真及优化方法研究[D]. 长沙: 国防科技大学, 2008.

[67] 修保新. C2 组织结构设计及鲁棒性适应性分析[D]. 长沙: 国防科技大学, 2006.

[68] 牟亮, 张维明, 修保新, 等. 基于滚动时域的 C2 组织决策层结构动态适应性优化[J]. 国防科技大学学报, 2011, 33(1): 125-131.

[69] 孙鹏, 李锴, 姚佩阳, 等. 任务计划适应性改造优化建模及方法[J]. 空军工程大学学报（自然科学版）, 2016, 17(01): 90-95.